토론수업

고전 읽기와 함께하는

더 생 각 인 문 학 시 리 즈

스스로 생각하고 만드는 내 삶을 위한 실천

인문학의 존재 이유는 나를 둘러싼 세상에 질문을 던지고 내 삶과 존재하는 모든 삶의 의미를 확인하며 더 깊이 이해하는 데 있습니다. '더 생각 인문학 시리즈'는 일상의 삶에 중심을 두고 자발적인 개인을 성장시키며 사람의 가치를 고민하고 가치 있는 삶의 조건을 생각하는 기회로 다가가고자 합니다.

토론수업
고전 읽기와 함께하는

초판1쇄 발행
2025년 3월 4일

목광수, 이종환, 박종준,
조영아, 조주영, 박제철,
이현주

펴낸이	**펴낸곳**	**주소**	**전화**
김태영	씽크스마트 책짓는 집	경기도 고양시 덕양구 청초로 66 덕은리버워크 B-1403호	02-323-5609

출판사 등록번호	**ISBN**	**정가**	ⓒ 목광수, 이종환, 박종준,
제395-313000025 1002001000106호.	978-89-6529-430-6 (03170)	19,800원	조영아, 조주영, 박제철, 이현주

이 책을 만든 사람들	**책임편집**	**편집**	**홈페이지**
	김무영	신재혁	www.tsbook.co.kr
			인스타그램
			@thinksmart.official
			이메일
			thinksmart@kakao.com

• **씽크스마트** 더 큰 생각으로 통하는 길

'더 큰 생각으로 통하는 길' 위에서 삶의 지혜를 모아 '인문교양, 자기계발, 자녀교육, 어린이 교양·학습, 정치사회, 취미생활' 등 다양한 분야의 도서를 출간합니다. 바람직한 교육관을 세우고 나다움의 힘을 기르며, 세상에서 소외된 부분을 바라봅니다. 첫 원고부터 책의 완성까지 늘 시대를 읽는 기획으로 책을 만들어, 넓고 깊은 생각으로 세상을 살아갈 수 있는 힘을 드리고자 합니다.

• **도서출판 큐** 더 쓸모 있는 책을 만나다

도서출판 큐는 울퉁불퉁한 현실에서 만나는 다양한 질문과 고민에 답하고자 만든 실용교양 임프린트입니다. 새로운 작가와 독자를 개척하며, 변화하는 세상 속에서 책의 쓸모를 키워갑니다. 흥겹게 춤추듯 시대의 변화에 맞는 '더 쓸모 있는 책'을 만들겠습니다.

자신만의 생각이나 이야기를 펼치고 싶은 당신. 책으로 사람들에게 전하고 싶은 아이디어나 원고를 메일(thinksmart@kakao.com)로 보내주세요. 씽크스마트는 당신의 소중한 원고를 기다리고 있습니다.

고전 읽기와
함께하는

토론 수업

목광수, 이종환
박종준, 조영아
조주영, 박제철
이현주

씽크
스마트

차례

들어가는 글: 읽고, 쓰고, 토론하라 ——————————— 7

1부

1강 탈진실의 바다에서 헤엄치기: How We Think ——————— 26
존 듀이와 함께 살펴보는 비판적 사고의 의미

2강 생각의 틀을 쌓아봅시다: Stoicheia ——————————— 50
유클리드와 함께 살펴보는 형식적 연역논증

3강 내일도 해가 뜬다는 걸 어떻게 알까?: Novum Organum ——— 72
프랜시스 베이컨과 함께 살펴보는 귀납논증

4강 좋은 사람이 나쁜 행동을 하는 이유는?: A Treatise of Human Nature 100
데이비드 흄과 함께 살펴보는 도덕논증

5강 고전을 읽고 사유하여 논리적으로 글쓰기 ——————— 126
토론준비, 이렇게 합니다.

2부

6강 무한한 우주에 최초의 원인이 있을 수 있을까?: Summa Theologica — 150
토마스 아퀴나스와 함께 토론하는 신 존재 증명과 비판

7강 차별 없이 '다름'을 대하려면?: The Subjection of Women ——— 170
존 스튜어트 밀과 함께 토론하는 인간의 권리와 평등

8강 돈이 없는 것 vs. 존엄성이 없는 것: A Theory of Justice ——— **194**
존 롤즈와 함께 토론하는 인정-재분배 논쟁

9강 맛있어서 먹는 건데 왜 그러세요?:
An Introduction to the Principles of Morals and Legislation ——— **214**
제레미 벤담과 함께 토론하는 동물의 도덕적 지위

10강 지구가 인류를 심판합니다: Silent Spring ——— **234**
레이첼 카슨과 함께 토론하는 기후 위기와 대안

11강 과학과 비과학은 구분 가능한가?: Logik der Forschung ——— **258**
칼 포퍼와 함께 토론하는 과학과 비과학의 경계

12강 '생각하는 기계'인 인공지능과 인간은 다른가?:
Computing Machinery and Intelligence ——— **280**
앨런 튜링과 함께 토론하는 인공지능 논쟁

13강 인공지능 예술가?:
Das Kunstwerk im Zeitalter seiner technischen Reproduzierbarkeit **304**
발터 벤야민과 함께 토론하는 예술과 기술의 관계

14강 "보이지 않는 손"은 누구를 위한 손인가?: The Wealth of Nations **324**
애덤 스미스와 함께 토론하는 자유로운 경제 활동의 범위

15강 정치가 자격시험을 보겠습니다: Politeia ——— **344**
플라톤과 함께 토론하는 정치가의 자격과 이상적 정치

읽고, 쓰고,
토론하라

우리가 살아가는 현대 사회는 다양한 가치와 이념이 공존하는 다원주의 사회입니다. 이런 다원주의 사회에서는 상충하고 갈등하는 다양한 생각이 존재하며, 다양한 생각을 가진 구성원들이 평화롭게 공존하고 사회가 진보하기 위해서는 이러한 생각이 잘 조정될 필요가 있습니다. 인류 역사에서 우리는 갈등을 조정하는 다양한 방식을 발견할 수 있습니다. 그중 '토론'discussion은 갈등을 조정하는 대표적인 방식 중 하나입니다. 그렇다면 상충하는 생각과 갈등이 토론으로 자연스럽게 조정될까요? 도대체 토론이 무엇이기에 갈등을 조정할 수 있을까요?

토론은 단순히 서로의 생각이나 취향을 표현하는 말하기가 아닙니다. 개인은 취향을 통해 각자의 개성과 정체성을 드러내기 때문에 서로의 취향을 토론을 통해 조절해야 한다는 생각은 이상합니다. 요즘은 '취존', 즉 취향 존중이라는 말이 널리 사용되며 이는 저마다 추구할 수 있는 세련된 삶의 방식이기도 합니다. 그런데 사회 협력이나 내용을 두고 이견異見이 있을 때도 '그건 취향이니 서로 존중하라'고 말할 수 있을까요? 취향이 개인적이고 주관적이라면 토론의 주제와 내용은 사회적이고 객관적입니다. 그렇기 때문에 토론은 단순히 각자의 생각을 말하는 장場이 아니라, 더 나은 방향으로 나아가기 위해 잘못된 부분은 수정을 요구하고 개선책을 제시하는 표현의 과정입니다.

19세기 프랑스 정치학자인 토크빌Alexis de Tocqueville은《미국의 민주주의》(1835)에서 미국의 민주주의를 심도 있게 분석했는데 특히 미국 사회의 토론 문화를 생생하게 증언합니다. 토크빌은 서로 주장을 제시하고 반박하는 이런 '시끌벅적한' 토론 문화가 미국 사회 특유의 민주주의를 보여준다고 말합니다. 사회의 공적인 조건에 대해 시끌벅적하게 이야기를 나누며 다원주의 사회의 갈등이 조정된다면 과연 그 기준은 무엇일까요? 조정의 기준을 살펴보기에 앞서, 토론의 가치에 대해서 생각해 보면 좋을 것 같습니다. 토론의 가치가 먼저 확인되어야 토론을 통해 생각을 조정하는 기준을 모색할 필요가 확실해지기 때문입니다.

취향을 존중할 때와
토론해야 할 때

토론의 장점과 가치를 가장 잘 말해주는 고전 중 하나가 존 스튜어트 밀John Stuart Mill의《자유론》(1859)입니다. 여기서 토론의 필요성을 강조하는 부분을 함께 읽어 봅시다.

일반적으로 말해 입헌주의 국가에서는 국민에 대해 전적으로 책임을 지는 정부든 그렇지 않은 정부든, 정부가 대중이 일반적으로 수용할 수 없는 수준까지 의견 표현의 자유를 제도적으로 통제하려고만 하지 않는다면 의견 표현을 종종 통제하려고 한다고 해서 두려워할 필요는 없다. 정부와 국민이 완전히 하나이고, 국민의 여론에 부합하지 않는다면 정부는 결코 의견 표현의 자유를 억압하기 위해 권력을 사용하려고 하지 않는다고 가정해 보자. 그러나 나는 스스로든 정부를 통해서든, 국민에게는 그러한 억압을 행사할 권리가 없다고 생각한다. 그러한 권력은 그 자체로 정당성을 갖지 못한다. 가장 좋은 정부일지라도 가장 나쁜 정부와 마찬가지로 그렇게 할 정당한 권리는 없다. 국민의 여론을 빌려 의견 표현의 자유를 억압하려 한다면 그것은 여론에 반함에도 불구하고 그러한 자유를 억압하는 것만큼이나 나쁘다. 아니 그보다 더 나쁘다. 전체 인류 가운데 단 한 사람이 다른 의견을 가지고 있다고 해서 그에게 침묵을 강요하는 일은 옳지 못하다. 한 사람이 자신과 의견이 다르다고 해서 나머지 사람들에게 침묵을 강요하는 일만큼이나 용납할 수 없다. 어떤 의견이 본인 이외의 다른 사람에게는 어떠한 가치도 없는 개인적인 의견이라고 하더라도, 그에게 침묵을 강요하는 것이 단지 사적인 침해라고 하더라도 그렇다. 그런 억압을 받는 사람이 많고 적음에 따라 약간의 차이가 있을 수는 있겠지만 그런 억압을 용납할 수 없다는 것은 마찬가지이다. 어떤 의견에 대한 표현의 자유를 억압하는 행위는 모든 인류에게, 즉 현세대뿐만 아니라 미래 세대에게도, 그 의견에 찬성하는 사람들은 물론이거니와 반대하는 사람들에게도 도둑질에 버금가는 심각한 악행이다. 만약 억압된 의견이 옳다면, 인류는 자신들의 오류를 진리로 수정할 기회를 박탈당하게 된다. 설령 억압된 의견이 틀렸다고 하더라도, 자신들의 옳은 의견을 틀린 의견과 대비해봄으로써 진리를 더 명료하고 생생하게 깨닫게 될 엄청난 혜택의 기회를 상실하게 된다.

이러한 두 가설에는 각각에 상응하는 논증이 있으므로 각 가설을 구분해서 검토할 필요가 있다. 우리가 어떤 의견을 검토 없이 억누르려고 할 때, 우리는 그 의견이 틀렸다고 확신할 수 없다. 설령 틀렸다는 확신이 있더라도 그 의견을 검토 없이 억누르는 일은 여전히 옳지 못하다.

첫째, 권위를 통해 억누르려는 그 의견이 사실은 옳을 수 있다. 그 의견을 억압하려는 사람들은 물론 이를 부인할 것이다. 그러나 그들은 결코 오류가 없는 존재가 아니다. 그들에게는 다른 모든 인류를 대신해 그 문제에 관해 결정하고 다른 모든 사람에게서 판단할 수 있는 방법을 빼앗을 어떠한 권위도 없다. 만약 어떤 의견이 틀렸다는 확신 아래 다른 사람들이 그 의견을 들어 볼 기회조차 갖지 못하게 한다면 그것은 자신들의 확신이 절대적이라고 믿는 것이다. 어떤 의견이 논의되는 토론 자체를 못하게 하는 것은 자신들은 오류가 없고 완전하다고 전제하는 것이다. (중략)

둘째, 다수가 지지하는 기존 의견이 옳다고 가정해보자. 그 의견의 진리에 대해 자유롭고 공개적으로 검토되지 않았을 때 어떤 결과가 생길 수 있는지 검토해 보자. 자신이 옳다고 의견을 고집하는 사람은 자신의 의견이 틀릴 가능성이 있음을 기꺼이 인정하려 하지 않을 수 있다. 그러나 이런 사람이 자신의 의견이 옳다고 생각하더라도 충분히, 자주, 그리고 기탄없이 토론하지 않을 경우, 그것은 살아 있는 진리가 아니라 죽은 독단이 되고 만다는 깨달음을 통해 자신의 태도를 바꿔야 한다. (다행스럽게도 이전처럼 그렇게 많지는 않지만) 아직도 일부 사람들은 자신들이 진리라고 생각하는 어떤 의견에 대해 그 근거를 조금도 알지 못하고, 가장 피상적인 비판에도 쉽게 대응조차 하지 못하면서도 그것을 의심 없이 수용하는 것으로 충분하다고 생각한다. 이런 사람들은 권위를 통해 어떤 신조를 습득하면 자연스럽게 그에 대한 문제 제기와 논의는 어떠한 이익도 없고 오히려 손해만 끼칠 뿐이라고 생각한다. 이들의 영향권 안에서는 이렇게 수용된 신조에 대해 현명하고 사려 깊게 토론하여 거부할 가능성이 거의 없다. 그래도 이런 신조가 별다른 지식 없이 단숨에 거부될 수도 있다. 왜냐하면 토론을 완전히 막기란 거의 불가능하기 때문이다. 또한 일단 토론이 시작되면 확신에 근거를 두지 않은 믿음은 가장 간단한 논증 앞에서도 쉽게 무너지기 때문이다. 그러나 자신이 마음으로 옳다고 생각하는 의견이 토론을 통해 논증되지 않고 입증되지 않은 믿음이고 편견에 불과할 수 있다는 가능성을 포기한다면 이런 방식은 합리적인 사람이 추구하는 진리관이 아니다. 이것은 진리를 모르는 것이다.

John Stuart Mill, 《On Liberty》, 1859, 제2장.

자유롭게 의견을 표현하는 측면만 주목한다면 밀의 주장은 앞에서 말했던 '취향 존중'과 다를 바 없습니다. 그러나 밀은 인용문처럼 토론을 통해 진리에 접근할 수 있으며 생생하게 살아 있는 의미를 제시할 수 있다고 말합니다. 이런 점에서 밀이 말하고 있는 토론의 가치는 개인적 취향이 아닌 사회적·공적 차원에서 진리에 접근해 나아갈 수 있다는 점에 있습니다. 그렇다면 토론은 어떻게 진리에 접근하며, 토론을 통해 어떻게 생생한 의미를 전달할 수 있을까요?

토론의 궁극적 목적은
상대방의 관점에서 나를 점검하기

토론이 진리에 접근하기 위해서는 진리가 아닌 것을 파악하고 좀 더 타당한 생각이 무엇인지 판별할 수 있는 능력이 필요합니다. 생생하게 살아 있는 의미를 드러내기 위해서는 해당 주장이 모순 없이 잘 정돈되어 있어야 하기 때문입니다. 이것이 바로 '비판적 사고'입니다. 어떤 사람들은 비판적 사고가 학문에서만 필요하다고 생각합니다. 그러나 비판적 사고는 삶의 특정한 영역뿐만 아니라 모든 영역에서 영향력을 행사합니다. 우리는 인생 계획을 세울 때, 회사에서 어떤 기획안을 검토할 때, 어떤 정보를 수집할 때 등 많은 상황에서 비판적 사고를 합니다.

여기서 말하는 '비판'이란 무엇일까요. 표준국어대사전은 비판을 '현상이나 사물의 옳고 그름을 판단하여 밝히거나 잘못된 점을 지적함'이라고 정의합니다. '다른 사람이 제시한 의견이나 입장의 문제점을 공격'하는 것을 비판이라고 생각할 수 있습니다. 비판을 논쟁에서 승리하기 위해 상대를 쓰러트리는 방법이라고 여길 경우, 비판적 사고는 그 전투에서 효과적인 전략을 수립·수행하기 위해 필요한 능력이 됩니다. 이렇게 본다면 토론에 능한 사람이란 논쟁에서 승리하는 사람이죠.

상대의 주장을 공격한다는 단순한 의미의 비판 개념은 멀리 고대 그리스의 철학자 소크라테스까지 거슬러 올라갑니다. 플라톤이 쓴《소크라테스의 변명》에 따르면 소크라테스는 아테네 시민에게 큰 영향력을 끼쳤던 사람을 찾아다녔습니다. 그는 정치가, 시인, 장인匠人 등 당대에 모두가 지혜롭다고 평가하는 사람들을 만나서 대화를 나누었습니다.

소크라테스는 대화를 통해 그들이 지혜롭다고 알려져 있지만 실제로는 지혜롭지 않다는 사실을 드러냈습니다. 그래서 아테네 사람들의 미움을 샀고 결국 재판에서 사형 선고를 받아 독배를 마시는 처형을 당했지요. 소크라테스는 당대에 가장 잘 나가던 사람과 말을 이용한 전투, 즉 논쟁에 능했던 셈입니다. 그가 훌륭하게 '비판'을 수행했던 사람처럼 보일 수는 있습니다. 소크라테스와 대화한 누구도 소크라테스를 상대로 승리하지 못했습니다. 소크라테스와의 대화는 상대방이 결코 지혜롭지 않다는 불편한 진실을 드러내는 결과를 가져왔고, 이러한 점에서 소크라테스는 논쟁의 승리자처럼 보입니다. 토론이 이렇게 상대와의 논쟁에서 승리를 추구하는 활동이라면 밀이 이야기한 '토론을 통해 진리에 접근'하는 일은 소크라테스에게 아무 의미가 없었을까요?

소크라테스가 사람들과 토론했던 이유는 논쟁에서의 승리가 아닌 다른 데 있었습니다. 바로 자신보다 지혜로운 사람을 찾기 위해서였습니다. 아폴론의 신탁을 사람들에게 알려주는 퓌티아는 소크라테스보다 지혜로운 사람은 아무도 없다고 말했는데 소크라테스의 절친인 카이레폰이 이 말을 듣습니다. 카이레폰은 신탁을 소크라테스에게 전했고 그 내용을 들은 소크라테스는 존재론적 고민에 빠집니다.

소크라테스는 자신이 지혜롭지 않다고 생각했습니다. 누구나 그렇듯 인간은 완전한 진리를 모두 파악할 수 없으니까요. 소크라테스는 자신의 한계를 잘 알고 있었기에 아폴론의 신탁은 그를 혼란스럽게 했습니다. 그가 당대의 지혜로운 사람을 찾아다녔던 이유는 그들과의 논쟁에서 승리하기 위해서가 아니라 자신보다 더 지혜로운 사람을 찾아서 아폴론의 신탁을 논박하고 그것이 진리가 아니라는 사실을 입증하기 위해서였습니다 플라톤, 《소크라테스의 변명》, 21c.

소크라테스의 '비판' 대상은 동시대의 지혜로운 사람들이 아니라 아폴론이었습니다. 소크라테스는 아무리 신의 말이라도 잘못된 점이 있다면 참을 수 없기 때문에 진리로 입증되기 전에는 무조건 받아들일 수 없었습니다. 소크라테스가 아폴론과 싸우려던 것은 아닙니다. 그는 단지 진리를 찾고 싶었고 이를 위해 신탁의 내용이 실제로 참인지를 검토하려 했습니다.

진리는 발화자의 지위에 따라 결정되지 않습니다. 정당성과 일관성에 따라 결정되지요. 신의 말도 무조건 진리는 아닙니다. 반대 논거가 제시되지 않는 한에서 잠정적으로 참일 뿐입니다. 소크라테스는 정치인, 시인, 장인과의 대화를 통해 그들이 자신보다 더 지혜로운 사람이라는 점을 확인하여 신탁에 대한 반대 논거를 제시하려고 했습니다. 그런데 대화를 해보니 그들은 명성과 달리 생각보다 지혜롭지 않다는 사실을 알게 되었습니다. 소크라테스는 신탁에 대한 반례를 찾는 데 번번히 실패합니다. '소크라테스보다 더 지혜로운 사람은 없다'는 신탁에 대한 반례가 기각될수록 아폴론의 신탁이 참일 가능성은 높아집니다. 이런 점에서 소크라테스는 대화를 통해 진리에 접근하는 과정에 있었습니다. 정치인, 시인, 장인이 생각보다 지혜롭지 않다는 사실이 드러나 이들을 논쟁에서 이긴 것처럼 보였다면 그건 진리를 추구하는 과정에서 나타난 부수적인 결과에 지나지 않습니다. 그들이 논쟁에서 졌다는 생각은 일종의 착각입니다.

비판의 목표는 논쟁에서의 승리가 아니라 주장의 정당성을 검토해 거짓을 제거하여 진리에 접근하는 것입니다. 소크라테스는 대화를 통해 진리 체계 전체의 정당성과 일관성을 확보하고자 했습니다. 이것이 진리를 탐구하는 방식입니다. 소크라테스는 주어진 주장을 검토하여 포괄적 진리를 추구하는 데 초점을 맞췄습니다. 모든 사람은 생각과 의견, 정보의 편린을 가지고 있습니다. 소크라테스는 진리란 생각과 의견, 정보의 조각이 일관성을 갖추고 있는 체계라고 생각했습니다. 그가 다른 사람에게 질문을 던진 이유는 상대가 가지고 있는 지식 체계가 일관적인지 검토하기 위해서였습니다.

A라는 정보와 B라는 정보를 모두 참이라고 여기고 있는데 두 정보가 서로 모순된다면 실제로 A나 B에 대해서 안다고 할 수 없습니다. 모순된 두 주장을 동시에 참이라고 여긴다면 어떤 주장에 대해서도 제대로 이해하지 못했거나 알지 못하는 상태이기 때문입니다. 따라서 소크라테스의 비판은 상대방의 지식 체계가 일관적인지, 각 정보에 대한 개념과 근거가 확실한지 점검하는 것을 목표로 합니다. 이러한 검증으로서의 비판 과정을 통과한다면 비로소 그 정보에 대해 참된 앎을 지녔다고 말할 수 있습니다.

비판은 꼭 상대를 상정하지는 않습니다. 내가 가진 정보와 의견에 대해서도 비판할 수 있습니다. 나를 객관화하고 소크라테스가 상대방에게 질문을 던지듯 나에게 질문을 던지면 됩니다. 무엇을 알고 있다는 나의 믿음이 객관적이고 충분한 근거를 가지고 있는지, 올바른 개념을 사용하고 있는지 그리고 각 믿음과 정보의 조각이 전체적으로 일관된 체계를 갖고 있는지 점검합니다. 소크라테스는 철학 활동의 최종 목표란 결국 지혜를 찾는 것이고 이는 일관된 믿음 체계를 갖는 것이라고 생각했습니다. 이러한 점에서 소크라테스는 비판을 통해 진리에 도달할 수 있다고 생각했습니다. 만약 이 검증을 통과하지 못한다면 어딘가에 모순을 일으키는 지점이 있다는 뜻입니다. 그 부분은 과감히 제거합니다. 제거한 부분을 채우기 위해서 추가로 공부도 합니다. 이런 과정을 통해 우리는 진리에 가까이 다가갈 수 있습니다.

자신을 객관화하고 비판하는 일은 쉽지 않습니다. 소크라테스는 상대의 눈에 비친 자신을 봐야 한다고 말합니다 플라톤, 《알키비아데스 1》, 113a. 상대의 눈에 내가 비칠 수 있을 정도로 가까이 있는 사람과 대화를 통해서 자신의 생각을 검토할 수 있다는 의미입니다. 상대방의 관점에서 나를 점검하는 것이 토론의 궁극적인 목적입니다. 상대 의견의 문제를 발견할 뿐 아니라 상대의 관점을 통해 나를 돌아보고 믿음의 문제나 오류, 비일관성을 찾는 것입니다.

소크라테스의 대화는 상대방의 주장만 일방적으로 검토하는 방식으로 이루어지지 않았습니다. 소크라테스는 스스로 지혜로운 사람이 아니라고 생각했습니다. 그래서 상대의 지혜만 검토한 것처럼 보일 수 있습니다. 하지만 그는 누구의 주장이든 토론을 통해서 모두 검토해야 한다고 말했습니다. 소크라테스는 타인의 생각 뿐 아니라 자신의 생각까지도 모두 나란히 비판의 대상으로 놓고, 생각의 체계 안에 있는 비일관성과 오류를 없애고 진리를 찾으려고 했습니다. 소크라테스에게는 그것이 토론의 목표였습니다 플라톤, 《필레보스》, 19c-e.

토론 참여자는 각자의 문제를 제거하고 주장의 근거를 확보하고 일관된 지식의 체계를 함께 찾아갑니다. 이것이 비판적 사고와 토론을 통한 진리 추구의 시작입니다. 진리 추구의 공공성은 바로 여기에서 비롯합니다. 구도자처럼 홀로 진리를 찾기보다 내 생각을 공공의 토론장에 내어 놓고 다른 사람들과 이에 대한 비판적 검토를 함께 한다는 점에서 말이지요. 소크라테스의 대화에는 당연히 동료 아테네 시민으로서의 신뢰가 전제됩니다. 21세기 한국에서 살고 있는 우리도 마찬가지입니다. 모두가 진리를 함께 추구하고 공유한다는 전제를 가지고 토론에 참여합니다. 함께 진리를 찾아간다는 점에서 토론은 공공적입니다.

알고리즘이 추천하는 대로
읽고 들으면 그만이라고요?

비판적 사고는 비약적인 과학 기술의 발전이 이뤄지고 있는 지금, 더욱 필요합니다. 과학 기술의 발전으로 정보의 홍수에서 진리에 접근하기 위해 더 많은 비판적 사고와 토론이 요구되기 때문입니다. 인공지능과 빅데이터는 1950년대부터 꾸준히 발전하면서 삶의 저변에 광범위하게 확산되는 중입니다. 스마트폰을 비롯한 많은 전자 제품에 이미 인공지능 기술이 도입됐고 인터넷 검색 기능 또한 인공지능 기술입니다. e-나라지표에 따르면 2023년 7월 현재 만 3세 이상 인구의 인터넷 이용률은 94.0%입니다. 우리나라 만 3세 이상 인구 47,747천 명이 최근 1개월 이내 1회 이상 인터넷을 이용했다는 의미입니다.

우리는 폭발적인 인터넷 사용으로 데이터를 제공하며 기술 발전에 기여하고 있습니다. 인공지능과 빅데이터의 시대에 우리는 어디서나 쉽게 호기심을 해결할 수 있지만 동시에 너무 많은 정보와 데이터 때문에 정확한 정보와 '가짜 뉴스'를 구분하기 어렵습니다. 많은 정보 가운데 어떤 정보가 중요하고 어떤 정보가 믿을 만한지 등을 판단해야 합니다. 이때 비판적 사고와 토론이 필요합니다.

비판적 사고의 자세한 의미는 다른 수업에서 깊이 다룰 예정이니 여기서는 비판적 사고의 의미, 특히 공적인 영역에서 다른 사람과 의견을 조정하고 진리로 접근하는 측면을 강조하여 설명하고자 합니다. 특히 다른 사람과 소통하면서 주장이 정당한지, 근거가 타당하고 적절한지 판단하는 과정에 집중하여 의미를 살펴보겠습니다.

만약 우리가 비판적 사고 없이 그냥 다른 사람의 말을 수용하고 따른다면 주체의 지위를 상실한 노예로 전락하게 됩니다. 현대인은 자유인으로서 삶의 주체 또는 주인공으로서 의미를 중시합니다. 삶에서는 자유가 중요하고 이는 주체적 사고, 즉 비판적 사고와 관련됩니다. 비판적 사고 없이 다른 사람의 의견을 무비판적으로 수용하고 그 의견에 종속되는 사람은 자유인으로 볼 수 없습니다.

비판적 사고 능력이 없다면 다른 사람에게 피해를 줄 수 있습니다. 미국으로 망명한 유대인 철학자 아렌트Hannah Arendt는 그의 저서 《예루살렘의 아이히만》(1963)에서 '악의 평범성'The Banality of Evil이라는 개념을 통해 비판적으로 사고하지 않는 삶이 초래하는 해악을 고발합니다. 아이히만Adolf Eichmann은 가정에서 자상하고 성실한 남편이자 아버지였고 직장에서 자신의 역할을 충실히 수행했던 인물입니다. 하지만 그는 제2차 세계대전 때 일어난 유대인 대학살의 실무 책임자였습니다. 자신이 하는 일이 바람직한지, 옳은지 그른지, 이후에 어떤 문제를 초래할 수 있는지에 대한 비판적 사고 없이 그저 자신의 업무만 성실히 수행했습니다. 자신의 업무를 성실히 수행한 결과는 홀로코스트입니다. 유럽에 거주하는 유대인의 3분의 2에 해당하는 약 600만 명이 홀로코스트로 사망했습니다.

비판적 사고는 주어진 정보를 그냥 수용하지 않고 정보를 정확히 파악해 배경과 의미를 따져보는 사고입니다. 이러한 비판적 사고는 전공이나 직업과 상관없이 모든 사람에게 필요한 기초 소양입니다. 비판적 사고와 토론이 오랫동안 교양 교육으로 자리매김한 이유입니다. 하버드 대학은 2007년 학부 교육 과정 개편을 앞두고 진행한 연구 보고서에서 "하버드 대학의 교육 목적은 교양 교육liberal education을 실시하는 데 있다"고 선언하며 다음과 같이 명시했습니다.

"교양 교육의 목표는 추정된 사실을 동요시키고 익숙한 것을 낯설게 만들며 현상과 그 배후에서 일어나는 것을 폭로하고 젊은이의 방향 감각을 혼란스럽게 만들고 그들이 다시 방향을 잡을 수 있는 길을 발견하도록 도와주는 것이다."

비판적 사고를 통해 우리는 다양한 정보를 분류·분석하며 이를 종합적으로 판단해 진리에 가까이 접근할 수 있습니다. 그렇다면 비판적 사고 능력을 키우는 효과적인 방법은 무엇일까요?

나와 타인 그리고 고전까지
비판적 사고로 읽을 수 있다면

밀은 모든 사람에게 표현의 자유를 보장해야 한다고 말하지 않습니다. 그는 '성숙한 사람,' '귀가 열린 사람,' '지조 있는 사람'으로 범위를 한정합니다. 이런 사람은 추측해 보건대 아마도 '삶의 주체로서 자신의 표현과 행위에 책임을 질 수 있는 존재' 같습니다. 밀은 비판적 사고를 통해 삶의 주체로서의 지위를 확보하고 타자와의 관계에서도 진리에 접근하는 사고를 할 수 있는 사람에게 자유가 주어진다고 말합니다.

단순히 다른 사람의 말실수를 파고들고 꼬투리를 잡아 궁지에 몰아넣는 '토론 기술'은 바람직하지 않습니다. '삶의 주체'라는 의미는 그만큼의 삶의 무게를 책임질 수 있을 정도로 삶의 가치를 이해하고 이를 자신의 삶에 체화한 존재라는 뜻입니다. 다른 사람의 입장과 주장에 공감하면서도 더 나은 대안을 위해 모색하는 사람, 한마디로 교양 있는 사람, 지성을 갖춘 사람이겠죠. 같은 맥락에서 이 책은 고전 읽기를 통해 비판적 사고를 갖춘 사람이 되어보자고 제안합니다.

미국의 명문 대학 중 하나인 세인트존스 대학은 4년 동안 고전 100권을 읽고 토론하는 학교로 유명합니다. 토론은 이 학교의 수업 방식입니다. 학생들은 동일한 텍스트를 읽고 생각을 나누어야 합니다. 다양한 견해를 검토하면서 서로의 의견에 대해 비판하고 대안을 제시합니다. 대학은 이러한 방식의 세미나를 통해 학생의 지성과 교양이 성장한다고 합니다. 학교 측의 공식적인 수업 설명은 다음과 같습니다.

"세미나는 고전을 읽고 토론을 이어가는 세인트존스의 핵심 수업이다. 질문을 공유하고 광범위하게 대화해 고전을 효과적으로 마주하게 한다. 뿐만 아니라 고전의 저자들은 우리에게 인간으로서 생각해봐야 할 중요한 질문을 끄집어낸다. 세미나는 커리큘럼 전체의 중심을 잡아주는 닻이 되기도 하고, 학습에 활기를 불어넣을 뿐 아니라 깊이를 더한다."[1]

고전 중심 교육은 자칫하면 엘리트주의와 배타주의로 흐른다는 비판이 있습니다. 미국 컬럼비아 대학에서 모든 학생을 대상으로 개설되는 위대한 저서 읽기 교육 프로그램을 10여 년 동안 책임지고 운영했던 로오세벨트 몬타스Roosevelt Montas 교수는 이런 비판이 정당하지 않으며 오히려 고전을 통한 교육은 사회적·경제적 차이를 좁힌다고 대답합니다.

그는 자신의 저서Rescuing Socrates: How the Great Books Changed My Life and Why They Matter for a New Generation에서 고전 읽기를 기반으로 한 토론식 교양 교육은 공동체 구성원 사이에서 자유롭게 의견을 나누는 방

---

1   조한별 지음, 《세인트존스의 고전 100권 공부법》, 바다출판사, 2016, p.81.

법을 교육하는 민주적 기능이 있다고 강조하면서, 계층에 따른 교육 격차를 줄이는 것이 고전 읽기 코어 교육의 역할이라고 주장합니다. 교육을 통해 학생들은 세상이 어떻게 지금의 모습에 이르게 되었는지에 대한 역사 인식을 보다 선명하게 가질 수 있습니다. 공통의 어휘를 제공하여 학생들이 자신의 역사 인식은 어떠한지, 어떤 인식에 따라 행동하고 있는지 설명할 수 있게 합니다. 교양 교육은 다양한 배경과 관점을 대화에 끌어들이면서 소통할 수 있는 능력도 길러주어야 합니다. 학생이라면 누구나 시민으로서의 소양을 갖출 수 있도록 돕는 것이지요. 우리가 말하는 고전 읽기를 통한 비판적 사고와 토론도 이와 크게 다르지 않습니다. 말하자면 이 책은 세인트존스 대학의 훈련 방식에 대한 체계적인 안내서라고 할 수 있습니다.

한국인의 독서량이 과거에 비해 많이 줄었습니다. 2022년 1월에 문화체육관광부가 발표한 '2021년 국민 독서 실태' 조사 결과에 따르면 2020년 9월부터 2021년 8월까지 만 19세 이상 성인 중에서 책을 1권 이상 읽은 이의 비율_{연간 독서율}은 47.5%, 독서량은 4.5권이었습니다. 이는 전년에 비해 8.2% 감소한 수치이며 독서량은 3권이 줄었습니다. 이런 흐름 속에서 유독 고전은 독자에게 기피 대상이 되는 것 같습니다. 《톰 소여의 모험》으로 유명한 미국의 소설가 마크 트웨인_{Mark Twain}은 '고전_{古典}은 누구나 한 번쯤 읽기를 바라지만 사실은 아무도 읽고 싶어 하지 않는 책'이라고 정의해 고전을 외면하는 시대상을 풍자했습니다.

국립국어원의 표준국어대사전에 따르면 '고전'의 사전적 의미는 '오랫동안 많은 사람에게 널리 읽히고 모범이 될 만한 문학이나 예술 작품'입니다. 고전에는 시간과 공간을 뛰어 넘는 인류의 지혜와 통찰이 담겨 있어서 독자의 사유를 더 깊이 이끕니다. 고전이 지성으로 나아가는 중요한 통로 중 하나인 셈입니다. 고전이 고전인 이유는 단지 뛰어난 지혜와 통찰이 담겨 있기 때문만은 아닙니다. 단순히 내용 때문이라면 고전苦戰하면서 고전古典을 읽을 필요가 없습니다. 인터넷이나 유튜브라는 광활한 지식의 저장소에서 고전古典의 정수만을 요약한 버전으로 빨리 흡수하면 그만입니다.

고전의 가치는 내용을 수동적으로 받아들여 암기하는 데 있지 않습니다. 마치 소크라테스가 아폴론의 신탁마저도 정말 참인지를 검토하듯 고전이 정말 지혜와 통찰을 가지고 있는지 비판적으로 읽어야 합니다. 내가 제대로 읽었는지 다른 사람과 같이 검토해야 사유가 깊어질 수 있습니다. 고전에 담긴 지혜와 통찰을 검토하는 것, 즉 진리를 추구하는 고전 읽기가 비판적 사고와 토론의 목표입니다.

이 책의 1부는 서양 고전을 통해 배울 수 있는 비판적 사고 내용을 다룹니다. 고전의 일부를 발췌해 독자가 조금이나마 고전을 맛보고 스스로 해당 고전을 찾아 읽도록 돕고자 합니다. 고전 읽기의 이해를 심화시켜 고전에 담긴 지혜와 통찰을 얻는 데 도움을 줄 겁니다. 이 책은 이를 토론과 연계해서 다루기 때문에 책을 정독한다면 다른 사람들과 심도 있게 토론할 수 있는 지성을 갖출 수 있습니다.

2부는 1부에서 공부한 비판적 사고를 토대로 구체적인 토론 주제를 통해 비판적 사고 능력을 심화합니다. 인문, 자연, 사회, 공학 등 각 영역의 고전을 읽으면서 비판적으로 분석하고 평가한 다음, 자신의 주장을 효과적으로 제시하고 토론을 통해 진리에 접근하도록 도울 수 있습니다.

이 책은 대학에서 오랫동안 비판적 사고와 토론을 배우고 가르쳐 온

서울시립대학의 의사소통교실과 철학과의 선생들이 '어떻게 하면 우리 시대에 맞는 비판적 사고와 토론 교육을 할 수 있을까' 고민하면서 쓴 《토론 수업》(2023)의 개정판입니다. 이번 개정은 독자들의 비판적 사고 능력과 지성이 길러질 수 있도록 돕겠다는 목표 아래, 전체의 50% 정도를 수정하고 교체하는 대규모 작업이었습니다. 부분적인 수정은 너무 많아 일일이 언급하기 어렵고 통째로 바뀐 것들만 말씀드리면, 1부에서 귀납을 다뤘던 두 개의 장을 하나의 장으로 묶어 새롭게 집필하였고, 논리적으로 주장하는 글을 쓰는 방법을 제시했던 장은 2부의 고전 읽기와 토론을 위한 실질적인 도움이 되도록 새롭게 집필하였습니다. 2부에서는 여러 사정으로 고전 지문을 싣지 못했던 과학 영역과 공학 영역의 장을 각각 새로운 고전 지문을 활용한 새로운 내용으로 바꿨고, 경제 영역과 미학 영역의 글을 새롭게 추가하였습니다. 이번 개정판을 준비하면서, 우리 시대와 사회에 비판적으로 사고하고 다른 사람들과 토론하며 진리를 찾아가는 훈련이 필요함을 절감하게 됩니다. 이 책이 독자 여러분의 비판적 사고 능력과 지성 함양에 기여하길 소망합니다.

2025년 따뜻하고 밝은 봄날을 기다리며, 저자 일동

: DISCUSSION

CLASS :

1부

탈진실의 바다에서 헤엄치기
: How We Think

존 듀이와 함께 살펴보는
비판적 사고의 의미

수업을 시작하며

　민주주의가 시작된 고대 그리스의 도시 국가부터 현대의 민주 국가에 이르기까지 공통된 사회 현상은 '토론의 활성화'입니다. 고금을 통틀어 민주주의와 토론은 함께 성장하고 쇠퇴했습니다. 민주주의가 성장한 곳에서는 토론이 활성화되고 민주주의가 죽어가는 곳에서는 토론도 죽어갑니다. 토론이 경시되면 민주주의가 쇠퇴하고 토론이 장려되면 민주주의가 성장합니다.

　토론은 민주주의의 필수 영양분입니다. 민주주의에서 의사 결정을 위한 토론은 공동체의 중요한 사안을 두고 집단 이성이 함께 심사숙고하는 과정이기 때문입니다. 그것은 민주 시민, 즉 주인으로서 자주적인 활동을 의미합니다. 민주주의와 토론의 필수적인 관계는 다음과 같은 몇 가지 철학에 기반을 두고 있습니다.

　민주주의와 토론의 공통 철학 중 하나는 의견 표명의 자유입니다. 앞에서 살펴본 밀의 《자유론》(1859)에서도 민주주의 사회에서는 각 사안에 다양한 의견이 표명되고, 소수일지라도 자신의 의견을 정당하게 말할 자유와 기회가 주어져야 한다고 강조했죠. 토론은 폭력적이거나 독단적인 방식으로 의사 결정을 하지 않겠다는 암묵적인 약속에 근거합니다. 다수의 힘을 이용하여 의사를 결정한다면 토론은 필요 없습니다. 토론은 토론에 임하는 상대방뿐만 아니라 토론 주제에 대해 관심 있는 모든 이들에게 의사 결정의 권리가 있다는 전제에서 이루어집니다.

민주주의와 토론의 또 다른 철학은 다양성에서 발생하는 의견 불일치, 즉 갈등을 인정하는 것입니다. 갈등 자체를 부정적으로 보는 경우도 있지만 갈등은 민주주의의 전형적인 현상입니다. 사회 구성원의 다양한 가치와 사상이 공존하는 현대 다원주의 사회에서 다름과 다름 사이의 갈등이 없다면 더 이상할 겁니다.

민주주의에 대한 심도 있는 연구를 제시한 미국의 철학자이자 교육학자인 존 듀이 John Dewey는 《공공성과 그 문제들》(1926)에서 "반박을 통해 비로소 사태의 핵심이 드러난다. 다시 말해 사람들이 문제되는 대상을 서로 다르게 생각하고 서로 다르게 의미를 부여함으로써 생겨나는 그러한 차이가 드러난다. 사회적 문제를 좀 더 많은 지식과 지혜를 통해 다루는 상태는 원래의 문제 상황을 일시에 개선하지는 못하겠지만 문제 상황에 지적으로 접근하는 수준을 높일 수 있을 것"이라며 민주주의에서 불일치가 중요함을 역설합니다.

합리적으로 해결하려는 의지와 적절한 방법이 실천되지 않을 때 갈등은 나쁩니다. 그런 경우만 아니라면 갈등은 이해관계가 다양한 사람들이 각자의 삶을 살고자 하는 의지의 산물일 뿐입니다. 갈등 없이 모든 사람의 의견이 동일한 사회보다 온갖 갈등이 토론과 상존하는 사회가 더 낫습니다. 오늘날 한국 사회는 갈등 지수가 매우 높다고 말합니다. 세대, 성姓, 지역, 정치, 종교 등 온갖 갈등이 상존하는데 그만큼 합리적인 토론이 활발하게 일어나지 않는 게 더 문제입니다.

민주주의와 토론의 세 번째 철학은 평등성입니다. 평등성은 합리적인 의사소통의 기본입니다. 토론에서 평등성이란 어느 누구도 독단적으로 진리를 점유한다고 주장할 수 없다는 것입니다. 우리 모두가 틀릴 수 있습니다. 누구는 틀리거나 누구는 맞을 수 있고 어떤 경우에는 모두 다 맞을 수도 있습니다. 그렇기 때문에 우리는 대립된 관점을 존중하고 합리적으로 더 나은 대안을 찾는 공동의 노력을 기울여야 합니다. 그중 하나가 바로 토론입니다. 토론은 공적인 영역에서 다른 사람과 의견을 조정하고 진리로 다가갈 수 있는 민주주의 사회의 중요한 기제입니다.

그렇다면 공적 영역에서 갈등이 첨예한 사안에 대해 그냥 서로의 의견을 표현하기만 하면 되는 걸까요? 서로 평등한 위치에서 자유롭게 의견을 표명하면 갈등이 자연스럽게 조정되고 진리로 접근해 나갈 수 있을까요? 그렇지 않습니다. 진리로 나가기 위해서는 어떤 기준에 따라 어떤 의견이 더 나은지에 대한 평가가 이루어져야 합니다. 이렇게 판단할 수 있는 능력이 바로 '비판적 사고'critical thinking입니다. 그렇기 때문에 토론 없는 의사 결정은 독재적이고, 비판적 사고 없는 토론은 공허합니다.

토론은 논제에 대해 찬성하거나 반대하기 위한 근거를 갖춘 의견 표명입니다. 어떤 주장이든 할 수 있지만 반드시 근거를 들어야 합니다. 근거를 통한 주장은 '논증'argument이며 토론 참여자는 반드시 논증 형태로 주장을 제시해야 합니다. 논증은 근거를 가지고 개인 또는 집단의 신념이나 태도, 정책, 가치 등을 정당화하려는 시도입니다. 근거가 없는 주장은 논증이 아니며 논증을 통해 주장을 입증하려는 노력이 없다면 토론이 아닙니다. 토론은 제안된 안건 또는 대안에 대한 의사 결정 행위로, 반드시 비판적 사고를 통해 이루어지고 논증을 통해 의견이 표명되고 정당화됩니다.

그런데 무엇이 부족한 근거인지, 어떤 근거가 더 나은지, 어떻게 하면 더 나은 근거를 제시할 수 있는지 자신 있게 말할 수 있는 사람은 많지 않습니다. 비판적 사고가 정확히 무슨 의미인지, 논증이 무엇인지 잘 모르기 때문입니다. 이번 수업에서는 비판적 사고가 무엇이며 이런 사고의 표현인 논증이 무엇인지에 집중해서 살펴보고자 합니다.

토론 수업을 위한
오늘의 고전

존 듀이의 《하우 위 싱크》

비판적 사고에 대한 다양한 정의가 있습니다. 비판적 사고의 의미를 파악하기 위해 다양한 정의를 모두 살펴보는 것도 좋겠지만, 효과적인 이해를 위해 다양한 정의의 원류가 되는 정의를 살펴보도록 합시다. 비판적 사고가 무엇인지에 대한 학문적 정의를 논의할 때 가장 많이 언급되는 사람은 듀이입니다. 20세기 초반, 미국의 교육학자이자 철학자인 듀이가 사고 방법에 대해 연구했던 결과물이 비판적 사고 증진 프로그램으로 현실화되었기 때문입니다. 사실 듀이는 자신의 글에서 비판적 사고를 '반성적 사고'reflective thinking로 표현하지만 그 의미는 이후 널리 사용되는 비판적 사고와 동일합니다.

우리는 **생각**이나 **사고**라는 말을 자주 사용한다. 사고라는 말을 너무도 빈번하고 다양하게 사용하기 때문에 이 말이 무엇을 의미하는지 실제로 정의하기란 쉽지 않다. (중략) 이 말이 사용되는 전형적인 방식을 살펴보면 우선 **사고**라는 단어는 광범위하게 사용되는 말이지만 아무 말에나 사용되지 않는다. 마음에 나타나는 모든 것, '우리의 머리를 통해 나오는' 모든 것을 사고라고 부른다. 어떤 것을 사고한다는 것은 어떤 방식으로든 그것을 의식한다는 것을 의미한다. 둘째, 사고는 이들 가운데 직접적으로 제시되지 않는 것으로 한정된다. 우리가 직접적으로 보거나 듣지 못하는 것, 냄새 맡거나 맛보지 못하는 것을, 또는 그러한 것들에 대해 생각하고 사고한다. 셋째, 사고는 이들 가운데 어떤 증거나 증인을 통해 지지되는 믿음으로 국한되어 사용된다. 세 번째 유형의 사고 가운데 두 가지 경우(혹은 두 가지 정도의 차이)는 구분될 필요가 있다. 첫 번째는 어떤 믿음을 지지할 근거를 언급하려는 시도가 별로 없거나 또는 거의 없는데 그 믿음을 수용하는 경우다. 두 번째는 어떤 믿음에 대한 근거를 의도적으로 찾아보며 해당 근거의 적절성을 검토하는 경우다. 후자를 우리는 반성적 사고reflective thought라고 부른다. 이런 반성적 사고는 그 자체만으로도 진정으로 교육적 가치를 갖는다. (중략)

어떤 믿음이 다른 믿음이나 행동에 영향을 미친다는 점은 매우 중요하다. 그렇기 때문에 사람들은 자신의 믿음의 근거나 이유, 논리적 결과를 살펴보도록 요구받는다. 이것이 반성적 사고이다. (중략) 반성적 사고는 **어떤 믿음이나 지식에 대해 그것을 지지하는 근거와 그것이 가져올 결과에 비춰 적극적이고 지속적이며 세심하게 숙고하는 것**을 의미한다. (중략)

반성적 사고는 **갈림길**이라고 불리기에 충분한 상황에서 시작된다.

이 상황은 애매모호하고, 딜레마를 겪게 하며, 선택지를 고르게 한다. 우리의 활동이 여기서 저기로 부드럽게 진행되거나 우리의 상상력이 마음대로 공상을 즐기는 동안에는 반성적 사고가 필요하지 않다. 그러나 어떤 믿음에 도달하는 과정에서 어려움이나 장애물을 만났을 때, 우리는 멈추게 된다. 불확실성이 주는 긴장 아래 우리는, 은유적으로 말한다면, 나무에 오른다. 우리는 어떤 위치를 찾으려고 노력한다. 그 위치에서 우리는 추가적인 사실을 조사할 수 있을 것이고, 상황을 더욱 잘 조망할 수 있는 관점을 획득함으로써 사실들이 어떻게 서로서로 관련되는지를 결정할 수 있을 것이다.

어떤 긴장이나 혼란을 해결해야 한다는 요구는 반성적 사고의 전체 과정을 지속하고 이끌어가는 요소이다. 해결해야 할 문제에 대한 물음이 없거나 극복해야 할 어려움이 없으면 사고의 과정은 제멋대로 진행될 뿐이다. (중략) 그러나 반성적 사고에서는 답해야 할 물음이나 해소해야 할 모호함이 어떤 목적을 설정하게 하고 사고의 과정을 일정한 경로로 유지하게 한다. 제시된 모든 결론은 사고 과정을 통제하는 목적과의 관련성 그리고 논의되는 문제에 적절한지 여부를 통해 검토된다. 혼란을 바로 잡아야 한다는 이러한 필요성에 따라 수행하는 탐구 방법도 또한 적절하게 정해진다. 가장 아름다운 길을 찾는 것이 목적인 여행자는 특정 도시로 가는 길을 찾을 때와는 다른 사항을 고려하여 찾아야 하고 자신에게 주어진 제안을 다른 원리로 검증해야 한다. 이처럼 우리가 직면하는 문제는 비판적 사고의 목적을 결정하고 목적은 비판적 사고의 과정을 통제한다. (중략)

만일 제안이 검토 없이 즉시 받아들여진다면 우리는 성찰이 거의 없는 무비판적인 사고를 하는 것이다. 제안을 마음에서 계속 이리저리 생각하는 것, 즉 반성적 사고를 한다는 것은 제안을 더 검토하고, 제안이 수용할 만하다고 증명하거나, 제안의 부조리와 부적절함을 분명하게 드러낼 수 있는 새로운 증거를 찾아 나선다는 것을 의미한다.

어려운 진짜 문제를 만나고 문제를 해결할 정도로 상당히 많은 유사한 경험이 있다면 좋은 사고와 나쁜 사고를 구분할 수 있는 능력, 즉 **탁월성**을 발견할 수 있다. 어려운 문제를 만났을 때 손쉬운 해결 방식은 그럴듯한 어떤 제안을 검토 없이 받아들여서 정신적으로 불편한 상태를 끝내는 것이다. 이와 달리 반성적 사고는 계속해서 우리를 다소 불편하고 귀찮게 만든다. 반성적 사고는 주어진 제안의 표면상 가치만 보고 검토 없이 받아들이게 하는 타성의 극복과 관련이 있기 때문이다. 또한 반성적 사고는 정신적 불안과 동요의 상태를 기꺼이 견디는 것과도 관련이 있다. 요약해서 말하면 반성적 사고는 더 많은 검토의 과정을 거치면서 수용할지 말지 판단을 보류하는 것과 연관돼 있다. 그러한 보류는 다소 고통스럽기도 하다. 나중에 더 보겠지만 좋은 정신 습관을 훈련하는 데 가장 중요한 요소는 결론을 보류하는 태도의 습득, 제시된 제안을 증명하거나 부정하기 위해 새로운 자료를 찾는 여러 방법을 습득하는 것이다. 의심 상태를 유지하면서 체계적 탐구를 지속적으로 수행하는 것이 반성적 사고의 핵심 사항이다.

John Dewey, 《How We Think》, 1910, 1장.

아리스토텔레스는 인간을 '이성적 동물'이라고 정의했습니다. '이성적'이란 사고하는 능력을 의미합니다. '사고'는 다양한 방식으로 이루어질 수 있는 활동입니다. 듀이는 인간의 사고 활동 중에서 근거를 비판적으로 따져보고 검토하여 성찰하는 반성적 사고, 즉 비판적 사고는 그 자체만으로도 교육적 가치를 갖는 사고라고 분석합니다. 그는 비판적 사고가 단순하게 수용하는 자세는 아니기 때문에 능동적이고 적극적으로 자료를 탐색하고 문제를 해결하려는 노력이 필요하다고 주장합니다. 듀이는 이런 과정을 통해 좋은 사고와 나쁜 사고를 구분할 수 있다고 말합니다. 민주주의 사회에서 토론을 통해 더 나은 결론을 도출하고 진리에 접근하는 과정은 쉽지 않지만 비판적 사고를 통해서라면 그것이 불가능한 일은 아니라는 의미입니다. 비판적 사고가 없으면 어떤 주장이 진리에 근접했는지 모르는 채 그대로 수용해 해악을 초래할 수 있고, 독단적으로 자신의 주장을 타인에게 강요하는 폭력을 행사할 수 있습니다. 우리가 일상에서 만나는 수많은 주장과 논의를 검토해 진리에 접근할 수 있는지 분석하고 판단하는 사고 능력이 바로 비판적 사고입니다.

비판적 사고에 대해 연구했던 듀이는 이를 토대로 민주주의에 대한 연구를 진행했습니다. 그는 《공공성과 그 문제들》(1926)에서 "민주주의의 다수결 규칙은 이를 비판하는 이들이 주장하는 것처럼 (그 자체로는) 어리석은 규칙이다. 그러나 단순히 다수결 규칙으로 끝나지 않는다. 다수의 결정이 진정한 다수의 결정이 되게 하는 수단이 중요한데 그것이 바로 선행하는 토론이다. 소수 의견을 접하면서 의견을 수정하는 토론의 과정이 중요하다"고 주장했습니다. 민주주의와 토론, 비판적 사고의 연결고리를 잘 보여주는 말입니다.

비판적 사고란
무엇일까?

　듀이의 비판적 사고에 대한 철학적 이해는 이후 민주주의 시민 교육 과정에서 비판적 사고 프로그램으로 체계화되어 발전합니다. 이렇게 체계화된 비판적 사고가 무엇인지 파악하기 위해서는 비슷한 의미로 보이는 사고, 예를 들면 논리적 사고, 분석적 사고, 추론적 사고, 종합적 사고, 대안적 사고, 창의적 사고 등과의 차이에 주목해 보면 좋습니다.

　비판적 사고와 비슷한 논리적 사고, 분석적 사고, 추론적 사고, 종합적 사고 등은 어떤 논의 체계 안에서 이루어진다는 공통점이 있습니다. 이런 사고를 '수렴적 사고'convergent thinking라고 합니다. 반면에 창의적 사고의 핵심인 '발산적 사고'divergent thinking는 어떤 논의 체계 밖으로 나가 새롭고 다양한 아이디어들을 산출하고 상세화하는 사고입니다.

　수렴적 사고는 어떤 측면에 주목하여 사고를 진행하는가에 따라서 세부적으로 분류될 수 있습니다. 논의 개념, 자료 분석 같은 측면에 주목하는 분석적 사고, 논의의 논리적 형식에 관심을 두는 추론적 사고,

의사 결정과 상황 등에 대한 전체적 조망에 주목하는 종합적 사고, 이러한 논리적 내용 모두를 포괄하는 논리적 사고, 발상 전환이나 대안 모색에 초점을 둔 대안적 사고 등 모두 강조점과 적용 영역에서만 차이를 둘 뿐 논의 체계 내에서 이루어지는 수렴적 사고에 해당합니다. 비판적 사고는 형식적 측면을 종합적으로 포함한다는 점에서 앞에서 언급된 사고보다 넓은 개념입니다. 여기에는 형식을 넘어서 내용까지 포함한다는 의미가 있습니다. 비판적 사고는 경험과 추론 과정에서 얻은 정보를 개념화하고 적용하며, 분석하고 종합할 뿐만 아니라 평가하는 사고를 의미하기 때문입니다.

비판적 사고는 형식적 차원뿐만 아니라 내용적 차원에서 어떤 기준에 따라 개념, 판단, 논증을 평가하고 분석한다는 점에서 포괄적입니다. 하지만 비판적 사고가 어떤 체계 내에서 이루어지는 수렴적 사고라는 점에서 현대 다원주의 사회에 부적합하다는 비판이 제기될 수 있습니다. 현대 다원주의 사회에서는 새로운 문제를 발견하고 대안을 모색하는 창의적 사고 능력이 요구됩니다. 그런데 기존의 주어진 논의 체계에만 국한된 비판적 사고는 시대적 요구에 둔감해 보입니다. 이런 비판은 비판적 사고를 수렴적 사고로 제한할 뿐만 아니라 발산적 사고인 창의적 사고를 수렴적 사고와는 전혀 무관한 사고라고 전제하는 데에서 발생합니다. 이런 비판이 적절한지 판단하기 위해서는 전제에 대해 곰곰이 생각해 볼 필요가 있습니다.

비판적 사고를 수렴적 사고로 제한할 수 있을까요? 듀이는 비판적 사고를 반성적 사고, 즉 사고에 대한 사고인 '메타meta 사고'라고 강조합니다. 메타 사고는 주어진 논의 체계를 반성한다는 의미에서 논의 밖의 관점을 취할 수밖에 없습니다. 따라서 비판적 사고는 좁은 의미에서 수렴적 사고에 해당하지만 수렴적 사고에만 한정되지는 않습니다. 비판적 사고를 통해서 논제에 대한 발상이 전환되기도 하고, 새로운 관점을 통해 새로운 문제를 발견하기도 하고, 새로운 대안을 제시하는 대안적 사고를 할 수도 있습니다. 비판적 사고는 대안 모색과 발상 전환 과정에서 논의 체계를 넘어설 수 있기 때문에 발산적 사고 일부를 포함합니다.

김영정, 「고등사고능력의 7범주」, 『자연과 문명의 조화』 제53권 제6호, 2005

비판-창의적(critico-creative) 사고
(느슨한 의미의 비판적 사고, 느슨한 의미의 창의적 사고)

← 수리성 방향	비판적 사고					→ 예술성 방향
Formal Symbolic Thinking 기호적 사고	Analytical Thinking 분석적 사고	Inferential Thinking 추론적 사고	Synthetical Thinking 종합적 사고	Alternative Thinking 대안적 사고	Divergent Thinking 발산적 사고	Material Symbolic Thinking 상징적 사고
	·개념적 분석 ·텍스트 분석	·분석적 추론: 연역 ·종합적 추론: 귀납	·귀추 ·논리 퍼즐 ·의사 결정 ·상황 추리 ·민감성	·관점/발상 전환 ·대안 창안 ·시야/시계 확장 ·시각/지평 전환 ·재정의	·유창성 ·융통성 ·독창성 ·정교성	
논리적 사고				창의적 사고		
광의의 논리적 사고(수렴적 사고)				협의의 창의적 사고		
협의의 논리적 사고			광의의 창의적 사고			

그렇다면 비판적 사고와 창의적 사고의 관계는 어떨까요? 창의적 사고는 새로움을 추구한다는 점에서 비판적 사고와 무관하다고 생각하기 쉽습니다. 하지만 창의적 사고는 기존 개념의 재정립, 기존 논의 사이의 연결, 개념의 변환이나 전환, 여러 관점의 고려, 다양한 대안 모색 등을 통해 제시됩니다. 창의적 사고는 기존의 논의를 체계적으로 분석하고 종합하는 비판적 사고의 토대에서 나옵니다. 이런 의미에서 비판적 사고는 넓은 의미에서 발산적 사고인 창의적 사고를 포함하는 사고입니다. 어떤 학자들은 넓은 의미의 비판적 사고를 '비판-창의적critico-creative 사고'라고 명명하기도 합니다.

비판적 사고는 좁게는 논리적 사고, 분석적 사고 등 수렴적 사고를 포함하는 동시에 넓게는 발산적 사고 등 창의적 사고를 포함합니다. 비판적 사고를 설명할 때 자주 사용되는 옆의 표p. 38는 이런 논의를 잘 보여줍니다.

구성 요소와 평가 요소

어떻게 해야 수렴적 사고와 발산적 사고를 모두 포함하는 비판적 사고 능력을 기를 수 있을까요? 비판적 사고 능력을 향상시키기 위해서 어떤 요소에 주목하여 사고해야 하는지를 알 필요가 있습니다. 활 쏘기 실력을 기르기 위해서는 과녁을 보고 연습하는 것이 효과적입니다. 비판적 사고의 구성 요소와 평가 요소를 안다면 이를 중심으로 연습할 수 있습니다. 비판적 사고의 구성 요소에 대해서는 다양한 이론이 있습니다. 다양한 학자가 제시한 구성 요소 가운데 공통분모에 해당하는 요소를 정리하면 다음과 같습니다.

목적, 물음, 가정, 정보, 개념, 결론, 관점, 함축, 맥락, 대안

비판적 사고의 요소를 평가하기 위해 널리 사용되는 열 가지 기준은 다음과 같습니다.

분명함, 정확성, 명료성, 적합성, 중요성, 깊이, 폭 넓음, 논리성, 공정성, 충분성

모든 글이나 토론에서 위에 제시한 비판적 사고의 구성 요소와 평가 요소를 모두 사용할 필요는 없습니다. 논제에 맞춰서 필요한 요소를 구성하고 평가에 사용하면 됩니다. 일단 무엇에 주목해야 하는지 모든 요소와 기준을 결합해 보면 다음과 같습니다.

—— 논의 목적: 저자화자의 목적은 무엇인가?

비판적 사고는 항상 어떤 목적을 갖습니다. 비판적 사고는 무엇인가를 주장하는 사고이기 때문입니다. 비판적 사고를 평가하기 위해서는 해당 주장의 목적이 무엇인지, 목적이 분명하고 적절하게 구현되고 있는지 검토해야 합니다. 또한 목적이 중요한지, 논리적으로 일관적인지 등도 검토해야 합니다. 논의 목적이 불분명하거나 잘 구현되어 있지 않다면 이러한 검토를 통해 분명히 드러나도록 수정해야 합니다.

——— 논의 문제: 저자_{화자}가 해결하려는 핵심 문제는 무엇인가?

비판적 사고의 배경에는 논의하고자 하는 어떤 문제가 있습니다. 앞에서 비판적 사고가 어떤 목적을 갖는다고 했는데 어떤 목적을 갖는다는 의미는 목적에 해결해야 할 문제가 있다는 뜻입니다. 따라서 비판적 사고를 평가하기 위해서는 논의되는 물음이 저자_{화자}가 제시하는 목적에 적합한 물음인지, 물음이 분명하고 명료하게 제시되었는지 검토해 봐야 합니다. 논의되는 물음이 분명하고 명료하지 않거나 적절한 물음이 아니라면 해당 물음을 평가 요소에 맞게 재구성해야 합니다.

——— 가정: 저자_{화자}가 설정한 가정은 무엇인가?

비판적 사고에서 제시되는 주장이나 전제에는 명시적 혹은 암묵적 가정이 있습니다. 주장이나 전제는 아무 생각 없이 등장하지 않습니다. 반드시 사고나 판단의 배경이 되는 생각이나 가치관에서 시작됩니다. 가정 없이 사고할 수 있다는 주장은 의심스럽습니다. 비판적 사고를 평가하기 위해서는 그러한 가정이 무엇인지, 가정이 논리적으로 정당하고 현실에 적합한지 분석하고 검토해야 합니다. 이러한 검토를 통해 가정이 부적절하다고 판단했다면 수용할 만한 가정으로 보완해야 합니다.

——— 정보: 저자_{화자}가 사용한 정보는 무엇인가?

비판적 사고에는 주장이나 전제와 관련된 정보가 담겨 있습니다. 정보는 관찰, 경험, 자료 등 다양한 것을 포함합니다. 비판적 사고를 평가하기 위해서는 이러한 정보가 주장과 전제와 관련이 있는지, 충분한지, 공정하고 정당한지 등을 검토해야 합니다. 이러한 검토를 통해 정보가 부족하다면 어떻게 보완할지도 고민해야 합니다.

—— 개념: 저자화자가 사용한 주요 개념은 무엇인가?

비판적 사고에는 어떤 개념이 사용됩니다. 개념이란 어떤 현상이 담고 있는 다양한 내용을 포착하기 위해 사용하는 기술적 용어입니다. 비판적 사고를 평가하기 위해서는 제시된 주장이나 전제가 개념을 명료하고 분명하게 사용했는지 검토해야 합니다. 이러한 개념 파악을 통해 비판적 사고에 대한 분석과 평가를 해나갈 수 있기 때문입니다.

—— 결론: 저자화자가 추론을 통해 제시하려는 결론은 무엇인가?

비판적 사고의 대상은 주장을 담은 글이나 말이기 때문에 추론 과정과 이를 통해 도달한 결론이 포함되어 있습니다. 비판적 사고를 통해 저자화자가 어떤 추론 과정을 통해 결론에 도달했는지, 추론 과정이 정당했고 논리적으로 타당했는지, 그런 추론을 통해 도달한 결론이 중요하고 합당한지 검토해야 합니다. 만약 추론 과정이 타당하지 않다면 어떻게 보완할 수 있을지 숙고해야 합니다.

—— 관점: 저자화자가 취하는 관점은 무엇인가?

저자화자가 어떤 주장을 제시할 때 주장은 어떤 관점을 담고 있습니다. 대형 마트 비정규직 노동자의 파업 이야기를 다룬 웹툰《송곳》에는 "서는 데가 바뀌면 풍경도 달라지는 거야"라는 대사가 나옵니다. '서는 데'는 자신의 위치인 어떤 관점point of view을 의미합니다. 비판적 사고를 평가하기 위해서는 해당 주장이 어떤 관점에 서 있는지를 파악해야 하며, 이를 평가하는 자신의 관점도 확인할 필요가 있습니다. 또한 이러한 관점이 공정하고 적합한지 검토해야 하며 해당 문제에 대해 대안적 사고를 모색할 수도 있습니다.

—— 함축: 저자_{화자}의 주장이 함축하는 내용은 무엇인가?

저자_{화자}가 어떤 주장을 제시할 때 어떤 내용을 암묵적으로 함축할 수 있습니다. 예를 들어 어떤 추론에 따라 도출된 결론이 행동으로 옮겨졌을 때 어떤 손해나 이익을 가져올 수 있습니다. 이를 '함축'이라고 합니다. 비판적 사고를 평가하기 위해서는 해당 주장이 함축하는 내용이 무엇인지, 논의가 공정하고 논리적으로 전개됐는지 검토해야 합니다.

—— 맥락: 저자_{화자}가 논의하는 맥락은 무엇인가?

저자_{화자}가 어떤 주장을 제시할 때 그 배경에는 특정한 맥락이 있습니다. 그 맥락을 공정하고 적합하게 파악하고 이해해야 합니다.

—— 대안: 저자_{화자}의 논의로부터 제시할 수 있는 대안은 무엇인가?

저자_{화자}가 어떤 주장을 제시할 때 추구할 대안도 모색해야 합니다. 대안은 공정하고 논리적이며 다각적으로 폭넓게 제시되어야 합니다.

비판적 사고의 요소와 기준을 사고할 때마다 모두 찾아서 주목할 필요는 없습니다. 글이나 토론의 주제나 상황에 따라 특정 요소가 부각될 수도 있고 어떤 요소는 나타나지 않을 수도 있습니다. 하지만 이에 주목하면서 자신의 읽기, 쓰기, 말하기를 수정해 나간다면 비판적 사고 능력이 함양될 것입니다.

논증이란
무엇일까?

비판적 사고 능력을 향상시키기 위해 수렴적 사고부터 시작해 봅시다. 비판적 사고를 구성하는 요소와 평가 기준에 주목할 수 있게 하는 가장 효과적인 방법은 논증argument 구성 능력 훈련입니다. 논증은 전제와 결론을 통해 주장을 제시하는 방법이기 때문에 비판적 사고의 구성 요소와 평가 요소를 잘 담아낼 수 있습니다.

논증은 비판적 사고를 함양시키지만, 비판적 사고의 필요조건이지 충분조건은 아닙니다. 듀이의 반성적 사고는 넓은 의미의 비판적 사고로 볼 수 있습니다. 비판적 사고는 논증과 관련된 논리적 사고 이외에도 창의적 사고 등을 포함하기 때문입니다. 동시에 논증을 통한 수렴적 사고의 함양이 발산적 사고의 기초를 마련한다는 점 또한 기억할 필요가 있습니다. 따라서 비판적 사고 능력을 향상시키기 위해서는 논증부터 시작하는 것이 효과적입니다.

1) 논증의 특성

　논증은 형식적으로 명제proposition의 집합이며 내용적으로는 주장하는 글입니다. 논증은 명제로 구성됩니다. 명제는 참과 거짓을 판단할 수 있는 문장입니다. 감탄문, 의문문, 명령문 등은 명제에 포함되지 않습니다. 예를 들어 "내일 비가 옵니까?"라는 의문문은 참과 거짓을 판단할 수 없기 때문에 논증을 만들 수 없습니다.

　하지만 문장 형태만으로 명제를 판단하면 안 됩니다. 형태는 의문문이지만 강한 주장이 담겨 있을 경우 명제로 볼 수 있기 때문입니다. '저자가 자신이 쓴 글에 책임이 없다는 게 말이 됩니까?'라는 의문문은 '저자는 자신이 쓴 글에 책임이 있다'는 명제입니다. 따라서 명제인지 아닌지는 1차적으로 문장 형식에 주목하고, 2차적으로는 내용상 의미를 통해 파악해야 합니다. 이런 명제의 말 묶음이 논증입니다.

　논증은 근거와 함께 주장을 제시하는 글입니다. 주장과 근거를 담고 있지 않은 글은 논증이 아닙니다. 근거 없이 자신의 믿음이나 의견을 진술하는 글, 장면이나 광경을 서술하는 글, 보고하는 글, 설명하거나 해설하는 글, 다양한 사례를 제시하는 글 등은 주장과 근거가 없기 때문에 논증이 아닙니다.

　우리는 주장을 담은 글을 쓸 때나 토론할 때 어떤 근거를 통해 자신의 주장을 제시합니다. 이러한 사고 과정이 추론inference이며 이를 언어로 표현하면 논증입니다. 논증은 주장을 담은 명제결론와 주장의 근거에 해당하는 명제전제로 이루어집니다. 전제와 결론은 순서가 뒤바뀌기도 하고 어떤 경우는 전제가 숨어 있기 때문에 이를 찾아내어 검토해야 합니다. 만약 숨은 전제가 모두가 인정할 만한 전제라면 생략해도 상관없지만 그렇지 않다면 좋은 논증이 되기에 부족할 수 있습니다.

2) 논증의 종류와 평가

논증의 유형과 평가에 대한 자세한 논의는 다른 수업에서 자세하게 다루고 여기서는 간략한 구분만 제시하고자 합니다. 논증의 유형은 전제와 결론 사이의 논리 연결 방식에 따라 '연역논증'deductive argument과 '귀납논증'inductive argument으로 구분됩니다. 연역논증은 전제와 결론 사이의 관계가 필연적이라 전제가 참이라면 결론은 반드시 참입니다. 귀납논증은 전제와 결론의 관계가 개연적이어서 전제가 참이더라도 결론이 반드시 참이 되지는 않습니다.

명제가 참과 거짓을 판단할 수 있는 문장이라면, 명제의 말 묶음인 논증은 참과 거짓이 아니라 명제들 사이의 관계에 대해 판단합니다. 연역논증은 타당한지의 여부와 건전한지의 여부를, 그리고 귀납논증은 강도의 여부를 판단합니다.

연역논증은 전제와 결론 사이의 관계를 형식적으로 평가해 타당한 valid 논증과 부당한invalid 논증으로 평가합니다. 타당한 논증의 전제가 모두 사실과 부합하면 건전한sound 논증이고, 그렇지 않으면 건전하지 못한unsound 논증입니다.

귀납논증은 강도strength와 설득력cogency으로 평가합니다. 연역논증은 타당과 부당으로 명료하게 구분되지만 귀납논증은 강하거나 약한 정도로 평가합니다. 강한 귀납논증 중에서 전제가 모두 참인 논증은 설득력 있는 논증이고, 전제 중에 거짓이 포함된 논증은 설득력 없는 논증입니다. 약한 논증은 모두 설득력 없는 논증입니다.

3) 논증의 분석과 재구성

주장하는 글을 쓰거나 토론할 때는 논증을 구성해야 합니다. 먼저 다른 사람의 글이나 토론에서 제시된 논증을 분석하고 재구성할 줄 알아야 합니다.

① 전제와 결론 찾기
② 숨은 전제 찾기
③ 논증의 구조 재구성
④ 논증의 형식적 평가
⑤ 논증의 내용적 평가

이러한 과정을 통해 논증을 분석하고 재구성하는 연습을 할 때 비판적 사고 능력이 향상됩니다. 우리가 토론에서 비판적이고 논리적으로 사고해야 하는 이유는 주장의 타당성, 개연성, 올바름 등을 따져보기 위해서입니다. 비판적 사고를 통해 우리는 공동체의 중요한 문제를 인식하고 이를 분명하게 표현할 수 있습니다. 관련된 사실을 학습하고 사실을 해석하는 능력도 기를 수 있을 뿐만 아니라 관용적이고 열린 사고 능력을 배양할 수 있습니다. 무엇보다 문제 해결을 위해 타인과 효과적으로 의사소통하고 협력함으로써 자기 중심적인 태도에서 벗어나 진리로 나아갈 수 있습니다.

■ 다음 중 옳으면 O을, 틀리면 X를 하세요.

① 창의적 사고는 비판적 사고에 포함되지 않는다. (　)

② 수렴적 사고와 창의적 사고는 아무 관계 없다. (　)

③ 비판적 사고의 구성 요소에는 목적, 물음, 가정, 정보, 개념, 결론, 관점, 함축, 맥락, 대안 등이 포함된다. (　)

④ 비판적 사고의 평가 기준에는 분명함, 정확성, 명료성, 적합성, 중요성, 깊이, 폭 넓음, 논리성, 공정성, 충분성 등이 포함된다. (　)

⑤ 모든 비판적 사고에는 구성 요소가 모두 포함되어야 한다. (　)

⑥ 글이나 토론의 주제나 상황에 따라 비판적 사고의 구성 요소 가운데 특정 요소가 부각될 수 있고 어떤 요소는 나타나지 않을 수 있다. (　)

⑦ 논증 구성 능력을 훈련하면 비판적 사고 능력을 향상시킬 수 있다. (　)

⑧ 명제는 참과 거짓을 판단할 수 있는 문장이다. (　)

⑨ 의문문은 명제가 아니지만 감탄문은 명제이다. (　)

⑩ 논증은 근거와 주장으로 구성된다. (　)

⑪ 논증은 전제와 결론의 관계에 따라 연역논증과 귀납논증으로 구성된다. (　)

더 깊은 토론을 위한 참고자료

★ 존 듀이 지음, 정희욱 옮김, 《하우 위 싱크》, 학이시습, 2011

본문에 사용된 인용문은 듀이의 《How We Think》(1910)를 번역한 글입니다. 1933년에 동일한 제목으로 개정되기도 했습니다. 인간 사고에 대한 듀이의 폭넓은 이해를 보여주며 특히 반성적 사고에 대한 깊이 있는 논의를 접할 수 있습니다.

★ 존 듀이 지음, 이유선·정창호 옮김, 《공공성과 그 문제들》, 한국문화사, 2014

공공성, 공중 그리고 국가의 기원과 작동 방식에 대한 정치·철학적 고찰을 담은 고전입니다. 현대 사회는 형식에 불과한 다수결을 민주주의의 전부로 이해합니다. 하지만 듀이는 민주주의의 정신을 구현하기 위한 토론의 중요성을 강조합니다. 비판적 사고와 토론 그리고 민주주의의 관계를 잘 보여주는 책입니다.

생각의 틀을 쌓아봅시다
: Stoicheia

유클리드와 함께 살펴보는
형식적 연역논증

수업을 시작하며

비판적 사고는 어떤 믿음을 가지는 데 있어서 근거가 무엇이고, 결과가 무엇인지 능동적으로 생각해 보는 사고입니다. 이를 위해서는 한 믿음이 다른 믿음을 잘 뒷받침하는지 살펴야 합니다. 우리가 가진 믿음을 한데 모아 묶거나 한 믿음에서 다른 믿음을 이끌어낼 줄 알아야 합니다. 이러한 사고 과정을 추론이라고 하며 추론을 말로 표현하면 논증이 됩니다.

논증이란 어떤 말과 그것을 뒷받침하는 다른 말로 이루어진 말 묶음입니다. 달리 말해 논증은 근거전제, 이유와 주장결론으로 이루어진 말 묶음입니다. 근거와 주장으로 구성된 논증에 대한 이해가 있어야 내가 수용하는 믿음이 무엇에 의존하며 다른 믿음이 참인지, 어떤 가정을 하는지, 정확한 개념을 사용하는지 등에 대한 정확한 답을 명료하게 찾을 수 있습니다. 논증을 제시하거나 분석하는 것은 비판적 사고를 위한 핵심 기술입니다.

우리가 참이라고 믿는 주장을 정당화하기 위해 논증을 제시하는 방법은 두 가지입니다. 하나는 논리에 잘 들어맞는 정형화된 형식에 호소하는 방법이고, 다른 하나는 형식이 아닌 말과 말 사이의 내용 관계에 호소하는 방법입니다. 일반적으로 전자를 연역적 방법_{또는 형식적 방법}이라 하고, 후자를 귀납적 방법_{또는 비형식적 방법 또는 과학적 방법}이라고 합니다. 이 장에서는 형식적 연역 방법을 먼저 살펴보기로 합시다.

　　우리가 어떤 믿음을 가지는 데 정형화된 형식을 따른다면 그러한 형식이 정말로 믿음에 관여하는지 의구심이 생길 수 있습니다. 20세기 영국의 수학자이자 논리학자인 앨런 튜링Alan Mathison Turing은 '기계가 사고할 수 있는가'에 대한 답을 찾는 과정에서 인간의 사고방식을 기계로 재현하고자 컴퓨터를 고안했습니다. 컴퓨터는 형식적인 체계에 따라 작동합니다. 또한 특정 체계에서 주어진 조건과 결합 규칙에 따라 일정한 결과를 산출하는 컴퓨터 언어나 코딩은 형식적 논증과 매우 밀접합니다.

　　19세기 영국의 수학자 조지 불George Boole은 일찍이 형식적 사고를 기계로 구현하고자 했습니다. 당시엔 오직 인간만이 참과 거짓을 가리는 논리적 사고를 할 수 있다고 믿었지만 불은 참과 거짓을 가리는 인간의 논리적 사고를 마치 수의 연산처럼 수식으로 만들 수 있다고 생각했습니다. 사칙연산을 통해 수를 연산하는 것처럼 논리를 연산할 수 있다고 생각했던 것입니다.

　　불은 참인 믿음과 참인 믿음이 만났을 때만 참인 믿음을 만들어 내는 연언 연산, 어느 한쪽 믿음만 참이어도 참인 믿음을 만들어 내는 선언 연산을 고안했습니다. 그는 아무리 복잡한 문장이라도 연언 연산과 선언 연산을 통해 분석하고 정리할 수 있다고 생각했습니다. 이 아이디어는 20세기 미국의 수학자이자 컴퓨터 과학자인 클로드 섀넌Claude Shannon이 논리 연산을 수행할 수 있는 디지털 회로를 만드는 데 기본 요소로 사용하면서 복잡한 연산을 처리하는 프로세서의 기초가 되었습니다. 현재 우리의 전기 통신 시대를 연 디지털 혁명의 토대이자 출발점입니다. 기계가 인간의 사고를 구현할 수 있는지 답을 찾는 과정에서 고안된 컴퓨터의 계산 원리의 원형은 인간의 형식적 사고 방식입니다.

토론 수업을 위한
오늘의 고전

유클리드의 《기하학 원론》

인간의 사고에서 형식적 추론이 이루어지는 과정을 집대성하여 분석한 사람은 아리스토텔레스입니다. 아리스토텔레스는 우리에게 익숙한 모순율, 배중률, 삼단논법, 대당사각형 등 말과 말 사이에 성립하는 형식·논리적 관계를 논리학 저서인 《범주론》, 《명제론》, 《분석론 전서》, 《분석론 후서》, 《변증론》, 《소피스트적 논박》에서 정리했습니다. 아리스토텔레스의 제자인 소요학파 철학자들은 이 여섯 권을 한데 묶어 《오르가논》으로 펴냈습니다.

아리스토텔레스는 철학 작업을 위한 기본 도구로 논리가 필요하다고 생각했습니다. '사유의 대상은 형상이다'와 같은 철학적 주장은 경험을 통해 참인지 거짓인지 곧바로 알 수 없기 때문에 경험적 관찰이나 실험으로 정당화되기 어렵습니다. 그렇기 때문에 고대 철학자들은 관찰이나 실험이 아닌 다른 방법으로 철학적 주장이 왜 말이 되는지를 보여줘야 했습니다. 그들은 철학적 주장이 말과 생각의 이치에 부합한다고 보여주면서 철학적 주장이 참이라고 증명했습니다. 철학적 주장을 관찰과 실험이 아닌 다른 말로 뒷받침해서 참이 되는 이유를 제시한 것입니다.

그들은 다른 말에 기대어서 어떤 믿음을 참이라고 정당화하는 철학적 작업 기본 도구로 형식적 논리가 필요했습니다. 형식적 추론의 기원은 고대 그리스 철학자까지 거슬러 올라가는데, 수학자 유클리드의 저서인 《기하학 원론》에서도 형식적 추론을 통해 수학적 주장을 정당화하는 사례를 찾아볼 수 있습니다.

이집트 알렉산드리아에서 활동한 수학자 유클리드의 《기하학 원론》은 인류 역사상 가장 중요한 수학책으로 알려져 있습니다. 유클리드가 활동하던 알렉산드리아는 당시 그리스의 철학, 수학, 천문학이 동시에 집대성되던 장소였습니다. 그런 곳에서 유클리드는 이전부터 전해져온 수학 지식을 모아서 정리하고 체계적으로 분석하여 《기하학 원론》으로 펴냈습니다.

이 책은 기하학뿐만 아니라 비율, 약수, 완전수, 무리수 등 수학의 모든 내용이 포함된 수학의 근본 설계도입니다. 근대 독일의 관념론을 연 철학자 칸트Immanuel Kant뿐만 아니라 현대 논리학의 창시자 프레게 Friedrich Ludwig Gottlob Frege는 유클리드의 기하학을 순수한 논리적 사고만으로 충분히 이해하기 어렵다고 평가했습니다. 그러나 《기하학 원론》의 수학적 사고는 논리적이기 때문에 우리가 이 장에서 다룰 형식적 논증의 사고방식을 찾아볼 수 있습니다. 다음 지문은 수학에서 널리 사용되는 증명 방식인 귀류법이라는 형식적 논증을 보여줍니다.

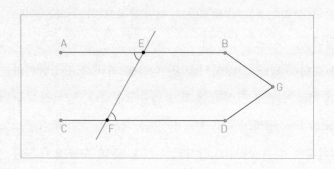

두 개의 직선을 가로지르도록 다른 하나의 직선을 그어보자. 이때 생기는 엇각이 서로 같다면, 두 직선은 평행하다.

두 개의 직선 AB와 CD를 가로지르는 직선 EF를 가정하자. 이때 엇각 AEF와 EFD는 서로 같다. 그렇다면 AB와 CD는 평행하다.

만약 평행하지 않다면 AB와 CD를 길게 늘였을 때 A, C의 방향에서든 아니면 B, D의 방향에서든 만나게 될 것이다정의 23에 의해. 길게 늘였을 때, AB와 CD가 B, D 방향의 점 G에서 만난다고 해 보자. 그렇게 해서 생긴 삼각형 GEF에서 외각 AEF가 반대편에 있는 내각 EFG와 같다고 해 보자. 이것은 불가능하다. 그러므로 아무리 길게 늘이더라도 AB와 CD는 B, D 방향에서 만날 수 없다. 같은 방식으로 AB와 CD가 A, C 방향에서도 만날 수 없음을 증명할 수 있다. 그런데 양쪽 방향 모두에서 만날 수 없는 직선들은 평행하다정의 23에 의해. 따라서 AB와 CD는 평행하다.

유클리드의 《기하학 원론》에 수록된 '1권 정리 27'입니다. 이 부분은 정리 27이 성립하지 않는다고 가정한 후 '모순을 이끌어 내는' 방법으로 정리 27이 성립한다고 증명합니다. 두 직선이 평행하지 않고 만난다고 가정하면 삼각형이 생깁니다. 그러면 삼각형의 외각이 다른 내각보다 커야 하지만 가정에 따라서 두 각은 크기가 같아야 하는 모순이 발생합니다. 이러한 추론 방식은 주어진 조건에 해당하는 이유에서 필연적으로 결론이 따라 나온다는 점을 보여주며 주어진 전제의 내용과 참이 결론에서도 보존됩니다. 위 추론이 일정한 형식을 따르고 있기 때문입니다.

1) 형식적 연역논증이란?

형식적 논증이 무엇인지를 알아보기 전에 한 가지 유의할 점이 있습니다. 형식적 논증은 기본적으로 연역논증입니다. 그렇다고 해서 연역논증이 모두 형식적 논증은 아닙니다. 연역적으로 타당한 논증 중에는 형식이 아니라 전제와 결론에 언급된 개념에 따라 결론의 참이 필연적으로 보증되는 연역논증도 있기 때문입니다.

예를 들어 '철수는 총각이다. 따라서 철수는 결혼하지 않은 미혼 남성이다'와 같은 논증은 '총각'이라는 개념에 따라 전제의 참이 결론의 참을 보장하는 연역논증입니다. 이런 형태의 논증도 있지만, 이유를 묻고 답하는 토론에서는 주장을 정당화하고 오류를 덜어내기 위한 방법으로 형식적 연역논증이 많이 사용됩니다.

형식적 연역논증이란 형식에 따라 결론의 참이 보장되는 연역논증입니다. 형식에 따라 근거의 참이 주장의 참을 반드시 보장하는 논증은 형식을 유지하면서 내용을 바꾸더라도 근거의 참이 결론의 참을 반드시 보장한다는 사실은 변하지 않습니다. 이렇게 형식에 따라 주장의 참이 보장되는 논증을 타당한 논증 형식이라 합니다. 타당한 논증 형식을 따른다면 내용과 관계없이 모두 타당한 논증입니다.

타당한 논증 형식은 많지만 그중 우리가 실생활에서 자주 만나는 7가지 유형을 살펴봅시다. 아래 예시에서 영어 대문자에는 평서문을 넣습니다. 단, 아래의 정언삼단 논증의 영어 대문자에는 '~는 사람이다', '~는 죽는다' 등 술어를 넣고, a와 같은 영어 소문자에는 '영희' 같은 개체의 이름를 넣습니다.

★ **전건긍정 논증:** P이면 Q이다. P이다. 따라서 Q이다.

★ **후건부정 논증:** P이면 Q이다. Q가 아니다. 따라서 P가 아니다.

★ **연쇄삼단(조건삼단, 가언삼단) 논증:** P이면 Q이다. Q이면 R이다. 따라서 P이면 R이다.

★ **선언삼단 논증:** P 또는(이거나) Q이다. P가 아니다. 따라서 Q이다.

　　　　　　(P 또는(이거나) Q이다. Q가 아니다. 따라서 P이다.)

★ **귀류 논증:** P가 아니라고 하면, Q이면서 동시에 Q가 아니라고 해야 한다. Q인 것과 Q가 아닌 것을 동시에 받아들일 수 없다. 따라서 P이다.

★ **구성적 양도 논증(딜레마 논증):** P이거나 Q이다. P이면 R이다. Q이면 R이다. 따라서 R이다.

★ **정언삼단 논증:** 모든 P는 Q이다. a는 P이다. 따라서 a는 Q이다.

어떤 내용이 들어오더라도 이유의 참이 주장의 참을 보장하지 못하는 형식이 있습니다. 이를 부당한 논증 형식이라고 합니다. 아래처럼 부당한 논증 형식을 따르는 논증은 나쁜 논증, 즉 오류입니다.

★ **전건부정 오류:** P이면 Q이다. P가 아니다. 따라서 Q가 아니다.

★ **후건긍정 오류:** P이면 Q이다. Q이다. 따라서 P이다.

★ **선언지긍정 오류:** P 또는(이거나) Q이다. P이다. 따라서 Q가 아니다.

　　　　　　P 또는(이거나) Q이다. Q이다. 따라서 P가 아니다.

타당한 형식의 논증과 부당한 논증의 형식을 구별했습니다. 이를 통해 우리는 주장을 정당화할 수 있는 중요한 방법을 배운 셈입니다. 예를 들어 '사형 제도를 시행해야 한다'는 주장을 정당화하기 위한 형식적 논증을 다음과 같이 전건긍정 논증에 따라 구성할 수 있습니다.

전제 1　사형 제도가 살인 사건과 같은 강력 범죄의 예방 효과가 있다면 사형 제도를 시행해야 한다.

전제 2 사형 제도는 살인 사건과 같은 강력 범죄의 예방 효과가 있다.

결론 따라서 사형 제도를 시행해야 한다.

위 논증을 통해 '사형 제도를 시행해야 한다'는 주장이 적절한 근거를 통해 정당화된 것처럼 보입니다. 하지만 타당한 논증 형식을 갖추었다고 해서 결론에서 제시된 모든 주장이 참이 되지 않습니다. 다음의 논증을 살펴봅시다.

전제 1 고통이 심하면 죽이는 것이 최선이다.

전제 2 연명 치료를 받는 환자는 고통이 심하다.

결론 따라서 연명 치료를 받는 환자의 안락사가 최선이다.

전제 3 영화배우는 모두 가수이다.

전제 4 이정재는 영화배우이다.

결론 따라서 이정재는 가수이다.

위 두 논증은 모두 형식이 타당합니다. 형식만 보면 두 논증의 결론이 정당화됐고 결론을 수용해야 할 것 같습니다. 그런데 결론이 거짓입니다. 거짓인 결론은 수용할 수 없습니다. 그런데도 위와 같은 논증을 제시한 이유는 형식만 갖추면 어떠한 근거를 제시하든지 결론이 반드시 참이 된다고 생각했기 때문입니다. 타당한 형식인데 결론이 거짓인 이유는 무엇일까요? 두 논증의 전제를 살펴보면 알 수 있습니다.

첫 번째 논증의 두 전제는 참일까요? 전제 1의 '고통이 심하면 죽이는 것이 최선이다'라는 전제는 참이라고 하기 어렵습니다. 진통제를 투여

한다든가 고통의 원인을 제거하는 등 고통을 완화시키는 처치가 최선일 수도 있습니다. 두 번째 논증의 전제 3 또한 참이 아닙니다. 영화배우이면서 가수인 사람도 있겠지만 모든 영화배우가 가수는 아닙니다.

두 논증의 결론이 거짓인 이유는 거짓 전제 때문입니다. 타당한 형식에 따라 논증을 구성할 때 거짓 전제를 하나라도 포함하면 결론은 거짓이 됩니다. 거짓을 포함한 주장은 결국 거짓이 되어 설득력을 잃습니다. 거짓 주장을 정당화하면 논증이 아무리 타당해도 상대방은 그 주장을 받아들일 수 없습니다. 전제가 모두 참이면서 형식적으로 타당한 논증만 설득력이 있습니다. 이러한 논증을 건전하다고 합니다.

2) 형식적 연역논증의 특징

토론을 위해 알아두면 유용한 형식적 연역논증의 특징을 살펴보면 다음과 같습니다. 첫째, 형식적 연역논증에서 전제를 추가하면 타당하지 않은 논증을 타당한 논증으로 만들 수 있습니다.

전제 1 모든 바이러스는 유기체의 살아있는 세포 안에서만 살 수 있다.
전제 2 박테리아 α는 유기체의 살아있는 세포 안에서만 살 수 있다.
결론 따라서 박테리아 α는 바이러스이다.

위 논증은 전제가 참이어도 결론이 거짓인 부당한 연역논증입니다. 그런데 '유기체의 살아있는 세포 안에서만 살 수 있는 모든 것은 바이러스다'라는 전제를 추가하면 결론의 참이 보장됩니다.

둘째, 타당한 논증에 어떤 전제를 추가해도 타당성에 영향을 미치지 않습니다. 다음은 타당한 형식의 논증입니다.

전제 1 만약 금성에서 포스핀이 발견된다면 금성에는 생명체가 있다.

전제 2 금성에서 포스핀이 발견되었다.

결론 따라서 금성에는 생명체가 있다.

'금성은 저녁 서쪽 하늘에 뜬 개밥바라기다'라는 전제를 추가하거나 심지어 '금성은 수성보다 태양에 더 가깝다'는 거짓 전제를 추가해도 타당성에는 변함이 없습니다. 논증이 타당한 형식을 갖췄다면 전제와 결론 사이의 뒷받침 관계를 문제 삼기 어렵습니다. 타당한 형식을 갖춘 연역논증은 전제가 결론을 잘 뒷받침하는 논증이기 때문입니다. 하지만 전제와 결론 사이의 뒷받침 관계가 타당하다고 해서 결론을 그대로 믿어서는 안 됩니다. 제시된 전제가 모두 참인지 검토한 후 결론을 믿을지 말지 결정해야 합니다.

3) 형식적 연역논증의 평가

형식적 논증을 통해 제안된 주장이나 결론을 믿을지 말지 결정하기 위해서는 첫째, 전제와 결론을 찾고 숨은 전제나 결론이 있다면 이를 보충해서 논증을 구성해야 합니다. 이를 논증의 재구성이라고 합니다. 논증을 재구성할 때는 쟁점과 맥락을 고려해야 합니다.

'최근 정자와 난자의 수정 없이 실험용 쥐의 배아를 만들었다는 연구

결과가 발표되었기 때문에 우리는 인공 배아 생산에 대비해야 한다'라는 논제를 봅시다. 이 주장은 인공 배아 생산을 연구하는 생명 공학자가 제기했는지, 생명 윤리를 연구하는 사람이 제기했는지에 따라 다른 방식으로 이해할 수 있습니다. 생명 윤리 연구자는 인공 배아 생산이 옳은지에 초점을 두는 반면, 생명 공학자는 인공 배아 생산의 효율성에 초점을 둡니다. 이에 따라 무엇이 중요한 가치인지 결정되며 그 가치를 판단하는 기준 또한 달라집니다.

• 생명 윤리학자

인공 배아 생산은 인간까지 확장될 수 있지만 윤리 문제가 발생할 수 있으므로 인공 배아 생산에 대비해야 한다.

• 생명 공학자

줄기세포를 이용한 인공 배아 생산은 의료, 보건 분야 등에서 많은 이득을 주므로 인공 배아 생산에 대비해야 한다.

전제와 결론을 명확하게 찾을 수 있나요? 전제와 결론을 찾아 정리하면 아래와 같습니다.

• 생명 윤리학자

전제 1 인공 배아 생산은 인간까지 확장될 수 있고 윤리적인 문제도 발생할 수 있다.

전제 2 ?

결론 따라서 인공 배아 생산에 대비해야 한다.

• 생명 공학자

전제 3 줄기세포를 이용한 인공 배아 생산은 의료, 보건 분야 등에서 많은 이득을 준다.

전제 4 ?

결론 따라서 인공 배아 생산에 대비해야 한다.

각 논증에서 전제 2와 전제 4가 생략됐기 때문에 이를 보충해야 합니다. 생략된 전제를 어떻게 찾아야 할까요? 우선 논증을 제시한 사람의 합리성을 극대화하여 최대한 일관되고 정합적인 논증이 되도록 재구성해야 합니다. 위 논증을 제시한 사람은 어떤 식으로든 연관이 있다고 판단해서 선행 전제를 언급했을 겁니다. 그렇다면 생략된 전제 2는 '인공 배아 생산이 윤리적 문제를 발생시킬 수 있다면 인공 배아 생산에 대비해야 한다', 생략된 전제 4는 '의료, 보건 분야 등에서 많은 이득을 주는 것에 대비해야 한다'가 됩니다.

둘째, 전제와 결론을 찾았다면 전제가 결론을 잘 뒷받침하는지 점검합니다. 주어진 논증이 부당한 형식이라고 판단되면 전제가 참이더라도 결론이 거짓일 수 있습니다. 주어진 논증이 타당한 형식을 잘 따르고 있다면 이유가 주장을 잘 뒷받침하는 논증이니 다음 단계로 넘어갑니다.

셋째, 전제와 결론이 타당한 형식을 따르고 있다면 전제가 실제로 참인지 점검합니다. 해당 전제가 실제로 참인지 여부는 우리의 경험으로 확인할 수 있는지, 상식이나 과학 이론에 잘 부합하는지, 신뢰할 만한 증언인지, 해당 분야의 권위자의 이론이나 의견에 부합하는지 등의 기준으로 확인합니다.

넷째, 전제와 결론 사이가 일관적인지 여부를 최종적으로 검토한 이후 주장이나 결론을 수용할지 결정합니다. 말과 글이 길어지다 보면 '스스로 타당하다고 생각한 논증'과 '실제로 타당한 논증'이 다를 수 있습니다. 만약 전제와 결론 사이가 일관적이지 않다면 그 논증은 실제로 타당한 논증이 아닙니다. 글을 완성한 이후 최종적으로 전체 글이나 말 전체의 일관성을 꼼꼼히 검토해 보면 자신의 주장을 정당화하는 데 도움이 됩니다.

4) 형식적 연역논증의 보편성

사람들은 자신의 주장을 내세울 때 대부분 주장이 참이라고 증명하지 않습니다. 그저 상대방이 나의 주장에 귀를 기울이고 받아들이는 자세만 취해도 소기의 목적을 달성했다고 생각하며 만족합니다. 그러나 우리가 의식하지 못할 뿐 형식적 논증은 실생활에서 사용되고 있습니다. 친구에게 유산균을 먹으면 변비에 좋다는 정보를 들은 이후 변비가 심한 내가 유산균을 먹었고 효과를 경험했다면 이는 전건긍정 형식에 따른 의사 결정입니다.

우리는 형식적 논증이 작동하는 세계에서 살고 있다고 해도 과언이 아닙니다. 우리가 매일 사용하는 휴대폰의 코딩 원리는 형식적 논증을 따릅니다. 코딩의 기본 원리는 함수입니다. 휴대폰 앱을 터치하면 여러 메뉴가 뜹니다. 여기서 '만약 A와 B라는 조건이 참이라면 C라는 조건은 반드시 성립한다'는 실행이 반복됩니다. 다시 특정 메뉴를 터치하면 새로운 화면으로 넘어가지요.

코딩이란 형식적 논증의 연쇄와 같습니다. 한 형식적 논증의 결론은 다른 형식적 논증의 전제로 활용됩니다. 애플의 창업자이자 CEO였던 스티브 잡스Steven Paul Jobs가 모든 미국인이 코딩을 배워야 한다고 주장한 이유가 여기에 있습니다.

5) 형식적 연역논증의 한계

형식적 논증이 좋은 논증의 전부라고 생각해서는 안 됩니다. 좋은 논증이지만 형식적 논증이 아니거나 형식적 논증으로 재구성할 수 없는 논증도 있습니다.

전제 1 연수의 집에서 전기 합선이 일어났기 때문에 화재가 발생했다.
결론 따라서 우리 모두 전기 합선에 유의해야 한다.

위 논증은 좋은 논증이지만 '때문에'를 형식적 기호로 옮길 방법은 없습니다. 또 다른 예를 들어 봅시다.

전제 1 연수는 매일 출근 버스를 타고 출근하는데 출근 버스가 늦게 오면 연수는 지각한다.
전제 2 연수는 오늘 지각했다.
결론 따라서 연수가 타려고 했던 출근 버스가 늦게 왔다.

우리는 이러한 일상의 추론에 따라 출근 버스가 오는 시간에 맞춰 버스 정류장에 몇 시까지 도착해야 할지 생각한 후 행동합니다. 하지만 위 추론은 형식적으로 나쁜 논증, 즉 오류에 해당합니다. 논증을 형식적 논증으로만 제한하면 유용한 논증을 놓친다는 한계가 있습니다. 다음 수업에서 살펴보겠지만 프랜시스 베이컨Francis Bacon이 형식적 논증을 통해서 철학적 주장을 정당화하고자 했던 아리스토텔레스의 논리학을 넘어 새로운 지식의 정립 방법을 제안했던 것도 그 때문입니다.

함께 연습해보기

1. 다음 논증이 타당한 논증이 되도록 전제나 결론을 보충하세요.

① 준수는 영희의 아들이다. 따라서_____

② _____따라서 준수는 영희의 왼쪽에 있다.

③ 화요일은 월요일 다음날이다. 따라서_____

2. 다음 논증이 연역적으로 타당한지 여부를 구별하고 이유를 설명해 보세요.

① 여권이 있는 사람은 누구나 출국한다. 준수는 여권을 갖고 있다. 따라서 준수는 출국한다.

② 지구 온난화가 실제로 진행되고 있다면 해수면이 높아질 것이다. 그런데 해수면이 높아지고 있다는 증거가 있다. 따라서 지구 온난화는 실제로 진행되고 있다.

③ 칸트가 교도소 옆으로 이사를 갔다면, 교도소의 소음 때문에 스트레스를 받았을 것이다. 칸트는 새벽마다 옆집의 닭이 울어대는 바람에 교도소 옆으로 이사했다. 칸트는 교도소의 소음 때문에 스트레스를 받았을 것이다.

④ 페놀프탈레인 용액은 산성을 만나면 색깔이 변하지 않고 염기성 용액을 만나면 붉은 색으로 반응한다. 어떤 용액을 페놀프탈레인 용액에 넣었는데 색 변화가 없었다. 그러므로 페놀프탈레인 용액에 넣은 용액은 산성이다.

▶▶

3. 다음 논증이 연역적으로 타당한 형식인지 아닌지 구별하세요.

① 이번 월드컵의 우승팀은 유럽팀이거나 남미팀이다. 이번 월드컵 우승팀은 남
  미팀이 아니다. 따라서 월드컵 우승팀은 유럽팀이다.

② 이산화탄소와 메탄가스 등 온실가스 배출량이 많아진다면 지구 온난화가 가
  속화된다. 지구 온난화가 가속화되면 가뭄, 홍수, 산불 등 자연 재해로 자연
  생태계는 파괴될 것이다. 이산화탄소와 메탄가스 등 온실가스 배출량이 실제
  로 증가하고 있다. 따라서 가뭄, 홍수, 산불 등 자연 재해로 자연 생태계는 파
  괴될 것이다.

③ 예술품에 대한 미적 평가가 합리적이라면, 예술품에 대한 미적 평가는 이론
  적 근거를 갖는다. 예술품에 대한 미적 평가는 이론적 근거를 갖지 않는다.
  따라서 예술품에 대한 미적 평가는 합리적이지 않다.

④ 인간이 죽은 후에도 그의 영혼이 어떤 형태로든 존속한다면, 사후 세계는 존
  재할 수 있다. 죽은 사람의 영혼이 존속한다는 것은 사실이다. 따라서 사후
  세계는 존재할 수 있다.

⑤ 전철 운행 중 열차에 기계적 결함이 발생한다면 가장 가까운 역에 반드시 정
  차할 것이다. 운행 중인 이 열차에는 어떠한 기계적 결함도 발생하지 않았다.
  따라서 이 열차는 가장 가까운 역에 정차하지 않는다.

4. 다음 논증에서 생략된 전제를 보충하고 좋은 논증인지 평가하세요.

유튜브 채널을 운영하면 돈을 많이 번다.
따라서 나는 돈을 많이 번다.

▶▶

▶▶

5. 다음 논증을 논박·비판하세요.

① **전제 1** 만일 연수가 공적연금제도에 가입한다면 노후에 생활고에 시달릴 것
이다. 또한 연수가 기업연금제도에 가입한다면 연수가 받게 될 연금
은 노후에 필요한 생활비를 충당할 정도의 액수가 아니기 때문에 노
후에 생활고에 시달릴 것이다.

   전제 2 누구나 연금제도에 가입한다. 연금제도에는 공적연금제도와 기업연
금제도만 있다.

   결론 따라서 연수는 노후에 생활고를 겪을 것이다.

② 극심한 고통을 겪으며 연명 치료를 받고 있는 환자에게 적극적 안락사를 시
행하거나 소극적 안락사를 시행해야 합니다. 적극적 안락사를 도운 의사에게
는 법적인 처벌이 가해질 수 있기 때문에 시행하면 안 됩니다. 따라서 극심한
고통을 겪으며 연명 치료를 받고 있는 환자에게 소극적 안락사를 시행해야
합니다.

더 깊은 토론을 위한 참고 자료

★ 유클리드 지음, 이무현 옮김, 《기하학 원론》, 교우사, 2018
원래 《기하학 원론》은 기원전 3세기에 집필됐으며 총 13권으로 구성됩니다. 1~4권은 평면 기하학을 다루고, 5권은 비율과 비례를, 6권은 비율과 비례를 도형에 적용하고, 7~10권은 수열, 소수, 무리수 등 수론을 다루고, 11~13권은 3차원 기하학을 다룹니다. 이 번역본은 친절한 해제가 있어 유클리드의 고전에 좀 더 쉽게 다가갈 수 있게 도와줍니다.

★ 아리스토텔레스 지음, 《오르가논》
《범주론》, 《명제론》, 《분석론 전서》, 《분석론 후서》, 《변증론》, 《소피스트적 논박》을 아리스토텔레스의 제자인 소요학파 철학자들이 한데 묶어 이름 붙인 아리스토텔레스의 논리학 관련 저작 모음입니다. 이 책은 서양 논리학의 틀을 세우고 이후 명실상부한 고전 논리학의 대표 작품으로 오랜 지위를 누렸습니다. 논리학을 공부할 때 기본적으로 다루는 삼단논법도 《분석론 전서》에 등장합니다. 아직 신뢰할 만한 우리말 번역이 많지 않지만 《범주론》과 《명제론》은 김진성의 번역을, 《변증론》과 《소피스트적 논박》은 김재홍의 번역을 참고할 만합니다.

내일도 해가 뜬다는 걸 어떻게 알까?
: Novum Organum

프랜시스 베이컨과 함께 살펴보는
귀납논증

수업을 시작하며

비판적 사고를 잘하기 위해서는 논증에 대한 이해가 필요합니다. 논증은 전제와 결론으로 이루어진 명제들의 집합 또는 말 묶음으로서 어떤 생각에서 다른 생각이 어떻게 따라 나오는지를 보여주는 역할을 합니다. 논증을 잘 구성하고 평가할 수 있다면 어떠한 생각이 옳은지를 잘 분별할 수 있고 옳다고 생각한 주장을 잘 정당화할 수 있습니다. 이러한 논증에는 앞서 살펴본 연역논증뿐만 아니라 귀납논증도 포함됩니다.

연역논증은 일정한 사유 형식에 근거해서 어떤 생각들에서 또 다른 어떤 생각이 어떻게 따라 나오는지에 관한 생각의 과정을 명확히 잘 보여줍니다.

전제 1 하늘이 파랗다면 날씨가 맑을 것이다.

전제 2 하늘이 파랗다.

결론　따라서 날씨가 맑을 것이다.

위의 연역논증의 결론은 두 개의 전제로부터 따라 나오는데, 그 이유는 2강에서 살펴본 전건긍정논증 형식을 취하고 있어서 전제의 참이 결론의 참을 보장하기 때문입니다. 이렇게 연역논증은 전제의 참이 결론의 참을 보장하지만, 결론에서 전제보다 더 많은 새로운 지식이나 정보를 제공하지는 않습니다.

그런데 우리가 하는 대부분의 추론은 일정한 형식에 근거하기보다 내용에 근거하는 경우가 더 많아 보입니다. 예를 들어, 지금까지 해가 동쪽에서 떠 왔다는 사실을 통해서 우리는 내일도 해가 동쪽에서 뜰 것이라고 확신합니다. 지금까지 해가 동쪽에서 떠 왔다고 해도 내일 해가 동쪽에서 뜨리라는 보장이 없는데도 말입니다. 이를 논증으로 정리해 보면 다음과 같습니다.

전제　지금까지 해가 동쪽에서 떠 왔다.
결론　내일도 해가 동쪽에서 뜰 것이다.

위 논증은 결론에서 전제보다 더 많은 내용을 주장하기 때문에 전제의 참이 결론의 참을 보장하지 못합니다. 이러한 논증을 귀납논증이라 합니다.

이러한 귀납논증은 우리가 앞서 살펴본 형식적 논증과 달리 일상에서뿐만 아니라 학문에서 진리에 도달하는 사유방식으로도 많이 사용됩니다. 예를 들어, 코스타리카 숲에 사는 나무늘보가 굶어 죽는 원인이 기후변화로 인한 장내 미생물 감소 때문이라는 점을 밝히기 위해, 우리는 코스타리카 숲에 서식하는 모든 나무늘보를 조사하기 어렵습니다. 대신 코스타리카 숲에 서식하는 나무늘보 몇 마리를 검사해서 굶어 죽는 원인을 찾은 이후 나무늘보 전체에 대한 결론을 이끌어 냅니다. 귀납논증은 자연과학뿐만 아니라 사회과학에서도 사용되는 유용한 탐구 방법입니다. 예를 들어, 우리나라의 사실혼에 대한 긍정적 인식이 점차 증가하고 있다는 현상을 관찰한 이후, 그러한 현상이 대체 왜 발생한 것인지에 대한 이유를 찾고자 할 때, 그러한 현상이 나타난 이유가 경제적 문제 때문이라는 가설을 세우고 그것이 참에 가깝다는 것임을 입증할 만한 자료를 수집하면 가설을 믿을만하다는 점이 밝혀질 수 있습니다.

하지만 논리학이 집대성되었던 고대 그리스 이후부터 중세시대까지 귀납적 사유보다 연역적 사유를 통해서 진리에 도달할 수 있다는 것이 강조되었습니다. 우리가 이미 진리라고 아는 것에서 따라 나온 것만이 진리라고 생각했기 때문입니다. 하지만 이러한 생각은 우리를 편견과 선입견에 빠지게 함으로써 오히려 진리에 도달할 수 없게 할 수 있습니다. 그래서 베이컨은 참된 진리에 도달하기 위해서 새로운 탐구방법이 필요하다고 생각했고, 당시 유행하는 학문 탐구의 방법인 연역논증을 비판하면서 1620년에 《신기관》을 출간합니다. '신기관'은 라틴어로 '노붐 오르가눔'Novum Organum, '새로운 기관'을 뜻합니다. '기관'은 아리스토텔레스의 논리학 관련 저작 모음인 《오르가논》을 말합니다. 그리스어에서 '오르가논'Organon은 '기관'뿐 아니라 '도구'라는 뜻도 있습니다. 베이컨은 유클리드 기하학을 포함하여 낡은 도구인 아리스토텔레스의 《오르가논기관》, 즉 《논리학》을 비판하면서 새로운 도구인 귀납법을 《신기관》에서 제안합니다.

토론수업을 위한
오늘의 고전

프랜시스 베이컨 《신기관》

[가]

I. 자연의 집행자이자 해석자로서 인간은 자연의 질서에 대해 사물 측면이든 정신 측면이든 자신이 관찰한 만큼만 이해하고 행위할 수 있다. 그 이상에 대해서는 알 수도 없고 할 수도 없다.

II. 손에 쥐어진 것이 없고 오로지 이성만 남겨졌을 때에는 할 수 있는 일이 거의 없다. 결과물은 도구를 사용하거나 도움을 받아서 만들어진다. 손에 도구가 필요하듯이 이성도 도움이 필요하다. 도구가 손의 움직임을 증진시키거나 조정하듯이 정신에 적용되는 도구는 이성을 자극하거나 보호한다.

[나]

XVIII. 현재까지 학문이 밝혀낸 것은 공통 통념에 직접적으로 놓여있는 것과 같다. 그러나 보다 확실하고 엄밀한 방법으로 사물로부터 개념과 공리를 이끌어내기 위해서는 자연의 비밀스럽고도 낯선 부분까지 꿰뚫어 볼 필요가 있다.

XIX. 진리를 탐구하고 발견하는 방식은 두 가지다. 두 가지 방식 외에 다른 방식은 있을 수 없다. 한 가지 방식은 감각적이고 개별적인 것부터 가장 일반적인 공리까지 곧장 나아간다. 그리고 가장 일반적인 공리를 부인할 수 없는 진리이자 원칙으로 삼아 중간 수준의 공리를 도출하거나 발견해낸다. 이것이 지금까지 사용되어 온 방식이다. 다른 한 가지 방식은 감각적이고 개별적인 것에서 공리를 구성한다. 가장 일반적인 공리에 마침내 도달할 때까지 꾸준히 점진적으로 상승한다. 이것은 참되지만 시도되지 않았던 방식이다.

[다]

XI. 형상에 대한 탐구는 이렇게 진행된다. 자연 현상이 주어졌을 때 우리는 우선 동일한 현상이라고 볼 수 있는 모든 사례를 이성 앞에 놓아야 한다. 비록 구성 요소가 상당히 다양하게 나타날 지라도 모든 사례를 검토해 보아야 한다. (중략) 예를 들어 열이라고 부를 수 있는 것을 탐구하는 경우를 생각해보자.

열이라고 부를 수 있는 것의 예시: 1. 태양 빛, 특히 여름철과 한낮의 태양 2. 반사되어 농축된 햇빛 (중략) 특히 거울에 반사된 빛이 닿아 뜨거워진 부분 3. 불이 붙은 유성 4. 번쩍이는 번갯불(중략) 11. 습하고 무더운 날씨(중략) 15. 부싯돌로 강철을 강하게 내리칠 때 생기는 불꽃(중략) 20. 동물, 특히 내부(중략) 22. 강한 유황 오일과 황산 오일은 아마포를 태울 때 열이 발생한다는 증거이다. (중략) 28. 다른 사례. 우리는 이것을 통상 존재와 현존의 표라고 부른다.

XII. 다음으로 우리는 주어진 자연 현상에 부합하지 않는 사례를 이성 앞에 놓아야 한다. (중략) 부정적 사례는 확증 사례에 따라 분류되어야 한다. 주어진 자연 현상에 미치지 못하는 사례는 탐구 대상이 주어진 현상에 부합하는 다른 사례와 밀접한 연관이 있을 때 보다 세심하게 탐구되어야 한다. 우리는 이것을 통상 근접성에 있어서 일탈 또는 부재의 표라고 칭한다.

열 현상에 부합하지 않는 근접 사례: 달과 별 그리고 혜성의 빛에서는 온기랄 것이 발견되지 않는다. (중략) 태양 빛은 중간권이라고 알려진 대기권에서는 열을 발생시키지 않는다. (중략) 동물의 열과 관련해서는 관찰된 바와 같이 작은 크기의 곤충을 제외하면 부정적 사례가 없다. (중략)

XIII. 세 번째로 우리는 탐구 대상인 현상이 보다 많이 또는 보다 적게 나타나는 사례를 우리의 이성 앞에 놓아야 한다. 동일한 대상에서 그러한 현상이 증가하는지 감소하는지 또는 서로 다른 대상에서 같은 정도의 현상이 나타나는지 비교하는 것이다. (중략) 우리는 이것을 통상 정도표 또는 비교 사례라고 부른다.

열의 정도표 또는 비교 사례: 우리는 먼저 촉각적으로 어떠한 열도 감지할 수 없지만 잠재적으로 열을 지닌 것처럼 보이는 물체 또는 열을 처리하거나 열에 대비하는 물체에 대해 이야기할 것이다. 그런 다음 우리는 만졌을 때 실제로 온기를 느낄 수 대상으로 이동해서 그 열의 강도와 정도를 관찰할 것이다. (중략) 9. 동물은 움직일 때 더 따뜻하다. (중략) 17. 태양과 다른 행성은 인접한 다른 행성부터 지구에 이르기까지, 정점일 때보다 근지점일 때 더 많은 열을 준다고 가정해야 한다. (중략)

XV. 우리는 표 세 개를 사용해서 이성이 사례를 검토하게 해야 한다. 검토가 이루어졌다면 귀납법이 시작될 차례다. (중략)

XVI. 그러므로 우리는 자연을 완전히 분해하고 해체해야 한다. (중략) 그러므로 형상을 발견하는 데 있어 적법한 귀납법은 가장 먼저 다음과 같은 개별적 자연 사례를 제거하거나 배제해야 한다. 관찰하고자 하는 자연 현상이 있을 때 그러한 현상을 발견할 수 없는 경우를 배제해야 하고 현상에 부합하지 않는 것만 나타나는 경우도 배제하야 하며, 현상이 증가하거나 반대로 감소하는 경우도 배제해야 한다. 배제가 올바르게 이루어졌다면 그 후에는 확증 가능한 형상만 잔여물로 남아 견고하고 참

되며 잘 정의되어 유지될 것이다. 반면 모든 변덕스러운 견해는 안개 속으로 사라질 것이다. (중략)

XX. 그러나 진리는 혼란보다는 오류에서 더 쉽게 나타나기 때문에 오류를 잘 이용하면 이성이 더 자유로워질 수 있다. (중략) 우리는 이러한 시도를 통상 이성의 자유, 해석의 시작, 또는 최초의 수확이라 부른다. (중략) 최초의 수확에서 도출된 열의 형상 또는 참된 정의는 대략 이렇다. 열은 미립자 상태에서 힘을 표출하려는 억제된 팽창 운동이다. 팽창은 바깥으로 확장되어도 상승하려는 경향으로 한정된다. 그 운동은 느릿하게 일어나지 않으며 오히려 활동적이고 다소 폭발적이기까지 하다.

Francis Bacon, 《Novum Organum》, 1620, pp. 11~15: [가], [나], pp.121~158: [다].

베이컨은 자연에 관한 진리를 얻기 위한 탐구방법으로 귀납법을 강조했습니다. 자연을 알아야 자연을 지배하고 인간의 삶도 개선될 수 있다고 믿었기 때문입니다. 그에 따르면, 자연에 대한 지식은, [가]에서처럼, 이성만을 통해서는 알 수 없고, 관찰이라는 도구를 반드시 함께 사용해야만 알 수 있습니다. [나]에 의하면, 자연에 대한 진리, 예를 들어, "열"에 대한 지식을 얻기 위해서 기존에는 열에 관한 일반적인 공리에 근거해서 개별적인 것에 대한 공리를 도출해냈습니다. 하지만 열에 대한 참된 진리를 얻기 위해서는 감각적이고 개별적인 것에서부터 가장 일반적인 공리로 점진적으로 나아가야 합니다. 개별적인 것에서 열에 대한 지식을 얻기 위해서는, [다]에서 처럼, 우선 관찰을 통해 자연 속에서 열을 가지고 있는 긍정적인 사례들의 목록(존재표)을 정리합니다. 그리고 열이 없는 사례들의 목록(부재표) 또한 정리합니다. 그런 다음, 각 목록에서 열의 정도를 구분해서 정리한 목록(정도표)을 비교해보면서 어떠한 경우에 열이 더 많이 발생하는지를 관찰하며 진정한 열 현상만 남기고 나머지는 배제시킵니다. 열에 대한 개별 현상에서부터 성급하게 일반화하지 말고 단계를 밟아 점진적으로 나아가면 "열은 미립자 상태에서 힘을 표출하려는 억제된 팽창 운동"이라는 참된 정의에 도달하게 됩니다. 요컨대, 베이컨은 자연 세계에 대한 경험과 관찰 없이 상상이나 공상만으로 진리를 얻으려는 것을 경계하고, 점진적으로 진리에 나아가는 참된 귀납법을 통해 자연에 대한 진리에 이를 수 있다고 보았습니다.

1) 귀납논증의 특징

우리는 때로 100마리의 까마귀가 까맣다는 관찰 결과에 근거해 모든 까마귀가 까말 것이라고 추론합니다. 이처럼 귀납논증은 흔히 개별 사례에서 일반화로 나아가는 논증으로 알려져 있습니다. 하지만 귀납논증에는 일반적인 전제에서 개별적인 사례에 대한 주장으로 나아가는 유형도 있습니다. 예를 들어, 대부분의 까마귀가 까맣고, 알파가 까마귀라는 정보에 근거해서 알파가 까말 것이라고 추론해도 귀납논증입니다. 이처럼 귀납논증에는 다양한 유형이 있습니다. 귀납논증 유형들은 모두 전제와 결론 사이의 개연적인 지지 관계가 성립한다는 공통점을 지닙니다. 이에 따라 귀납논증을 정의하면 다음과 같습니다.

★ **귀납논증**   전제가 모두 참이라면 결론이 참에 가깝다는 것을 보이고
자 하는 논증

전제가 결론을 개연적으로 지지한다는 것은 귀납논증의 결론이 언제든 거짓이 될 수 있음을 의미합니다. 이 때문에 귀납논증이 갖는 고유한 특징이 있습니다.

첫째, 귀납논증은 연역논증과 달리 전제가 결론을 뒷받침하는 정도를 허용합니다. 연역논증은 타당한 경우와 부당한 경우만 있습니다. 이와 달리 귀납논증은 전제가 결론을 뒷받침하는 정도에 따라 수많은 경우가 있습니다. 그 정도가 높아서, 전제에 비추어 결론이 믿을만한 귀납논증을 강한 논증이라고 합니다. 반면 그 정도가 낮아서, 전제에 비추어 결론이 믿을만하지 못한 귀납논증을 약한 논증이라고 합니다. 예를 들어, 까마귀 100만 마리가 까맣다는 것에 근거해서 모든 까마귀가 까말 것이라고 주장하는 논증이, 까마귀 10마리가 까맣다는 것에 근거해서 모든 까마귀가 까말 것이라고 주장하는 논증에 비해 더 강한 논증입니다. 설득력이 있는 논증은 강하면서 또한 전제가 모두 실제로 참인 귀납논증입니다. 그러므로 약하거나 혹은 전제 중에 실제로 거짓인 전제가 포함된 귀납논증은 설득력이 낮은 논증입니다.

둘째, 귀납논증에서는 새로운 전제나 정보가 추가됨에 따라 결론이 참에 더 가까워지기도 하고 참에서 멀어지기도 합니다. 예를 들어,

전제 1	황제 펭귄은 남극에 서식한다.
전제 2	아델리 펭귄은 남극에 서식한다.
전제 3	마카로니 펭귄은 남극에 서식한다.
결론	따라서 대부분의 펭귄은 추운 기후를 좋아할 것이다.

위 논증에 '갈라파고스 펭귄은 갈라파고스제도에 서식한다'는 전제가 추가되면, 결론은 참에서 멀어집니다. 이러한 경우 추가된 전제는 논증을 약화한다고 합니다. 반면 '젠투 펭귄은 남극에 서식한다'는 전제가 추가되면 위 논증의 결론은 참에 더 가까워집니다. 이 경우 추가된 전제는 논증을 강화한다고 합니다.

셋째, 설득력 있는 귀납논증을 제시하기 위해서는 전제와 결론이 서로 유관해야 합니다. 위의 논증에 만약 '펭귄은 작은 물고기를 먹는다'는 전제가 추가된다면 결론은 참에서 멀어지지도 않고, 가까워지지도 않습니다. '펭귄은 작은 물고기를 먹는다'는 전제가 '대부분의 펭귄은 추운 기후를 좋아할 것이다'는 결론과 무관하기 때문입니다. 이를 통해 알 수 있듯이 귀납논증에서 설득력 있는 논증을 제시하기 위해서는 우선 결론을 유관하게 뒷받침하는 전제를 제시할 수 있어야 합니다. 어떤 경우에 전제가 결론을 잘 뒷받침하는지에 대한 유관성의 기준을 살펴보기 위해 귀납논증을 유형별로 구분해서 살펴보면 다음과 같습니다. 그 전에 한 가지 주의할 점이 있습니다. 귀납논증의 유형은 이해를 돕기 위해 구분할 것일 뿐이지 연역논증의 형식과 같은 종류의 것으로 혼동하면 안 됩니다.

2) 귀납논증의 유형

가) 귀납적 일반화

귀납적 일반화는 어떤 집단에 속하는 구성원 일부를 관찰한 것을 근거로 그 구성원이 속한 전체 집단에 대한 결론으로 나아갑니다. 구성원 일부, 즉 표본이 가진 특징이나 속성을 구성원이 속한 전체 집단, 즉 모집단이 아마도 가질 것이라고 주장하는 것입니다. 표본이 가진 속성을 전체집단이 반드시 가진다는 보장은 없기 때문에 전제가 참이더라도 결론이 거짓일 수 있습니다. 귀납적 일반화는 결론에서 전체 집단 전부에 대해서 주장하는지 아니면 전체 집단의 일정 비율에 대해서 주장하는지에 따라 보편일반화와 통계일반화로 구분될 수 있습니다.

보편일반화는 일부 표본에 대한 성질을 토대로 표본이 속한 모집단 전체에 대한 주장을 이끌어내는 논증입니다.

전제 1 황제 펭귄은 남극에 서식한다.

전제 2 아델리 펭귄은 남극에 서식한다.

전제 3 마카로니 펭귄은 남극에 서식한다.

⋮

결론 따라서 모든 펭귄은 남극에 서식할 것이다.

위 논증의 결론이 '모든 S는 P일 것이다'와 같은 보편적 주장을 하고 있기 때문에 보편일반화라 합니다. 이해를 돕기 위해 보편일반화 논증의 유형을 정식화해보면 다음과 같습니다.

전제 1 확인된 S_1은 P이다.

전제 2 확인된 S_2은 P이다.

전제 3 확인된 S_3은 P이다.

$\vdots$

전제 n 확인된 Sn은 P이다.

결론 (확인된 것뿐만 아니라 확인되지 않은) 모든 S는 P일 것이다.

통계일반화는 조사를 위해 추출된 표본의 통계적 성질에서 모집단의 통계적 성질을 이끌어 내는 논증입니다. 통계일반화는 보편일반화와 달리 결론에서 X%라는 통계 수치를 포함한 통계적 진술을 주장하기 때문에 통계일반화라고 합니다. X% 대신에 '대부분', '상당수', '자주'와 같은 표현을 사용해도 통계적 진술입니다. 예를 들어, 달 탐사선 주변의 표토를 채취해 조사한 이후 다음과 같은 결론을 이끌어 내면 통계일반화 논증입니다.

전제 1 달 표토 1kg중에서 200g에 헬륨-3가 포함되어 있다.

전제 2 달 표토 1kg중 20%에 헬륨-3가 포함되어 있다.

결론 따라서 달 전체 표토의 20%에 헬륨-3가 포함되어 있을 것이다.

통계일반화 논증의 유형을 정식화해보면 다음과 같습니다.

전제 1 S에서 추출한 표본의 X%가 P이다.

결론 따라서 표본이 속한 전체 집단 S의 X%가 P일 것이다.

앞의 펭귄에 관한 보편일반화 논증과 달 표토에 관한 통계일반화 논증 모두 약한 논증입니다. 그 이유는 전제들에서 언급된 표본의 수가 충분하지 않고 적기 때문입니다. 또한 제시된 펭귄 표본과 달 표토 표본은 모두 편향되어 있습니다. 펭귄에는 남극에 서식하는 펭귄들뿐만 아니라 남아프리카, 남아메리카 등지에 서식하는 펭귄 등 그 종류가 매우 다양한데, 일부 펭귄에 대한 성질을 펭귄 종 전체도 가질 것이라고 주장하기 때문입니다. 또한 달 표토 1kg은 달 탐사선 주변의 표토이며 달 전체 표토에 비해 너무 적어서 편향되어 있을 수밖에 없습니다.

이상의 논의를 통해서 귀납적 일반화 논증을 설득력 있게 제시하기 위해서는 관찰된 표본의 수가 많아야 하고, 편향되지 않고 골고루 제시되어야 한다는 점을 알 수 있습니다. 표본의 수가 너무 적으면 성급한 일반화의 오류를 범할 수 있고, 표본이 편향되면 편향된 자료의 오류를 범할 수 있습니다. 표본이 수와 표본의 비편향성은 모두 귀납적으로 설득력 있는 논증을 제시하기 위해 중요한 요소들이지만, 표본의 수보다 표본의 비편향성이 우선적으로 확보되어야 합니다. 표본이 아무리 많아도 편향된 표본이라면 설득력이 떨어지기 때문입니다. 또한 표본의 수와 비편향성은 귀납적 일반화뿐만 아니라 다른 귀납논증 유형에도 적용되는 중요한 기준입니다.

나) 통계삼단논증

통계삼단논증은 통계적 진술을 근거로 해서 개별대상에 대한 결론을 이끌어 내는 논증입니다. 예를 들어 보면 다음과 같습니다.

축구선수 대부분은 문신을 했다.

전제 2 손흥민은 축구선수이다.

결론 따라서 손흥민은 문신을 했을 것이다.

통계일반화가 집단에 속한 일부 대상들의 성질에서 그 집단의 대부분이 지닌 성질을 결론으로 추론하는 것과 달리, 통계삼단논증은 어떤 집단의 대부분이 지닌 성질에서 그 집단에 속한 대상의 성질을 결론으로 추론합니다. 위 논증에서 전제1을 "모든 축구선수는 문신을 했다"로 바꾼다면, 2강에서 다룬 정언삼단논증이 됩니다. 두 개의 전제와 하나의 결론으로 이루어졌기 때문에 삼단논증이라는 점에서 정언삼단논증과 유사하지만, 위 논증의 전제1이 통계적 진술이라는 점에서 차이가 있습니다. 이러한 통계삼단논증의 유형을 정식화해보면 다음과 같습니다.

전제 1 S의 대부분이(또는 X%가) P이다.

전제 2 a는 S이다.

결론 따라서 a는 P일 것이다.

전제1과 전제2에 공통으로 포함되어 두 전제를 매개하는 역할을 하는 집답을 기준이 되는 준거집단이라 합니다. 그리고 결론에서 개별대상이 속할 것이라고 주장되는 집단을 추론의 목표가 되는 집단이라 합니다. 기준이 되는 준거집단이 더 많은 정보를 알려줄 수 있게 구체적이면 통계삼단논증의 결론은 더 참에 가까워집니다. 예를 들어, 앞서 제시된 논증에 "축구선수"집단 대신 "타투를 좋아하는 축구선수"로 하

면 위 논증의 결론은 더 믿을만해집니다. 그런데 그렇게 하더라도 "손
흥민이 문신을 했을 것"이라는 결론은 실제 사실에 비춰보면 믿기 어렵
습니다. 그 이유는 "손흥민이 타투를 좋아하는 축구선수이다"는 전제가
실제로 거짓이기 때문입니다. 이를 통해 알 수 있듯이 귀납논증을 제시
할 때에도 결론을 뒷받침하는 전제가 실제로 참이어야 합니다. 이 점은
연역논증과 마찬가지로 귀납논증을 제시할 때에도 누구나가 수용 가능
한 참인 전제나 이유를 제시해야 한다는 것을 말해줍니다.

다) 유비논증

유비논증은 서로 다른 두 대상의 유사성에 근거해서 한 대상이 가지
는 속성을 그와 유사한 다른 대상도 가질 것이라고 추론하는 논증입니
다. 유비논증은 특히 동물과 인간의 유사성에 근거해 동물실험의 결과
를 인간에도 적용하는 데 많이 사용되는 추론 방식입니다.

> **전제 1** 인간과 동물은 생물학적으로 유사하다.
> **전제 2** 동물에 대해서 관절염 진통제인 바이옥스(vioxx)가 독성이 나타
> 나지 않았으며 효과가 있었다.
> **결론** 따라서 인간에 대해서도 바이옥스의 효과가 있을 것이다.

유비논증을 유형으로 정식화 하면 다음과 같습니다.

> **전제 1** 서로 다른 두 대상 A와 B는 유사하다.
> **전제 2** A는 새로운 어떤 속성 p를 가진다.
> **결론** 따라서 B도 새로운 속성 p를 가질 것이다.

위 논증은 전제에서 언급된 A와 B에 대해서 확인된 유사점보다 더 많은 내용을 결론에서 주장한다는 점에서 전제가 결론을 개연적으로 지지합니다. 위 논증의 A와 B는 비교되는 대상이며, 전제에서 언급된 두 대상의 유사성은 기준이 되는 속성입니다. 그리고 결론에서 B가 가질 것이라고 주장되는 속성을 추론의 목표가 되는 속성이라 합니다.

더 강한 논증이 되게 만들려면, 비교 대상들 사이의 차이점 보다 유사성이 크다는 점을 강조하면 됩니다. 유사성은 결론에서 주장되는 추론의 목표가 되는 속성과 유관해야 합니다. 예를 들어, 위 논증에 인간과 동물이 수분섭취가 필요하다는 유사성을 제시할 경우, 위 논증의 결론에 아무런 영향을 주지 않을 것입니다. 대신 인간과 동물의 통증억제 기제가 유사하거나, 투약효과 범위나 시간이 유사하다는 속성을 추가하면 결론이 참에 가까워집니다. 그리고 비교되는 대상들의 수와 종류를 더 많이 제시하면 됩니다. 바이옥스가 흰쥐뿐만 아니라 원숭이, 토끼, 돼지 등 다양한 종류와 많은 수의 동물에 대해서도 효과가 있었다는 점을 보이면 결론은 더 믿을만해집니다.

유비논증은 논리적으로 약한 논증이 될 가능성이 높은 논증입니다. 위 논증의 비교 대상들 사이의 유사성을 확보하기 어렵기 때문입니다. 비교 대상들은 실제로는 서로 다른 대상이기 마련이라는 점에서 유사점보다 차이점이 더 많기 때문입니다. 유비논증을 통해 주장을 정당화할 때, 서로 유사하지 않은 두 대상의 유사성에만 주목해서 어떤 주장을 하게 될 경우 잘못된 유비 추론의 오류에 빠질 수 있으니 주의해야 합니다.

라) 인과 논증

인과논증은 주어진 증거나 정보를 통해서 어떠한 사건이나 현상의 원인이 무엇인지를 밝히는 경우에 사용되는 논증입니다. 인과논증은 결론에서 인과적 진술을 주장합니다. 인과적 진술은, 예를 들어, "흡연은 폐암의 원인이다", "운동을 했더니 체중이 감소했다", "사형제는 범죄를 예방하는 효과가 있다" 등처럼 "C(원인)는 E(결과)의 원인이다"는 의미를 가진 표현입니다. 예를 들어 보면 다음과 같습니다.

> **전제1** 60대 여성 100명을 대상으로 조사한 결과, 매일 붉은 고기 200g 이상을 섭취한 60대 여성의 혈중 LDL 콜레스테롤 수치가 160mg/dL이상으로 높아진 비율이 40%였다.
>
> **전제2** 60대 여성 100명을 대상으로 조사한 결과, 매일 붉은 고기를 거의 섭취하지 않은 60대 여성의 혈중 LDL 콜레스테롤 수치가 160mg/dL이상으로 높아진 비율이 8%였다.
>
> **결론** 따라서 매일 붉은 고기 200g 이상을 섭취하는 것이 혈중 LDL 콜레스테롤을 높일 것이다.

인과논증을 유형으로 정식화하면 다음과 같습니다.

> **전제 1** 증거 1이 주어졌다.
> **전제 2** 증거 2가 주어졌다.
> ⋮
> **결론** 따라서 C는 E의 원인일 것이다.

인과논증 역시 원인과 결과에 해당하는 사건만 관찰하고 두 사건 사이의 인과관계가 있을 것이라고 개연적으로 추론하기 때문에 결론의 참을 보장하지 못합니다. 더 강한 논증이 되게 하려면, 우선 주어진 증거의 수가 더 많고 다양해야 합니다. 위 논증에서 실시한 조사를 60대 성인여성 100명이 아니라 1000명을 대상으로 하고, 다양한 연령대의 사람들을 대상으로 해서 유사한 결과를 얻을 경우, 결론은 더 믿을만할 것입니다. 다음으로, 인과논증을 강하게 만들기 위해서는 결과를 일으킬만한 다른 변화요인들이 고정되어 있는지를 확인해야 합니다. 위 논증에서, 만약 결과를 발생시키는 다른 변화요인이 고정되어 있지 않다면, 위 논증의 결론을 수용하기 어려울 것입니다. 예를 들어, 붉은 고기를 매일 200g이상 섭취한 집단의 사람들이 매일 액상과당을 물처럼 마셨다고 할 경우, 혈중 LDL콜레스테롤 수치가 육식 때문인 것인지 아니면 액상과당 섭취 때문인지 알 수 없게 됩니다.

주어진 증거들을 통해 원인과 결과를 잘못 연결하는 경우에 인과논증은 약한 논증이 됩니다. 인과관계가 성립하기 위해서는 원인 사건과 결과 사건이 서로 근접해 있어야 하고, 시간의 선후 관계에 있어야 하며, 규칙적으로 나타나야 합니다. 그런데 이 중에서 시간의 선후 관계만 주목해서 특정한 사건의 원인을 주장하면 약한 인과 논증이 됩니다. 미역국을 먹은 날 시험을 망쳤다고 생각하는 경우가 대표적입니다. 미역국을 먹은 사건과 시험을 망친 사건은 서로 무관한 사건이고 다만 미역국을 시험을 보기에 앞서 먹었다는 것만 주목해서 잘못 추론한 것입니다. 또한 사건들 사이의 근접성에만 주목해서 숯불에 고기를 구워 먹을 때 고기가 익는 것을 보고, 우리는 숯이 빨갛게 되었기 때문에 고기가 익었다고 생각합니다. 하지만 숯이 빨갛게 된 것과 고기가 익은 것은 열이라는 공통원인에 의한 것이지 두 사건이 인과관계에 있는 것은 아닙니다. 인과관계를 추론할 때 우리는 원인과 결과에 해당하는 사건을 잘 구별할 수 있어야 합니다.

3) 귀납논증의 한계

귀납논증은 여러 분야에서 유용하게 사용되지만 전제의 참이 결론의 참을 보장할 수 없다는 점에서 한계를 가집니다. 주어진 전제보다 더 많은 내용을 담은 결론을 이끌어 내기에 귀납논증의 결론은 참일 개연성만을 가질 뿐입니다. 귀납논증에서 전제와 결론 사이에는 언제나 논리적 간극이 존재할 수밖에 없습니다. 이 점을 버트런드 러셀은《철학이란 무엇인가》에서 흥미롭게 보여줍니다.

[가]

한 예로써 실제로 아무도 전혀 의심하지 않는 일을 들여다보기로 하자. 우리들은 모두 내일도 태양이 떠오른다고 확신하고 있다. 왜일까? 이 신념은 과거의 경험에서 얻은 맹목적인 소산에 불과한가 아니면 합리적인 신념으로서 정당화될 수 있는가? (중략)

태양이 왜 내일도 떠오르리라고 믿느냐는 질문을 받으면 물론 우리는 '이제까지 매일 변함없이 떠올랐으니까'라고 대답할 것이 분명하다. 태양은 과거에도 떠올랐기 때문에 미래에도 떠오를 것이라는 굳은 신념을 우리는 가지고 있다. 태양이 앞으로도 계속해서 떠오르라고 믿는 까닭이 무어냐는 도전을 받는다면, 우리들은 운동 법칙을 내세울 것이다. 지구는 자유로이 회전하는 계속하는 물체이고 이러한 물체는 무엇인가가 외부에서 간섭하지 않는 한 그 회전을 멈추지 않으며, 지금부터 내일 사이에는 외부에서 지구를 간섭할 만한 것은 하나도 없기 때문이라고 말할 것이다.

물론 외부에서 간섭할 것이 전혀 없다는 것이 확실한가를 의심할 수는 있지만 이것은 당장 우리들의 흥미를 끄는 의문은 아니다. 흥미 있는 의심은 이 운동 법칙이 내일까지 계속 작용할 것인가에 관한 것이다. 이 의문이 제기되면 우리들은 해돋이에 대해 처음으로 의문이 제기되었을 때와 같은 입장에 놓여 있음을 알게 된다. (중략)

하지만 중요한 문제는 과거에 있어서 어떤 법칙이 실현된 몇몇 사례가 어느 정도의 수에 이르면 그것이 미래에 있어서도 실현되리라는 증거가 될 수 있는가 하는 점이다. 만약 증거가 되지 않는다고 하면 태양이 내일 떠오를 것을 기대하거나, 다음 식사 때 먹을 빵이 우리를 중독시키지 않을 것이라고 기대하거나, 또는 우리들의 일상생활이 무의식적으로 규제할만한 일들을 기대할 어떠한 근거도 없다는 것이 명백해진다. 이러한 모든 기대가 단지 개연적인 일에 불과하다는 사실은 쉽게 알 수 있다. 그러므로 우리는 그 기대들이 반드시 실현되지 않으면 안될 증명을 구할 것이 아니라, 그것들이 실현될 것 같다는 견해에 유리한 이유들을 추구해야 한다.

[나]

어떤 외관을 가지고 있는 음식은 일반적으로 일정한 맛을 가지므로 익히 눈에 익은 외관의 것이 평소와 다른 맛을 갖고 있다는 것을 알게 될 때 그것은 우리들의 기대에 큰 충격이 된다. (중략)

이러한 연상은 인간에게만 국한된 것이 아니다. 동물에게도 연상은 매우 강하다. 일정한 길로만 달리던 말은 다른 방향으로 고삐를 돌리면 저항한다. 가축은 늘 먹이를 주던 사람을 보면 먹이를 주는 줄 알고 기대한다. 이런 제일성the uniformity에 대한 미숙한 기대는 모두 오해를 일으키기 쉬운 것임을 우리는 알고 있다. 병아리에게 매일같이 모이를 주던 사람도 마지막에는 모이를 주는 대신 그 병아리의 목을 비튼다. 병아리로서는 자연의 제일성에 관해 좀 더 정확한 견해를 가졌더라면 이로웠을 것이다.

이렇게 틀리기 쉬움에도 불구하고 역시 이러한 기대는 있다. 어떤 일이 여러 번 되풀이해서 일어났다는 사실만으로 사람이나 동물은 그것이 다시 일어나리라는 기대를 갖게 된다. 이와 같이 우리들의 본능은 내일 태양이 떠오르리라고 믿게 되지만, 우리의 입장은 뜻밖에도 목이 비틀린 병아리의 입장보다 낫지가 않다. 그러므로 우리는 과거의 제일성이 미래에 대한 기대를 일으킨다는 현실과 이러한 기대의 타당성에 대한 질문이 제기되었을 때, 이 기대를 중시할 만한 합리적인 근거가 있는가 하는 문제를 구별해야 하는 것이다.

버트런드 러셀 지음, 서상원 옮김, 《철학이란 무엇인가》,

스마트북, 2013, pp. 99-103: [가], [나].

위 인용문에서 러셀은 "내일도 태양이 떠오르리라고 확신하는" 이유가 무엇이냐는 질문을 받으면 우리는 "지구가 자유로이 회전하는 운동법칙" 때문이라고 답할 것이라고 합니다. 이에 대해 러셀은 지구가 회전하는 운동법칙이 내일도 계속 작용할 것이라는 생각은 또 어떻게 정당화할 수 있는지를 생각해보면 우리는 다시 처음 질문에 대한 답을 생각하는 상태로 돌아가기 마련이라고 지적합니다. 이는 아무리 운동법칙이라고 해도 그것이 필연적인 것이 아니라 "개연적인 일에 불과하다"는 점을 잘 보여줍니다. 귀납적으로 아무리 확실해 보이는 결론을 추론해 낸다고 해도 그것이 개연적인 한 언제나 참이라고 기대하면 안 된다는 것입니다. [나]에서처럼, 매일같이 모이를 주던 주인이 절대 자신을 해할 일은 없다고 확신했던 병아리가 주인에게 잡아먹히는 일을 당하는 것처럼, 우리 인간도 우리가 확실하다고 생각했던 믿음에 의해 배신을 당할 수 있습니다.

경험을 통해 얻은 결론이나 지식이 반드시 참인 것은 아니라는 점이 귀납논증의 한계이자 약점인 것입니다. 귀납논증의 결론이 반드시 참인 것은 아니라는 것은 결론이 오류가능성을 가진다는 것을 의미합니다. 그렇다면 귀납논증이 설득력이 있기 위해서는 결론의 오류가능성을 가능한 최소화해야 합니다. 그 오류 가능성을 최소화하는 기준을 알아보기 위해 지금까지 귀납논증을 구성하고 평가하는 기준을 살펴보았습니다. 우선 전제가 결론에 유관하고, 둘째, 제시된 전제가 실제로 참이고, 셋째, 전제가 결론을 지지할 수 있게 충분히 구체적으로 잘 제시되면 귀납논증의 설득력은 더 높아집니다.

■ 다음 논증이 어떤 유형의 귀납논증에 해당하는지 생각해보고, 각 논증이 강한 논증인지 아닌지 평가해 보고, 약한 논증인 경우 강한 논증으로 수정해 보세요.

① 리빙스턴은 새끼 원숭이가 태어나자마자 두 눈을 꿰매서 실명한 것과 같은 상태로 우리에 가두었어. 그리고 1년이 지난 이후 그 새끼 원숭이의 시신경에 어떤 변화가 발생했는지를 추적 관찰했어. 너무 끔찍하지만 그 실험을 통해 시각장애를 유발하는 시신경의 변화 메커니즘을 발견했고, 결국 인간의 뇌 발달과 뇌암 치료제 개발의 길을 열어주었어. 따라서 살아 있는 동물을 대상으로 하는 실험은 우리에게 도움이 되지.

② A사에서 출시한 휴머노이드 로봇은 인간처럼 이족보행도 하고, 손으로 정교한 작업도 할 수 있어. 이 로봇은 인간들의 일을 대신하게 될 거야. 인간은 물리적 충격을 받으면 고통을 느끼지. 로봇을 발로 차면 매우 고통스러워 할 테니 함부로 대하면 안 되겠어.

③ A: K구청의 치수과 담당자가 민원처리과정에서 민원인에게 잘못된 정보를 알려주는 바람에 민원 해결에 어려움을 겪었대.
   B: 그래? K구청의 청소행정과 담당자도 민원처리과정에서 민원인에게 잘못된 정보를 알려 준 적이 있어. K구청의 민원 담당자들은 잘못된 정보를 알려주네. 조심해야 겠어.

④ 급격한 성장기에 있는 만 13세 이상의 비행 청소년들은 심한 욕설을 하고, 결석과 가출을 반복하고 담배를 피우거나 술을 마시고, 심지어 도박을 하기도 한대. 비행 청소년들이 일탈행위를 일삼는 이유는 테스토스테론이라는 성호르몬 때문이야. 그런데 그 호르몬은 청소년기에 근육량과 골격량을 증가시켜. 그러므로 청소년기에 운동을 하지 못하게 해서 근육량과 골격량의 증가를 줄이면 청소년의 일탈행위도 줄어들거야.

▶▶

⑤ 내가 고혈압 2기라고 진단을 받았고, 의사가 걷기운동도 하고 식이조절도 하라고 했는데 일이 바빠서 다른 것들은 신경을 못 쓰고 모든 것을 그대로 했어. 다만 주변에서 양파즙이 좋다고 하기에 매일 한 포씩 먹었거든. 그랬더니 혈압이 정상으로 돌아왔어.

⑥ 우울증 약을 복용하는 사람들의 상당수가 우울증이 발병하기 전까지 오메가3가 풍부한 생선을 잘 먹지 않았어. 지수가 최근에 우울증 약을 복용하기 시작하던데. 지수도 지금껏 오메가3가 풍부한 생선을 잘 먹지 않았겠네.

⑦ 일전에 내가 타로 유튜브에서 타로점을 봤거든. 그때 나한테 조만간 좋은 일이 있을 것이라고 점괘를 받았어. 이번에도 타로점을 보면 좋은 점괘를 받을 거야.

⑧ 올해 사회 통계 조사 결과에 따르면, MBTI가 I인 성인 100명을 대상으로 조사한 결과 그 중에 40명이 30대 이후 첫 연애를 했다. 따라서 성인의 40%가 30대 이후 첫 연애를 할 것이다.

⑨ A 암 연구소 연구팀에서 폐암을 유발하는 폐 상피세포의 변이를 관찰한 결과 비흡연자에 비해 흡연자의 폐 상피 세포 변이가 더 많이 발생한다는 것을 밝혀냈다. 50대 성인들을 대상으로 연구를 실시 했는데, 그 결과에 의하면, 흡연을 지속해온 50대 성인은 폐암에 걸릴 확률이 38%였던 반면, 흡연을 전혀 하지 않은 50대 성인이 폐암에 걸릴 확률은 3%였다. 따라서 흡연은 폐암의 원인이다.

⑩ 손바닥에 M자 손금이 있는 사람들 대부분이 성공해서 부자가 될 거래. 네 손금을 보니 네 손 바닥에도 M자 손금이 뚜렷하게 있어. 너도 성공해서 부자 될 거야.

더 깊은 토론을 위한 참고 자료

★ 프랜시스 베이컨 지음, 진석용 옮김, 《신기관》, 한길그레이트북스, 2001

근대 정신의 특징을 과학적 방법이라고 한다면 귀납법을 주창한 이 책은 근대 과학
정신의 초석을 닦았다고 해도 무방합니다. 저자는 우상의 파괴를 통해 자신이 제창
한 귀납법의 개요를 보여주고 있으며, 우상에서 해방된 인간 지성의 과학적 발견을
위해 걸어가야 할 길인 참된 귀납법의 구체적인 예를 보여줍니다.

★ 제임스 래디먼 지음, 박영태 옮김, 《과학철학의 이해》, 이학사, 2007

이 책은 과학적 탐구를 위한 과학적 방법과 그것이 만들어낸 지식의 본성에 대해 철
학적으로 탐구합니다. 과학적 방법의 새로운 도구로서 귀납법의 특징과 귀납법의 문
제점을 잘 정리했습니다.

★ 버트런트 러셀 지음, 서상원 옮김, 《철학이란 무엇인가》, 스마트북, 2013

이 책의 원전은 출판된 지 100년이 지났지만 여전히 철학의 전반적인 주제를 다룬
최고의 입문서로 평가받습니다. 철학의 문제를 푸는 과정에서 독자에게 그 문제가
왜 중요한지 생각하게 만들기 때문입니다. 앞서 다룬 귀납논증에 대한 러셀의 문제
제기 방식, 그에 대한 사유의 과정과 내용을 확인할 수 있습니다.

DISCUSSION CLASS

좋은 사람이
나쁜 행동을 하는 이유는?
: A Treatise of Human Nature

데이비드 흄과 함께 살펴보는
도덕논증

수업을 시작하며

비판적 사고는 도덕논증moral reasoning에도 적용됩니다. 도덕논증이란 도덕·윤리적 문제와 관련된 논증을 말합니다. 우리의 일상은 도덕·윤리적 문제와 깊이 연관되어 있습니다. 인터넷이나 스마트폰 등을 통해 실시간으로 접하는 뉴스에는 우리와 직·간접적으로 연관된 도덕·윤리적 문제가 등장하며 댓글 등을 통해 이러한 뉴스에 대한 사회 구성원의 다양한 주장을 보게 됩니다. 개 식용 논란도 이런 사례입니다.

1988년 서울올림픽부터 시작된 개 식용 금지 논란은 끊임없이 반복되지만 매번 사회적 합의에 도달하지 못했다. 최근 반려 동물과 함께 사는 국민이 1500만 명을 넘어서면서 동물권에 대한 관심이 높아지고 있다. 어떤 사람은 동물의 권리, 동물 살해의 부도덕함 등 도덕적 근거를 토대로 개 식용을 반대하기도 하고, 어떤 사람은 인간의 자유나 인간과 동물의 도덕적 지위 차이 등 도덕적 근거를 토대로 개 식

우리는 이러한 다양한 도덕논증 가운데 무엇을 수용하고, 무엇을 수용하지 않을지 그리고 어떠한 주장을 제시해야 하는지 실천적 판단을 내려야 합니다. 도덕논증은 연역논증뿐만 아니라 귀납논증을 우리의 현실과 관련해 재구성하여 제시합니다. 이러한 도덕논증 평가에는 전제에서 결론이 논리적으로 도출되는지 검토하는 타당성validity 뿐만 아니라 전제가 수용할 만한지 검토하는 건전성soundness 또한 포함됩니다. 그런데 도덕논증에서의 타당성과 건전성은 연역논증에서 공부했던 엄격한 의미의 타당성과 건전성과는 약간의 차이가 있습니다. 도덕논증은 전제가 실제로 참인지 여부를 경험적으로 확인할 수 있는지보다는, 상식에 잘 부합하여 수용할 만한지나 신뢰할 만한지 등의 현실성에 따라 판단하기 때문입니다.

먼저 도덕논증과 관련된 심각한 오해를 해명할 필요가 있습니다. 도덕논증은 해결될 수 없기 때문에 불필요하다는 오해 말입니다. 도덕논증은 각 개인의 신념이나 주관적 입장에 근거할 뿐만 아니라 사회적 맥락에 의존하기 때문에 문제를 해결할 수 없다는 비판입니다. 일상에서 수많은 도덕·윤리적 문제를 만나는 우리는 도덕논증을 통해 어떤 입장이 수용할 만한지 판단해야 하는데 앞에서 제기한 비판은 이러한 도덕논증이 불필요하다고 주장합니다. 예를 들어 개 식용 금지에 대한 논란, 2009년 '김 할머니 존엄사'라는 이름으로 제기되었던 안락사 문제, 2010년 '프로라이프 의사회'가 산부인과를 고발해서 논란이 되었던 인공 임신 중절과 같은 문제는 일치된 의견은 없고 다양한 입장만 존재하기 때문입니다.

미국의 생명 윤리학자 맥클린Ruth Macklin의 논문 〈Theoretical and Applied Ethics: A Reply to Skeptics〉(1988)에 따르면 도덕논증에서 '해결하다'라는 말은 '이론적·실천적으로 가장 현실성 있는 해답을 제 공'arrive at the least inadequate or least implausible answer to the problem한다는 뜻입니다. 도덕 문제에 관해서 다른 대안보다 더 강력한 논증을 지닌 해답, 즉 정합적 검토를 통해 합리적 선택을 내릴 수 있다는 의미입니 다. 공통점을 찾을 수 없을 것 같은 논증이라도 양쪽이 전제하거나 또 는 암묵적으로 가정하는 공통점을 발견할 수 있습니다. 이를 분석하 면 그 시대의 사회적 인식이나 배경지식에 비추었을 때 정합적이면 서 가장 현실성 있는 해답을 모색할 수 있습니다. 그런데 여기서 '현실 성'plausibility or feasibility이라는 말을 오해하면 안됩니다. 도덕논증에서 '현실성'이라는 의미는 '현실에 있는 것'이나 '실제 그러한 것'으로 국한 되지 않습니다. 현실성이라는 의미는 실제로는 그러지 않더라도 '어떤 조건이나 상황이 주어진다면 논리적으로 있을법한 것 또는 가능한 것' 을 포함합니다.

토론 수업을 위한
오늘의 고전

데이비드 흄의 《인간 본성에 관한 논고》

이성의 탐구 대상 가운데 하나는 사실의 문제이다. 그런데 덕과 악덕을 구분하는 도덕의 문제가 이같은 사실의 문제인가? 일반적으로 악덕하다고 인정되는 행동인 고의적인 살인을 생각해보자. 고의적인 살인을 모든 측면에서 검토하고 악덕이라고 부를 수 있는 사실이나 실제 존재를 발견할 수 있는지 살펴보자. 당신은 그 행동을 어떤 방식으로 살펴보든 간에 오직 특정한 정념, 동기, 의욕, 사유만을 발견할 뿐이다. 이 행동에서 그 밖의 어떤 사실도 발견할 수 없다. 대상에서 사실을 찾으려고 하는 한, 당신은 악덕을 전혀 포착하지 못한다. 당신이 마음속으로 이 행동을 성찰하면서 불쾌한 감정을 발견할 때까지 결코 악덕을 발견할 수 없다. 여기에 사실이 있다. 그러나 이는 이성의 대상이 아닌 느낌의 대상이다. 이런 사실은 당신에게 있으며 대상에 있지 않다. 따라서 당신이 어떤 행동이나 성격을 악덕하다고 판단할 때 당신은 그 행동이나 성격을 보면서 자신의 본성에 있는 생리적 구조에 따른 비난의 느낌이나 감정을 갖는다고 의미할 뿐이다. 그러므로 덕과 악덕은 소리, 색깔, 더움, 차가움에 비교될 수 있다. 근대 철학에 따르면 이것은 대상의 성질이 아니라 마음에 있는 지각이다. 도덕에서 이런 발견은 물리학에서 주관적 성질의 발견과 마찬가지로 실생활에 영향을 거의 또는 전혀 미치지 못하지만 이론 학문에서는 상당한 진보에 해당한다. 우리에게 보다 실제적이고 더 많은 관심을 끄는 것은 유쾌함과 불쾌함이라는 우리 자신의 감정이다. 이와 같은 감정이 덕에 맞고 악덕에 어긋난다면 우리의 생활 태도와 행동 지침으로 삼기에 이보다 더 필수적인 것은 없다.

내가 이와 같은 추론에 꼭 덧붙이고 싶은 관찰이 하나 있다. 우리는 이 관찰이 어느 정도 중요하다는 걸 알 수 있다. 나는 지금까지 접해 온 모든 도덕 체계에서 그 체계의 저자들이 얼마 동안 일상적 추론 방식으로 논의를 전개하다가 어느 순간에 신의 존재를 확정하며 인간사에 대한 자신의 견해를 제시한다는 점에 주목해 왔다. 나는 명제의 일반적 계사繫辭인 '이다'와 '아니다'로 연결되어야 할 부분에서 '해야 한다'나 '해서는 안 된다'로 교체되는 명제를 발견하고는 갑작스러워 놀라곤 했다. 이와 같은 계사의 교체는 감지하기 쉽지 않지만 매우 중요하다. '해야 한다'나 '해서는 안 된다'는 새로운 관계나 확언을 표현하기 때문에 반드시 주목받고 설명되어야 할 필요가 있다. 동시에 이 새로운 관계가 자신과 전적으로 무관한 다른 것에서 연역될 수 있는 방식을 왜 우리가 의식하지 못했는지에 대한 근거도 제시되어야 한다. 그러나 도덕 체계의 저자가 대개 이 점에 주목하지 않았으므로 나는 독자에게 이 점에 주목하라고 권한다. 이 작은 주목이 도덕성에 관한 천박한 체계를 모두 전복시키리라고 확신한다. 그러면 덕과 악덕 등을 구별하는 기초가 단지 대상의 관계에만 있지 않으며 이성으로도 역시 그 구별을 지각하지 못한다는 점을 알게 될 것이다.

이런 논의 과정을 통해 우리는 다음과 같은 결론에 이르게 된다. 덕과 악덕은 이성만으로는 발견될 수 없고 관념의 비교를 통해서도 발견될 수 없기 때문에 우리는 덕과 악덕이 일으키는 인상이나 감정을 통해서만 덕과 악덕의 차이를 구분할 수 있다. 도덕적인 정직과 타락에 관한 우리의 결정은 분명히 지각이다. 모든 지각은 인상이거나 관념이므로 둘 중 하나가 아니라는 것은 다른 하나가 그 결정이라는 것에 대한 납득할 만한 논변이 된다. 그러므로 도덕성은 판단되기보다는 느껴진다고 봐야 적절하다.

David Hume, 《A Treatise of Human Nature, BOOK 3. OF MORALS》,

1740/1751, Part 1. Sect. 1 ~ Sect. 2.

도덕논증이란
무엇인가

1) 사실 판단과 가치 판단

흄의 글에서 볼 수 있는 도덕논증의 특징은 무엇일까요? 실천적 판단
의 성격을 지니는 도덕논증이 다른 논증과 구별되는 특징은 도덕적 가
치를 담은 판단, 즉 도덕적 가치 판단moral value judgment을 포함한다는
점입니다. 흄은 위 글에서 도덕 판단의 근거는 사실에 있지 않고 덕과
악덕을 느낄 수 있는 인간의 감정에 있다고 말합니다. 즉 도덕 판단은
사실에 기반한 판단이 아니라 도덕적 감정에 기반한 가치 판단이라는
것입니다. 도덕논증이 도덕적 가치 판단을 포함한다면 먼저 고려해야
할 것은 무엇이 도덕적 가치 판단인지에 대한 논의입니다.

이를 위해서는 먼저 가치 판단value judgment과 사실 판단의 구분부터
해야합니다. 도덕적 가치 판단은 가치 판단의 한 부분이기 때문입니다.
도덕논증에 대한 분석을 위해서는 이러한 사실 판단과 가치 판단의 구

분을 토대로 살펴보아야 합니다.

사실 판단은 참과 거짓으로 명시할 수 있습니다. '실제로 하얀색 컵을 가리키면서 이 컵은 하얀색이다'처럼 경험적으로 참과 거짓을 확인할 수 있는 판단과 '2 더하기 3은 5이다'처럼 수학·논리적으로 확인할 수 있는 판단입니다.

가치 판단은 화자의 기호taste를 표현하거나 미적 가치를 표현하거나 어떤 도덕적 가치를 표현하는 등, 참과 거짓으로 명시하기 어렵습니다. 기호적 가치 판단은 '좋음', '싫음' 같은 표현을 주로 사용하고, 미적 가치 판단은 '아름답다', '추하다' 같은 표현을 주로 사용합니다. 도덕적 가치를 표현할 때는 '선한', '선하지 않은', '옳은', '그른', '해야 한다', '하지 말아야 한다' 같은 당위적 표현을 주로 사용합니다. 다음의 예시를 통해 사실 판단과 가치 판단 그리고 가치 판단의 기호적·미적·도덕적 가치 판단 등을 살펴봅시다.

① 저 소년은 선한 어린이다.
② 펩시콜라보다 코카콜라가 더 좋다.
③ 그 사람이 고양이를 학대했다.
④ 그 과학자는 핵무기 제조에 가담했다.
⑤ 저 야생화는 아름답다.
⑥ 삼각형의 내각의 합은 180도이다.

①, ②, ⑤는 가치 판단이고 ③, ④, ⑥은 사실 판단입니다. ③과 ④는 사실 판단 가운데 경험적으로 확인하여 참과 거짓을 판단할 수 있으며, ⑥은 수학적으로 참과 거짓을 판단할 수 있습니다. ①은 '선한'이

라는 도덕적 가치를 담은 가치 판단이고 ②는 '좋아한다'는 자신의 기호를 담은 가치 판단이며 ⑤는 '아름답다'는 미적 가치를 담은 가치 판단입니다.

2) 도덕논증의 특징: 도덕적 가치 판단

도덕논증은 가치 판단 가운데 도덕적 가치 판단을 결론에 포함한 논증입니다. 어떤 도덕적 주장을 제시하는 논증이기 때문입니다. 도덕논증은 형식적으로 어떤 특징이 있을까요? 영국의 20세기 철학자인 무어George Edward Moore는 도덕논증은 결론에 도덕적 가치 판단을 포함하므로 전제 가운데 적어도 하나는 도덕적 가치 판단이어야 한다고 주장합니다. 무어는 사실에서 당위를 도출하려는 시도를 비판하면서 이를 자연주의적 오류naturalistic fallacy라고 부릅니다. 도덕논증에서 모든 전제가 도덕과 무관한 사실 판단이나 가치 판단이라면 결론으로 도덕적 진술을 도출할 수 없기 때문입니다.

① 세계는 적자생존 원리에 따른다. 그러므로 약자는 도태되고 강자가 살아남는 것이 좋다.
② 인간은 본성상 이기적 존재이다. 그러므로 이기적으로 사는 것이 좋은 것이다.

위 판단은 수용할 만한가요? 각각 도덕적 가치 판단을 담고 있는 논증인데 직관적으로 의심스럽게 느껴집니다. 사실 판단인 전제에서 등장하지 않은 '좋은 것이다'라는 가치 판단이 결론에 등장하기 때문입니다.

연역논증의 형태를 가진 도덕논증 ①, ②의 전제인 '세계는 적자생존의 원리에 따른다'와 '인간은 본성상 이기적 존재이다'에는 결론인 도덕적 가치 판단의 '좋은 것이다'라는 도덕적 가치를 찾을 수 없습니다. 연역논증은 결론의 내용이 전제에 이미 함축되어야 하는데 도덕적 가치 판단이 사실 판단에 함축될 수 없기 때문에 논증의 타당성이 의심됩니다. '세계는 적자생존의 원리에 따른다', '인간은 본성상 이기적 존재이다'라는 사실 판단으로부터 '좋은 것이다'라는 도덕적 가치 판단을 도출하고 있다는 점에서 논증 ①, ②는 무어가 말한 자연주의적 오류를 보여줍니다.

그렇다면 위 도덕논증에서 숨은 전제는 무엇일까요? 논증 ①, ②에는 각각 '세계가 따르는 원리는 좋은 것이다'와 '본성대로 사는 것이 좋은 것이다'라는 도덕적 가치 판단이 전제로 숨어 있습니다. 이러한 숨은 전제를 찾아냄으로써 논증 ①, ②는 무어의 자연주의적 오류를 피하면서 연역적으로 타당한 논증이 될 수 있습니다. 이러한 분석에 따르면 도덕논증의 표준 형태는 다음과 같습니다.

전제 1 도덕 원리 (도덕적 가치 판단)

전제 2 사실에 대한 기술 (사실 판단)

결론 특정한 도덕 주장 (도덕적 가치 판단)

이러한 도덕논증의 표준 형태에도 불구하고 일상에서 우리가 경험하는 많은 도덕논증은 전제에서 종종 도덕적 가치 판단을 생략하고 사실 판단만으로 도덕적 가치 판단인 결론을 도출하기도 합니다.

① 국회의원 A씨가 성추행 발언을 했다. 따라서 A는 도덕적으로 옳지 않다.

② 한 사람이 쓰러져 호흡 곤란 증세를 보이고 있다. 그러므로 이를 발견한 행인은 그 사람을 도와야 한다.

사실 판단을 전제로 도덕적 가치 판단을 결론으로 도출하는 위 논증은 별 문제가 없어 보입니다. 그러나 각각은 숨은 전제로 도덕적 가치 판단을 포함하고 있습니다. 논증 ①은 '성추행 발언은 도덕적으로 옳지 않다'라는 전제가 있으며 논증 ② 또한 '어려움에 처한 사람을 도와야 한다'는 전제가 있습니다.

이러한 도덕적 가치 판단인 전제는 너무도 당연하게 수용되어 종종 생략되고 그게 이상하게 여겨지지 않는 경우도 많습니다. 그러나 도덕논증을 진지하게 검토하기 위해서는 연역논증의 타당성 검토가 필요하며 이를 위해서는 숨은 전제를 찾아서 논증을 타당하게 만들어야 합니다. 일상에서 경험하는 도덕논증은 자연주의적 오류를 벗어나는 연역논증으로 재구성해야 합니다.

3) 도덕논증의 평가

도덕논증이 자연주의적 오류를 벗어나기 위해서는 형식적으로 전제 가운데 적어도 하나는 도덕적 가치 판단을 담고 있어야 합니다. 우리가 배운 다른 논증과 도덕논증이 차별화되는 지점입니다. 도덕논증에서 명제는 일반적인 연역논증이나 귀납논증에서 다루는 사실 판단이 아니라 도덕적 가치 판단입니다. 그래서 연역논증과는 다르지만, 도덕 논증은 전제로부터 논리적으로 결론이 도출되는지 검토하는 타당성 validity뿐만 아니라, 도덕적 가치 판단을 담고 있는 전제를 수용할 만한 지 검토하는 건전성soundness 또한 평가되어야 합니다. 앞에서도 말했 지만, 도덕논증에서의 타당성과 건전성은 연역논증처럼 엄격하기보다 는 상식에 잘 부합하여 수용할 만한지나 신뢰할 만한지 등에 따라 평 가됩니다.

자연주의적 오류를 벗어난 도덕논증이 '이론적·실천적으로 가장 현 실성 있는 해답을 제공'하는지 평가하기 위해서는 전제인 사실 판단과 도덕적 가치 판단이 수용할 만한지 검토해야 합니다. 도덕논증의 전제 를 구성하는 도덕적 가치 판단이 참과 거짓의 진리값을 갖지 않는다는 점에서 도덕논증의 타당성 및 건전성을 평가하려면 논증을 구성하는 전제들 사이가 정합적인지, 전제가 일반 이론과 사회적 인식에 견주어 정합적인지 검토해야 합니다. 도덕적 가치 판단이 우리의 일상 경험이 나 사회적 인식과 일치하지 않는다면 그 판단을 의심해볼 수 있습니다.

도덕논증의 표준적 형태의 전제 1은 사람들이 보통 대부분 수용하 는 일반적 도덕 원리general moral principle나 특정 도덕 이론moral or ethical theory에 기반합니다. 전제 2는 논란의 여지 없이 분명한 사실에 대한 기술도 있는 반면, 4) 일반적 도덕 원리를 설명하는 과정에서 제기되는 것처럼 도덕 원리와 연결되어 논란이 많은 사실 판단도 있습니다. 따라 서 일반적 도덕 원리와 특정한 도덕 원리에 대한 충분한 이해가 있어야 도덕논증에 대한 올바른 평가를 내릴 수 있습니다.

4) 일반적 도덕 원리general moral principle

앞에서 제시했던 개 식용 금지 논란처럼 공통점이 없어 보이는 양쪽 진영의 논증을 분석해보면 양쪽 모두 전제하는 공통점이 있습니다. 이에 대한 분석을 통해 가장 현실성 있는 해답을 모색할 수 있습니다. 양 진영 모두 도덕적 지위를 갖는 존재의 권리를 존중해야 한다는 데 동의합니다. 이러한 공통 부분을 일반적 도덕 원리라고 부릅니다. 일반적 도덕 원리의 몇 가지 예는 아래와 같습니다.

* **자선의 원리:** 어려움에 처한 사람들을 도와라.
* **해악 금지의 원리:** 다른 사람에게 해악을 끼치지 말라.
* **정직의 원리:** 다른 사람을 속이지 말라.
* **자율성의 원리:** 강제하지 말고 자유로운 결정을 존중하라.
* **정의의 원리:** 각자에게 각자의 몫을 주라.
* **효의 원리:** 부모에게 공경하라.
* **인간 생명 존중의 원리:** 인간 생명을 존중하라.
* **인간의 존엄성 원리:** 인간의 존엄성을 존중하라.

일반적 도덕 원리와 논란의 여지가 없는 사실에 대한 기술을 전제로 삼은 도덕논증은 아래의 예문이 보여주는 것처럼 비교적 쉽게 평가할 수 있습니다.

전제 1 다른 사람을 속이는 것은 도덕적으로 옳지 않다. (도덕적 가치 판단)
전제 2 철수가 다른 사람을 속였다.   (사실 판단)

결론   그러므로 철수는 도덕적으로 옳지 않다.   (도덕적 가치 판단)

위의 도덕논증은 논리적으로 타당하며 일반적 도덕 원리는 논란의 여지가 없는 사실로 볼 수 있다는 점에서 도덕적 판단이 비교적 쉽게 내려질 수 있습니다. 그러나 일반적 도덕 원리는 추상적이어서 해석의 여지에 따라 상반된 판단을 할 수도 있기 때문에 세밀한 도덕적 분석이 필요합니다. 공리주의 철학자인 피터 싱어Peter Singer의 《실천윤리학》(1979) 중에서 임신 중절에 반대하는 사람의 논증을 살펴봅시다.

전제 1 무고한 인간을 죽이는 것은 그릇된 일이다.

전제 2 인간의 태아는 무고한 인간이다.

결론   따라서 태아를 죽이는 것(인공 임신 중절)은 그릇된 일이다.

임신 중절을 찬성하는 사람은 '전제 2가 틀렸기 때문에 위 논증을 받아들일 수 없다. 태아는 아직 인간이라고 볼 수 있는 존재가 아니기 때문이다'라는 반론을 제시할 것입니다. 이러한 반론이 성립한다면 태아는 인간이 아니기 때문에 임신 중절은 무고한 인간을 죽인다고 볼 수 없습니다. 따라서 임신 중절을 반대하는 논증의 설득력이 약화됩니다.

이 논쟁에서 임신 중절을 찬성하는 입장과 반대하는 입장은 전제 1인 일반적 도덕 원리에 대한 이견이 없습니다. 인간 생명의 존엄성 원리가 일반적인 도덕 원리로 널리 받아들여지기 때문입니다. 그러나 전제 1과 전제 2의 '인간'을 어떻게 해석하느냐에 따라 임신 중절을 찬성하는 논변과 반대하는 논변 모두 가능합니다. 전제 1과 전제 2의 '인간' 개념은 적어도 두 가지 관점에서 해석될 수 있고 이런 해석에 따라 논중에 대한 평가도 달라집니다. 일단 생물학적 관점에서 인간의 형태를 갖추고 인간의 유전자를 가졌다면 인간으로 간주합니다. 또한 도덕적 관점에서는 합리적인 사고가 가능하고 자의식을 가진 도덕적 인격체person라면 인간으로 간주합니다. 만약 인간을 생물학적 관점에서 본다면 임신 중절을 반대할 수 있지만 합리적 근거 없이 단지 인간이라는 이유만으로 옹호하는 취약한 논증에 기반을 두게 됩니다. 다시 말하면 무고한 생명을 죽이는 일이 그르다는 사실은 인종 문제와 상관없듯이, 동물 중 어떤 종족인가 하는 문제와도 상관없습니다. 인종 차별주의racism가 도덕적으로 정당화될 수 없듯이 종 차별주의speciecism도 도덕적으로 정당화되기 어려우며 따라서 생물학적인 의미에서 인간이라는 이유만으로 인간 생명의 존엄성만 내세우는 것은 인간 중심적 이기주의에 불과합니다.

만약 인간을 도덕적 관점에서 해석하면 태아를 인간으로 볼 수 없다는 입장에 무게가 실립니다. 그런데 이런 입장은 자의식이나 합리적 사고가 가능하지 않은 인간에 대한 문제를 낳습니다. 어떤 사람이 합리적 사고가 가능하지 않아 도덕적 관점에서는 도저히 인간이라고 말하기 어려운 상태에 놓여 있을 때, '그런 사람은 인간이 아니야'라고 쉽게 주장할 수 있을까요? '가장자리 상황 논변'argument from marginal cases은 바로 이 점을 문제 삼습니다. 만약 소뇌를 상실하거나 어떤 장애로 합리적 사고를 할 수 없고 자의식이 없지만 인간의 몸과 유전자를 가진 존재에 대해서 인간이 아니라고 주장한다면 다수가 받아들이기 어렵기 때문입니다.

5) 특정한 도덕 원리

앞에서 언급한 임신 중절의 찬반 논변에서 전제 1에 대한 해석의 차이는 특정한 도덕 원리의 차이로 볼 수 있습니다. 도덕적 존재를 쾌고감수쾌락과 고통을 느끼는 능력 관점에서 규정하는 도덕 원리와 인간 자체라는 관점에서 규정하는 도덕 원리 사이에서는 다른 해석이 나올 수 있습니다. 따라서 도덕논증을 평가하기 위해서는 다양한 도덕 원리에 대한 이해가 필요합니다. 도덕논증 평가에 도움이 될 만한 대표적인 이론인 공리주의, 칸트의 의무론, 덕의 윤리를 간략하게 소개합니다.

가) 공리주의

공리주의는 쾌락과 고통이라는 심리적 요인에 기초하여 도덕적 가치를 평가하는 이론입니다. 일반적으로 벤담 Jeremy Bentham이 체계화하고 밀John Stuart Mill이 발전시켰다고 평가됩니다. 공리주의는 관계된 모든 존재의 쾌락을 증진할 수 있는 행위가 바람직하다는 공리의 원리 principle of utility를 절대적 기준으로 제시합니다. 이 원리에 따르면 우리는 쾌락이나 행복을 최대화하고 불쾌나 불행을 최소화하는 행위를 추구해야 합니다.

공리주의는 쾌락주의, 결과주의, 보편주의를 토대로 하는 이론입니다. 공리주의는 심리 상태인 쾌락이나 행복을 도덕 판단의 기준으로 제시한다는 점에서 쾌락주의의 성격을 갖습니다. 이런 특성으로 공리주의는 도덕적 존재를 쾌고감수 능력을 기준으로 규정하며 동물도 쾌고감수 능력을 가졌다는 점에서 도덕적 존재로 간주될 수 있습니다.

결과주의는 행위의 속성이나 의도를 도덕 기준으로 삼는 의무론과 달리, 행위의 결과에 따라 도덕적인 옳고 그름을 판단합니다. 결과주의의 한 형태인 공리주의는 최대 다수의 최대 행복을 지향하는 도덕 이론입니다. 예를 들어 살해도 그것이 공리를 증가시켰다면 옳은 행위로 간주될 수 있습니다.

쾌락주의와 결과주의에 토대를 둔 공리주의가 쾌락과 고통을 계산하는 과정에서 특정 존재나 특정 집단의 쾌락과 고통을 우위에 둔다면 이기주의에 불과합니다. 그러나 공리주의는 관련한 모두의 쾌락과 고통을 차별 없이 동등하게 고려하여 평가한다는 점에서 이기주의가 아닌 보편주의입니다.

우리는 어떤 판단을 내릴 때 일반적으로 여러 가능성 중에서 결과적으로 얻게 될 이익과 손실을 분석the cost-benefit analysis하여 합리적 선택을 내립니다. 이런 점에서 공리주의는 현대인의 사고방식에 널리 퍼져 있습니다. 그러나 행위의 결과에만 주목한다는 점에서 공리주의는 과정에서 초래될 수 있는 부도덕한 행위를 허용한다는 비판이 제기될 수 있습니다. 공리주의는 사회의 이익이 된다면 일부 구성원의 권리가 침해되는 경우를 허용할 수 있기 때문입니다. 또한 공리주의는 쾌락과 고통이라는 심리적 요인에 의존하는데, 쾌락과 고통을 어떻게 객관화할 수 있을지 의문스럽습니다. 누군가에게 작은 고통이 누군가에겐 엄청난 고통이 될 수 있는 것처럼 심리적 요인은 주관적이기 때문입니다.

또한 공리주의는 보편주의라는 특성에 맞출 때 해당 사안과 관련된 사람의 범위를 어디까지 정할지 불분명합니다. 환경 문제에 대한 공리주의적 판단을 내릴 때 현세대에만 국한하여 공리를 계산할지 아니면 미래 세대를 포함할지에 따라 공리적 판단이 달라질 수 있습니다.

나) 칸트Immanuel Kant의 의무론

공리주의가 행위의 결과를 중시했다면 칸트의 의무론은 행위의 동기를 중시한다는 점에서 대비됩니다. 칸트는 행위의 옳고 그름을 결정하는 것은 행위의 결과가 아니라 오직 행위를 낳은 최종 동기인 의지, 즉 언제나 선한 '선의지'뿐이라고 주장합니다. 칸트는 무조건적으로 선한 것은 자연의 인과 법칙에 영향을 받지 않는 도덕 법칙 뿐이라고 말합니다. 이런 의미에서 선의지는 도덕 법칙을 따르려는 의지를 뜻합니다.

칸트가 말하는 도덕 법칙은 우리가 자율적으로 결정할 수 있음을 의미합니다. 칸트에게 자유로운 행위 또는 자율적인 행위는 자연 법칙인 인과 법칙을 벗어난 행위입니다. 우리가 목이 말라 물을 마신다면 이는 갈증이라는 욕구에 복종한다는 의미에서 자율적 행위가 아닙니다. 칸트는 욕구, 욕망, 이익, 환경 등 인과 법칙에 근거한 행위를 타율적 행위라고 말합니다. 따라서 칸트는 쾌락이나 행복의 극대화를 지향하는 공리주의는 타율에 근거한 비도덕적 행위라고 비판합니다.

칸트는 인간이 인과 법칙이 지배하는 자연의 세계가 아닌 인과 법칙을 벗어난 도덕과 당위의 세계인 '목적의 왕국'의 구성원이라는 점에서 자율적이며 존엄한 존재라고 평가합니다. 자율적 존재인 인간이 자신에게 부여하는 도덕 법칙은 무엇일까요? 칸트의 의무론에 의하면 도덕 법칙은 먼저 형식적으로 보편화될 수 있어야 합니다. 즉 도덕 법칙은 '네 의지의 준칙이 보편 법칙이 되기를 네가 원할 수 있는 그런 준칙에 따라서만 행위하라'는 명령을 만족해야 합니다. 또한 이러한 보편화 가능성이라는 형식적 조건을 만족하는 원칙은 인간의 존엄성을 존중해야 합니다. 즉 '당신이나 다른 사람들의 인간성을 한갓 수단으로만 대하지 말고 항상 동시에 목적으로 대우하라'는 명령을 만족해야 합니다. 이러한 과정을 통과한 준칙은 도덕 법칙이 될 수 있습니다. 칸트는 예시를 통해 도덕 법칙이 될 수 있는 몇 가지 원칙을 제시합니다. 칸트에 따르면 '살인하지 말라', '거짓말하지 말라'와 같은 원칙은 보편화 가능성과 인간의 존엄성 과정을 통과한 도덕 법칙이 될 수 있습니다.

칸트의 의무론은 인과 법칙을 벗어난 도덕 법칙을 추구하기 때문에 어떠한 상황이나 조건에 좌우되는 도덕이 아닌 무조건적인 도덕 법칙을 제시합니다. 이러한 엄격성은 칸트의 의무론이 갖고 있는 장점인 동시에 비판의 대상이 되기도 합니다. 이타적인 동기에 입각한 선의의 거짓말이 필요한 상황에서도 칸트는 거짓말하지 말라고 주장하는데 이는 현실적이지 못한 논의로 보이기 때문입니다.

다) 덕의 윤리

앞에서 고찰한 공리주의와 칸트의 의무론이 행위 중심 논의라면 덕의 윤리virtue ethics는 행위자 중심의 논의입니다. 덕의 윤리는 어떤 행위가 옳고 그른가보다는 어떤 행위자의 성품이 유덕하고 바람직한가에 더 관심이 있습니다. 덕의 윤리 옹호자에게는 행위자가 살인을 하는가 안 하는가라는 행위 중심 논의보다는 행위자가 누군가를 미워하는가 미워하지 않는가 하는 성품이 더 중요하고 근본적입니다. 때문에 행위자 중심적 논의인 덕의 윤리가 더 근원적 도덕이라고 주장합니다.

덕의 윤리는 아리스토텔레스의 《니코마코스 윤리학》에서 제시됐습니다. 아리스토텔레스에 따르면 인간은 덕virtue을 갖춰야 행복해질 수 있다고 말합니다. 아리스토텔레스는 《니코마코스 윤리학》에서 덕을 과도와 결핍의 중간인 '중용'mean이라고 설명하며, 이러한 중용은 산술적 평균이 아니라 최적의 상태를 의미하기 때문에 오랜 숙고와 훈련이 필요하다고 주장합니다.

용기라는 덕은 비겁과 만용 사이에 있으며 어떤 상황에서는 도망가는 것이 용기일 수 있고 어떤 상황에서는 맞서는 것이 용기일 수 있습니다. 이런 덕의 윤리는 공리주의와 칸트의 의무론이 우세한 근대에는 주목받지 못했습니다. 하지만 20세기 중반에 들어서 현대 사회의 다양한 문제에 대해서 행위 중심 논의가 근본적인 대안을 제시하지 못하자 다시 주목받고 있습니다.

덕의 윤리는 행위의 원천이 되는 행위자에 주목해 그의 성품을 논한다는 점에서 근본적인 도덕입니다. 그러나 과연 무엇이 덕인지 명시하기 어렵고 도덕 상대주의를 허용한다는 점에서 규범의 역할에 충실하지 못하다는 비판에 직면합니다. 행위자의 성품만으로 현대 사회의 다양한 도덕 문제에 대응할 수 있는지에 대한 비판 또한 제기됩니다.

1. 다음 명제 중 참과 거짓을 가려보세요.

① 도덕에 대한 논쟁은 어떠한 해결도 낼 수 없다.

② 모든 가치 판단은 도덕 판단이다.

③ 사실 판단만으로 가치 판단을 도출할 수 있다.

④ 공리주의는 옳고 그른 행위 판단의 기준으로 동기보다는 결과를 중시한다.

⑤ 덕의 윤리는 행위보다 행위자 중심 논의이다.

2. 사실 판단과 가치 판단을 구분하세요.

① 철수가 거짓말을 한 것은 잘못이다.

② 네가 바쁜 와중에도 할머니를 도운 것은 잘했다.

③ 의사들은 생체 실험에 참여하지 말았어야 했다.

④ 민주주의를 위해 독재 타도를 외친 것은 올바르다.

⑤ 철수는 영희에게 거짓말을 했다.

▶▶

3. 다음의 예가 도덕논증인지 아닌지를 판단하고 도덕논증이라면 결론을 찾아
   보세요.

① 살인해서는 안 된다. 임신 중절은 살인이다. 따라서 임신 중절을 해서는 안
   된다.

② 모든 사람은 죽는다. 소크라테스는 사람이다. 따라서 소크라테스는 죽는다.

③ 다른 사람에게 폭력을 행사해서는 안 된다. 그런데 체벌은 다른 사람에게 폭
   력을 행사하는 것이다. 따라서 체벌은 금지되어야 한다.

④ 강아지를 이유 없이 구타하는 것은 학대다. 강아지 학대는 비도덕적이다. 따
   라서 강아지를 이유 없이 구타하는 행위는 금지되어야 한다.

⑤ 말기 환자가 연명 치료로 고통을 받는다면 그 치료는 환자의 이익을 옹호하
   는 행위가 아니다. 따라서 말기 환자의 연명 치료는 금지되어야 한다.

4. 다음 논증 가운데 자연주의적 오류가 있는 논증을 선택하고 이를 타당한 논
   증으로 만들기 위해 추가할 전제를 써보세요. 오류가 없는 논증은 전제를 추
   가할 필요가 없습니다.

   1) 선진국에 살고 있는 사람들은 가난한 나라의 사람들을 위해 해외 원조에 적
      극적으로 참여해야 한다. 아직도 전세계 인구의 약 5분의 1이 빈곤 상태다.
      ① 오류 논증인가?
      ② 오류 논증이라면 추가해야 할 전제는 무엇인가?

2) 어제 신문에 따르면 지역구 국회의원인 철수가 뇌물을 받았다. 따라서 그는 국회의원직을 그만 두어야 한다.
   ① 오류 논증인가?
   ② 오류 논증이라면 추가해야 할 전제는 무엇인가?

3) 그들이 위험에 처해서 우리에게 도움을 요청했다. 우리는 당연히 그들을 도와주어야만 했다.
   ① 오류 논증인가?
   ② 오류 논증이라면 추가해야 할 전제는 무엇인가?

4) 사형제는 강제로 다른 사람의 목숨을 뺏는 행위이다. 다른 사람의 목숨을 뺏는 어떤 행위도 해서는 안 된다. 따라서 사형제는 폐지되어야 한다.
   ① 오류 논증인가?
   ② 오류 논증이라면 추가해야 할 전제는 무엇인가?

5. 다음 도덕논증에서 암시된 도덕 원리를 보충해 보세요.

① 그들이 위험에 처해서 우리에게 도움을 요청했다. 우리는 당연히 그들을 도와주어야 했다.

② 사형 제도는 강제로 다른 사람의 목숨을 뺏는 행위이다. 다른 사람의 목숨을 뺏는 어떤 행위도 해서는 안 된다. 따라서 사형 제도는 폐지되어야 한다.

③ 인간 복제는 도덕적으로 나쁜 행위이다. 인간 복제는 자연의 섭리를 위배하는 행위이기 때문이다.

더 깊은 토론을 위한 참고 자료

★ 데이비드 흄 지음, 이준호 옮김, 《인간 본성에 관한 논고 3: 도덕에 관하여》, 서광사, 2008

《A Treatise of Human Nature》은 데이비드 흄(1711~1776)이 20대에 쓴 첫 저서로, 1738년 말부터 1740년까지 총 세 권으로 출판됐습니다. 세 권 모두 국내에 번역되어 출간됐습니다. 인용문에 사용한 부분은 3권인 《A Treatise of Human Nature, Book Ⅲ: Of Morals》를 직접 번역한 글입니다. 흄은 영국 스코틀랜드 출신의 철학자, 역사학자, 경제학자입니다. 당시 영국의 경험주의를 완성시켰다고 평가받았으며 애덤 스미스(Adam Smith)와 함께 스코틀랜드 계몽주의를 대표하는 인물입니다. 흄의 《인간 본성에 관한 논고》는 '1부 오성에 대해서', '2부 정념에 대해서', '3부 도덕에 대해서'로 구성됩니다. 흄은 이 저서에서 경험적론 방법을 통해 과거 인식론의 토대로 간주되는 이성을 비판하여 인과의 객관성을 부정하고 인간 정신의 다른 측면인 정념의 가치를 재고하였으며, 이를 통해 도덕의 토대를 제시하고자 했습니다.

DISCUSSION CLASS

고전을 읽고 사유하여
논리적으로 글쓰기

토론 준비, 이렇게 합니다.

수업을 시작하며

이 장에서는 고전을 비판적으로 읽은 것을 바탕으로 자신의 주장을 제시하는 글을 쓰는 과정을 살펴보도록 하겠습니다. 이 장에서는 글쓰기의 기술적이나 형식적인 부분을 설명하기 보다는, 다른 사람의 글을 비판적으로 읽고 이를 바탕으로 자신의 생각을 글로 제시하는 과정을 단계별로 밟아보도록 하겠습니다.

비판적 사고 능력은 사고를 표현하는 힘 또는 표현된 사고를 제대로 읽어내는 힘에 있습니다. 그러므로 비판적 사고 능력을 잘 발휘하려면 그 사고를 말과 글의 형태로 논리적으로 표현할 수 있어야 할 것입니다. 그리고 사고를 말과 글의 형태로 논리적으로 표현하려면 논증의 형식을 갖추어 표현하는 것이 효과적입니다. 다시 말해 내가 가진 전제들을 연역논증이나 귀납논증의 형태로 재구성하고 그 결론으로서 주장을 제시하는 것이 좋습니다. 따라서 나의 생각을 글로 쓴다는 것은 참인 사실, 내가 받아들인 전제들을 논리적으로 구성한 과정, 여기에서 도출된 결론을 제시하는 것입니다. 그리고 이 때 가장 중요한 것은 읽는 사람들을 고려하는 것입니다.

일기는 나를 위한 글이기 때문에 나 혼자 이해하면 충분합니다. 하지만 논리적 글의 경우 나의 생각을 다른 사람들에게 설득력 있게 제시하는 것이 목적입니다. 설득은 감정적으로 호소하는 것을 의미하지 않습니다. 참인 명제로 이루어진 논증의 힘으로 설득합니다. 따라서 내 글을 읽는 사람이 내 생각을 잘 이해할 수 있도록 글을 써야 합니다. 또한 내가 주장하고자 하는 결론도 중요하지만 그 결론에 도달하게 된 과정으로서의 논증을 정확하게 보여주는 것이 중요합니다.

어느 누구도 아무 재료도 없이 글을 써 내려갈 수는 없습니다. 자신의 생각을 쓴다고 하지만 머리 속의 생각은 무에서부터 창조된 것은 아닙니다. 무엇인가 듣고 읽고 배운 것들을 재료로 하여 전제로 삼습니다. 따라서 글을 잘 쓰기 위해서는 먼저 다른 사람의 생각이 담긴 글을 잘 이해하거나 말을 잘 듣는 것이 중요합니다. 특히 이 책은 읽은 다음 쓰고 토론하는 것의 중요성을 강조합니다. 따라서 다른 사람의 글을 잘 읽고 분석하고 이해한 후, 그 글에 대한 내 생각을 쓰는 것을 연습할 필요가 있습니다.

다른 사람의 글과 연결해서 내 생각을 담은 글을 쓸 때 주의해야 할 것이 몇 가지 있습니다. 우선 다른 사람의 글을 내 주장의 근거로 이용하기 위해서만 읽어서는 안된다는 것입니다. 내 주장과 비슷한 다른 사람의 글을 여럿 모아 제시한다고 좋은 글이 되는 것은 아닙니다. 내 글이 설득력이 있기 위해서는 물론 내 입장을 지지해주는 다른 사람들의 의견도 필요합니다. 하지만 오히려 나와 반대 입장에 있는 사람의 글을 비판적으로 검토하면서 상대 주장의 약점을 보임으로 내 입장을 설득력 있게 만드는 것도 가능합니다. 이를 위해서는 물론 상대의 글을 잘 이해하는 것이 중요합니다. 특히 내 입장과 비슷한 글만을 모아 제시하는 방식으로 글을 쓰는 경우, 나에게 도움이 되는 것을 찾는 과정에서 상대의 글을 오히려 잘못 이해하거나 왜곡하는 오류를 저지를 수도 있습니다. 입증자료를 잘못 제시하거나, 성급한 일반화의 오류를 저지르거나, 편향된 자료로부터 비롯하는 오류를 저지르거나 잘못된 권위에 호소하는 오류를 저지를 가능성도 크겠지요. 따라서 글을 쓰기 위해 다양한 문헌을 읽고 조사해야겠지만 그 과정에서 비판적 사고 능력을 발휘해야 합니다. 비판적으로 읽을 때 신뢰할만한 글과 자료인지를 검토할 수 있지요.

관련해서 또 한 가지 주의해야 할 것이 있습니다. 읽은 글의 결론에만 초점을 맞춘 나머지 논증 과정을 놓쳐서는 안 된다는 사실입니다. 소위 '자비의 원리'를 적용하여 내 결론이 전제와 논증으로부터 도출된 것처럼 다른 사람의 글 또한 마찬가지일 것이라고 전제해야 합니다. 그럼에도 불구하고 결론이 나와 다르다고 한다면, 그 글의 전제와 논증에 부족한 점이 있어서일지도 모릅니다. 아니면 내 주장의 전제와 논증에 문제가 있을 수도 있겠지요. 먼저 상대가 틀렸다고 전제해서는 안됩니다. 이 책 맨 앞에 있는 '들어가는 글'에서 이야기했듯 인간은 누구든 완전한 진리를 모두 파악하는 것은 불가능한 한계가 있는 존재입니다. 따라서 상대의 글을 최대한 존중하면서 읽되 주장의 정당성을 비판적으로 검토하는 것이 필요합니다. 비판은 상대 주장의 전제를 향할 수도 있고, 연역논증이 타당한지 혹은 귀납논증이 충분히 강한지 등에 대한 것일 수도 있습니다. 결론이 다르기 때문에 마음에 들지 않는다고 생각하는 것은 비판이 아닙니다. 비판은 상대 또한 나만큼이나 논리적으로 사유할 수 있음에도 불구하고 왜 다른 결론이 도출되었을까를 궁금해 하면서 최대한 상대의 입장을 존중하는 것입니다.

이 책의 앞 부분에서 연역과 귀납논증을 배웠던 것은 다른 사람의 글이나 말의 논증 구성을 점검하는 능력을 키우고 나 또한 좋은 논증을 제시하기 위해서입니다. 도덕논증을 배운 것은 논증 구성 뿐 아니라 전제를 검토하기 위함이었습니다. 이 점을 잘 기억하면서 다른 사람의 글을 비판적으로 읽고, 이에 대해서 글을 쓰는 과정을 살펴보도록 합시다.

다음은 독일의 철학자 임마누엘 칸트가 쓴 《윤리형이상학 정초》의 3절의 1항과 2항입니다. 좀 어려운 내용일 수 있지만 차근차근 읽어 보면서 칸트의 전제와 논증을 비판적으로 검토해 봅시다. 그리고 칸트의 주장에 대한 내 입장을 제시하는 글을 써보도록 하겠습니다. 비판적으로 읽는다는 것은 칸트가 틀렸다고 비판하라는 의미가 아닙니다. 칸트의 글을 검토하면서 장점은 인정하면서도 전제의 정당성, 논증의 타당성을 살펴보면서 한계가 있다면 이 점을 비판하여 내 생각을 글로 써보도록 합시다.

3절 1항: 자유 개념은 의지의 자율을 설명하는 열쇠이다

의지는 생물이 이성적인 한에서 가지는 일종의 원인성이다. 이 원인성이 생물을 결정하는 외부 원인에 독립해서 작용할 수 있을 때 갖는 속성이 자유이다. 마찬가지로 자연필연성은 외부 원인의 영향으로 활동하도록 결정된, 이성이 없는 존재자들의 원인성의 특성이다.

이러한 자유에 대한 설명은 소극적이어서 자유의 본질을 통찰하는 데 비생산적이다. 그러나 이 소극적 설명에서 적극적 개념, 즉 더 내용이 풍부하고 생산적인 개념이 도출될 수 있다. 원인성의 개념은 법칙의 개념을 수반하며, 이 법칙에 따라서 우리가 원인이라고 부르는 것에서 결과가 정립되어야 한다. 그렇기 때문에 자유는 자연법칙을 따르지는 않으나 무법칙적이지도 않다. 오히려 그것은 특별한 종류의 불변적 법칙에 따르는 원인성임이 분명하다. 왜냐하면 그렇지 않으면 자유의지라는 것은 아무것도 아닌 게 될 것이기 때문이다. 자연필연성은 타율적인 작용인이다. 왜냐하면 자연필연성의 경우 각각의 작용 결과는 '다른 어떤 것이 작용인을 원인으로 결정한다'는 법칙에 따라서만 가능하기 때문이다. 그러므로 결국 의지의 자유는 자율 즉 자기에게 법칙인 의지의 성질일 수밖에 없다. 그렇지만 '의지는 모든 행위에서 스스로에게 법칙'이 된다는 명제는 '보편적 법칙이 될 수 있는 준칙만을 따른다'는 원리를 나타낼 뿐이다. 그런데 이것이 정언명령의 정식이자 도덕성의 원리이다. 따라서 자유의지와 도덕 법칙 아래에 있는 의지는 동일한 것이다.

그러므로 의지의 자유가 전제된다면, 도덕성과 그 원리는 의지의 자유 개념을 분석하면 뒤따라 나오는 것이다. (중략)

제3절 2항: 자유는 모든 이성적 존재자의 의지가 가진 속성으로 전제되어야 한다.

만약 우리가 이성적 존재자 모두에게 자유를 부여할 충분한 근거를 갖고 있지 못하다면, 우리가 우리의 의지에 자유를 귀속시키는 것도 충분한 근거가 없다. 도덕성은 오직 이성적 존재자를 위한 것으로 우리에게만 법칙이 되는 것이어서, 모든 이성적 존재자에게도 타당해야 하고, 도덕성은 오로지 자유의 속성에서만 도출되는 것이므로 자유 또한 모든 이성적 존재자가 지닌 속성임이 증명되어야 한다. 인간 본성에 관한 경험이라고 여겨지는 것들에서는 자유를 충분히 규명할 수 없다. (물론 이런 일은 단적으로 불가능하며, 자유는 오로지 선험적으로만 밝혀질 수 있다.) 오히려 우리는 자유가 이성적이면서도 의지를 가진 존재자 일반의 활동에 속하는 것임을 증명해야 한다. 이제 나는 말한다: 자유의 이념 하에서만 행위할 수 있는 존재자는 바로 그 때문에 실천적 관점에서 볼 때 정말로 자유롭다. 다시 말해 그런 존재자에게는 자유와 불가분하게 결합된 법칙들(즉 도덕 법칙)이 타당하다. 마치 이러한 존재자의 의지가 그 자체로도 그리고 이론적으로도 자유롭다고 선언된 것인 양 말이다. 이제 나는 주장한다: 우리는 의지를 지닌 각 이성적 존재자에게 자유라는 이념을 부여하지 않을 수 없다. 오직 이 이념 아래서만 이성적 존재자가 행위를 할 수 있다. 왜냐하면 우리는 이성적 존재자에게서 실천이성을, 즉 자기의 대상에 대해 원인이 되는 그런 이성을 생각하기 때문이다. (중략)

칸트의 글이 너무 어렵다고 겁내지 마세요. 원래 글을 좀 딱딱하게 쓰는 저자입니다. 배경을 조금 설명하면서 시작하지요. 칸트는 《윤리형이상학 정초》 3절에서 도덕 법칙을 정당화하려 합니다. 그리고 《윤리형이상학 정초》 3절 1항에서는 의지의 자유가 전제되면 도덕 법칙을 도출할 수 있다는 것을 논증하려 합니다. 이어 2항에서는 의지가 자유롭다고 전제해야 한다는 것을 보이려 합니다. 이런 배경을 염두에 두면서 칸트의 논증이 성공적인지 따져보도록 합시다. 칸트의 《윤리형이상학 정초》 3절 1항의 논증은 다음처럼 정리할 수 있습니다.

① 의지는 일종의 원인성이고, 원인성은 어떤 법칙에 따라 결정된다.
② 자유로운 의지는 어떤 법칙에 따라 결정된다. (1에 의해)
③ 자연법칙에 의해 결정되는 것은 자유롭지 않은 것이므로, 자유로운 의지는 자연법칙에 의해 결정되지 않는다.
④ 그런데 의지의 외부에서 주어지는 법칙은 모두 자연법칙이다. (숨은 전제)
⑤ 그러므로 자유로운 의지가 따르는 법칙은 자신이 부여하는 법칙뿐이다.
⑥ 이 법칙은 도덕 법칙이다. (여기에 인용하지는 않았지만 칸트가 2절에서 논증했습니다)
⑦ 따라서 자유로운 의지와 도덕 법칙을 따르는 의지는 같은 의지이다.

의지는 어떤 사태를 일으킨다는 점에서 원인입니다. 내가 팔을 들고자 하는 의지를 가지고 움직이면 팔이 올라갑니다. 근육과 뼈가 움직이는 결과가 나오도록 하는 것이 원인입니다. 원인과 결과는 항상 특정한 법칙에 따라서 연결됩니다. 의지도 원인인 한에서 법칙에 따라서 작동할 것입니다. 그런데 의지가 따르는 법칙은 자연이 따르는 법칙과는 다른 듯합니다. 물리적인 것들로 이루어진 자연에서는 선행하는 사건이 원인이 되어서 결과가 일어나는 자연법칙에 따릅니다. 그렇다고 한다면 내 팔이 올라가는 사건은 이전의 물리적인 사건이 원인으로서 일어난 것입니다. 그런데 의지는 자유로워야 한다는 것이 칸트의 생각입니다. 다시 말해 선행하는 사건에 의해서 의지가 결정되지 않는다는 것입니다. 그러면 자유로운 의지가 따르는 법칙은 자연법칙과는 다른 법칙이어야 합니다. 외부에서 의지에게 주어지는 법칙은 모두 물리적인 인과 관계에 의존하므로 그런 법칙에 따라서는 의지가 자유로울 수 없습니다. 따라서 자유로운 의지는 외부가 아니라 내부에서 만들어져야 합니다. 다른 무엇인가가 만들어주는 것이 아니라 스스로 세운 법칙에 따라야 하고 그래야 의지는 자유로울 수 있습니다.

칸트의 논증은 형식적인 면에서는 타당해 보입니다. 칸트의 논증에서 사용하는 중요한 전제가 네 번째 것입니다. 의지의 외부에서 주어지는 모든 법칙은 자연법칙이라는 것입니다. 칸트는 의지가 자유로워야 하는데 외부로부터 부여되는 법칙은 의지가 자유롭게 하지 못한다는 점을 우려합니다. 그래서 외부로부터의 자연 법칙은 모두 제외하므로 의지가 따르는 법칙은 오직 자기 자신이 수립한 것뿐입니다. 스스로 법칙을 세워 따르는 것이 자율自律이고, 따라서 자유로운 의지는 자율적인 의지라고 주장합니다. 인용하지는 않았지만 2절에서 자율적인 의지의 원리가 도덕 법칙이라고 논증했으므로, 자율적인 의지는 자연 법칙이 아니라 도덕 법칙을 따릅니다. 따라서 자유로운 의지와 도덕 법칙을 따르는 자율적인 의지는 같다는 것이 칸트의 주장입니다.

칸트는 이 논증을 통해서 인간이 도덕 법칙을 따르는 것은 의지의 자유 때문에 자연 법칙을 따르지 않을 수 있다고 결론을 내립니다. 그런데 칸트가 사용한 4번, 즉 숨은 전제는 의지의 내부와 외부를 구분하고, 외부는 물리적인 인과 법칙을 따르지만 내부는 그렇지 않아야 한다는 생각에 근거합니다. 그래야 의지가 자유로울 수 있을 테니까요. 하지만 의지의 내부는 어떻게 자연 법칙을 따르지 않을 수 있을까요? 모든 물리적인 것들은 자연 법칙을 따라야 하는데, 의지가 자유로울 수 있다는 것은, 결국 칸트는 의지가 물리적인 것이 아니라고 주장하는 것입니다. 그러나 칸트는 의지가 왜 물리법칙으로부터 자유로운 비물리적인 것인지는 보여주지 않습니다. 단지 의지는 자유로워야 하고, 의지가 자유로워야 인간이 도덕 법칙을 따르는 자율적 존재가 될 수 있을 것이라고 생각합니다. 따라서 의지는 자연 법칙이 아닌 스스로 만드는 도덕 법칙을 따라야만 한다고 주장하는 것입니다. 이는 일종의 선결문제 요구의 오류라고도 볼 수 있습니다. 칸트는 인간이 도덕적 존재여야만 한다고 생각하고, 인간이 도덕적이기 위해서는 의지가 자연 세계에 속하지 않아야 한다고 전제하고 있는 것입니다. 그런데 사실 인간이 도덕 법칙에 따르는 존재라는 점을 보이는 것이 칸트의 목표입니다. 이 목표를 달성하기 위해서는 의지는 왜 외부로부터의 자연법칙을 따르지 않을 수 있는지를 증명해야 합니다. 물리적 세계의 인과 법칙으로부터 의지가 자유롭다는 것은 어떤 식으로는 의지가 비물리적이라는 점을 보여야 하는데, 칸트는 이 점을 간과하고 있는 것이죠. 그래서 칸트는 3절 2항에서 자유는 이성적 존재자의 의지가 가진 속성으로 전제한다고 주장합니다. "우리는 의지를 지닌 각 이성적 존재자에게 자유라는 이념을 부여하지 않을 수 없다." 하지만 인간이 자유롭다는 것은 전제할 것이 아니라 증명해야 할 내용입니다. 인간의 자유가 입증되지 않으면 인간이 자연법칙에 종속되지 않고 스스로 부여하는 법칙인 도덕 법칙을 따른다고 주장할 수 없을지도 모릅니다.

현대 과학의 발전은 인간의 마음에서 일어나는 모든 일을 물리적인 작용으로 설명하고자 합니다. 인간의 정신적인 사건은 신체에 의존해서 결정된다는 것입니다. 뇌과학의 발전은 이런 입장을 강화합니다. 뇌의 작용을 잘 분석하면 인간의 마음에서 일어나는 모든 사건을 설명할 수 있을 것이라고 기대하는 것이죠. 그런데 인간의 신체는 자연법칙에 종속되고, 인간의 마음에서 일어나는 사건이 신체에 종속한다면 인간의 마음도 자연법칙을 따를 것입니다. 그러면 자유로운 의지는 외부의 자연법칙을 따르지 않는다는 칸트의 주장을 힘을 잃을 수밖에 없습니다. 그러면 인간의 의지마저도 자연 법칙의 인과 법칙에 따라서 결정되어 있는 것이기에 자유롭다고 할 수 없습니다.

그런데 왜 칸트는 인간이 자유롭다고 생각했을까요? 여러 가지 이유가 있겠지만, 그 중 하나는 책임의 문제 때문일 것입니다. 법을 지키지 않은 사람에 대해서는 처벌을 합니다. 도덕적이지 않은 사람에게는 책망을 하죠. 법과 도덕이 없으면 인간이 함께 사회 안에서 공존하는 것은 불가능할 것입니다. 모두가 잘 사는 질서 있는 공동체 유지를 위해 처벌이나 책망 그리고 칭찬은 필수적입니다. 그런데 특정한 사람의 행위에 대해 칭찬이나 책망, 혹은 처벌을 하기 위해서는, 그 사람의 행위에 대한 책임을 물을 수 있어야 합니다. 그런데 인간이 자연법칙에만 종속한다면, 모든 행위는 선행하는 원인으로부터 비롯하는 것이기에 특정한 사람이 원인일 수 없습니다. 그 사람의 모든 행위는 그 사람 이전에 있었던 사건들이 원인이므로 그 사람에게는 어떤 책임도 물을 수 없겠죠. 그렇다면 인간 사회에서의 법과 도덕이란 있을 수 없습니다. 각 사람들이 어떤 행동을 하더라도 그 책임은 선행하는 다른 사건에 있기 때문에 처벌도 책망도 불가능합니다. 그래서라도 인간은 자유로워야 할지도 모릅니다. 인간의 마음의 현상이 모두 신체에 종속된다고 생각하는 물리주의자들은 이 문제에 대해 쉽게 답하지 못합니다.

의지를 비롯한 인간의 심리적 사건이 신체에 종속하기 때문에 자유롭지 않더라도 책임을 묻는 방법은 없을까요? 과거에는 올림픽 양궁 경기를 치르는 동안, 과녁의 한 가운데인 10점 원 한 복판에 작은 카메라를 달아두고 중계를 하곤 했습니다. 화살이 과녁으로 날아오는 모습을 생생하게 보여줄 수 있었지요. 우리나라 양궁 선수들의 탁월성은 매우 유명합니다. 단지 10점을 맞추는 것이 아니라, 10점 원 안의 작은 카메라 렌즈를 정확히 맞추곤 했습니다. 그러다보니 천만 원이 넘는 카메라를 화살로 맞추어서 부수는 일이 종종 벌어졌습니다. 시청자 입장에서는 양궁 선수들이 정확히 과녁을 맞추는 모습을 실감나게 볼 수 있어서 좋지만 방송국 입장에서는 손해가 컸지요. 그래서 요즘은 과녁 가운데에 카메라를 달지 않습니다.

양궁 선수가 쏜 화살이 카메라를 맞혔을 때 카메라를 부순 것은 무엇인가요? 카메라가 부서지기 위해서 화살이 날아와야 하고, 화살은 팽팽히 당겨진 활의 힘 때문에 날아올 수 있었습니다. 양궁 선수의 힘 때문에 활은 팽팽히 당겨질 수 있었지요. 이렇게 카메라가 부서진 원인은 계속해서 추적할 수 있습니다. 그럼에도 불구하고 누군가가 '카메라를 부순 것은 무엇이지?'라고 묻는다면 우리는 '화살이 부수었지'라고 대답할 것입니다. 하지만 한국 양궁 선수를 응원하는 입장에서는 '양궁 선수의 탁월한 기술이 부수었다'고 대답할지도 모릅니다. 인과의 연쇄 안에 속해있는 화살, 활, 근육, 시각, 판단력 등등 모두가 카메라를 부수는 원인입니다. 이 과정에 있는 모든 것들은 어떤 점에서는 카메라가 부서지게 된 책임을 진다고 할 수 있습니다. 그렇다면 화살도, 활도, 근육도 자유롭지 않았지만 책임을 묻는 것은 가능할 수 있습니다. 고대 그리스의 아리스토텔레스는 외부의 요인 때문에 사건이 일어난다고 하더라도 최종적인 결과 사이에 관여한 모든 것들에게 어떤 책임을 묻는 것이 가능하므로, 인간에게 책임을 묻는 것은 가능하다고 봅니다. 그렇다면 칸트처럼 꼭 자유로운 의지를 전제하지 않더라도 도덕과 법을 정당화하는 것은 가능할 수도 있습니다.

　이제 글을 써보도록 합시다. 논리적으로 내 생각을 주장하는 글은 서론, 본론, 결론의 형식을 갖추고 있어야 합니다. 그리고 각 부분은 다음과 같은 내용을 포함해야 합니다. 서론, 본론, 결론의 형식과 각각의 내용이 무엇인지는 다음과 같이 도식적으로 정리해볼 수 있습니다. 하지만 다음의 내용을 무조건 따라야 하는 것은 아닙니다. 주제와 내용에 따라서 형식은 바뀔 수 있습니다. 일반적으로 다음의 형식을 갖추어 쓰는 것이 글 쓰는데 도움이 된다고 제안할 뿐입니다. 하나의 가이드 라인으로만 참고하시면 됩니다.

1. 서론 - 문제의식을 밝힘
이 논의가 왜 필요한가(왜 중요한가)
주장하고자 하는 바는 무엇인가

2. 본론 - 주장에 대한 논증
① 검토하고자 하는 논의에 대한 설명(문제의식과 관련해서 기존에 어떤 논의가 이루어져 왔는가, 어떤 전제 위에서 논의되어 왔는가)
② 검토하고자 하는 논의의 핵심 주장에 대한 이해(논증으로 재구성)
③ 문제제기(검토하고자 하는 논의가 기대고 있는 전제에 대한 비판적 검토, 전제를 받아들일 때 따라나오는 결론이 설득력이 있는지 검토) → 전제가 함축하는 바의 의미를 추론, 일반적인 상식 또는 배경지식과 정합적인지

검토(배경지식은 참고문헌을 통해 제시)

④ 가능한 대안 검토(대안으로 제시하고자 하는 입장에 대한 비판적 검토) →
전제가 함축하는 바의 의미를 추론, 일반적인 상식 또는 배경지식
과 정합적인지 검토(배경지식은 참고문헌을 통해 제시)

⑤ 양극단의 입장 사이에서 본인이 취하고자 하는 입장이 어떤 점에
서 설득력 있는지 논증 → 참고문헌을 활용하여 주장을 정당화

3. 결론 - 본론에서 검토한 논의를 요약하고 자신의 주장이 갖는 의
의를 밝힘

위의 가이드라인에 맞추어 칸트의 글에 대한 비판적 분석을 통한 글
의 사례를 아래에 소개하겠습니다. 칸트의《윤리형이상학 정초》의 전
제를 비판적으로 검토하고, 이에 대한 물리주의적 대안을 제시합니다.
하지만 물리주의 또한 문제가 있기 때문에 양쪽 입장 사이에서 새로운
대안을 찾는 과정을 쓴 것입니다. 서론에서는 우리가 지난 장에서 배웠
던 도덕논증이 왜 필요하며 어떻게 가능한지를 제시합니다. 본문에서
는 칸트의《윤리형이상학 정초》를 분석하여 먼저 칸트의 입장을 최대
한 납득 가능한 방식으로 설명을 합니다. 칸트 논증의 장점을 잘 보여
주는 것도 중요합니다. 그 다음 칸트가 가지고 있는 전제에 대한 문제
를 제기하고, 가능한 대안으로서의 물리주의를 제시합니다. 하지만 물
리주의가 갖는 문제, 즉 도덕논증의 불가능성이라는 한계를 보여준 다
음, 아리스토텔레스를 이용하여 양 극단 사이에서 새로운 대안을 자신
의 생각으로서 제시하는 방법으로 본문을 구성합니다. 결론에서는 새
로운 대안의 의의를 제시하면서도 자신의 입장에 대한 비판적 검토를

바탕으로 한계도 인정하면서 글을 마무리합니다.

칸트도, 아리스토텔레스도, 물리주의자도 완벽한 논증을 제시하지는 못합니다. 만약 어느 누구의 의견이 진리라고 한다면 다른 사람은 완전히 틀린 주장을 하고 있는 것입니다. 하지만 각 사람들 모두 나름의 설득력이 있고 약점이 있습니다. 좋은 글은 자신의 한계를 인정하면서도 최대한 좋은 논증으로 자신의 주장을 정당화하는 것입니다. 그런 점에서 칸트는 최선을 다해 설득력 있게 자신의 입장을 제시했고, 물리주의자나 아리스토텔레스도 설득력이 있습니다. 그 어떤 사람의 생각이라도 완전한 진리일 수 없다는 점을 인정하면서 글을 쓰는 것이 중요합니다.

다음의 글이 가장 좋은 모범이기 때문에 무조건 따라야 하는 것으로 소개하는 것은 아닙니다. 하지만 결론에 동의하지 않는 글의 논증을 호의적이면서도 비판적으로 검토하고, 대안을 제시하지만 대안의 한계 또한 인지하면서 입장을 좁혀가는 과정을 보여주는 사례로서의 글입니다. 이 책의 '들어가는 글'에서 설명했던 지혜를 찾기 위해 상대와 자신의 전제와 논증을 검토하는 과정을 보여주는 사례라고 할 수 있습니다. 2부에서 여러 주제와 관련한 고전 글을 읽으면서 여러분의 생각을 다음의 글처럼 정리해보시기 바랍니다.

(다음 글의 [서론] 등이나 ① 등의 표시는 위에 제시한 서론-본론-결론에 포함되어야 하는 내용과 대응하는 부분이 어디인지를 알기 쉽게 하기 위해 넣어둔 것입니다. 일반적인 글에서는 그런 표시를 하지 않습니다.)

칸트 의무론에서 도덕논증을 가능케 하는 조건

도덕논증의 가장 중요한 특징 중 하나는, 도덕적 가치 판단을 전제로 삼는다는 것이다. 가치 판단은 필연적인 참이나 거짓을 구분할 수 있는 것이 아니기 때문에, 대화자 사이에 동의가 될 때에 특정 가치 판단을 전제로 삼아서 도덕 판단을 수행할 수 있다. 따라서 도덕논증에서 사용하는 도덕적 가치 판단이 담긴 전제를 수용할 수 있는지의 여부는, 나와 생각이 일치하지 않는 사람들과 도덕, 윤리적인 문제에서 합의를 이끌어내는 데에 중요한 역할을 한다. 이 글에서는 도덕논증을 이용하는 칸트의 의무론의 전제는 무엇이며, 이 전제가 받아들여질 수 있는 것인지에 대해서 비판적으로 검토해볼 것이다. 이를 통해 결론적으로 칸트의 의무론이 일종의 선결문제요구의 오류를 저지른다고 하더라도 사회 구성원 사이에서 동의되는 최소한의 전제로 구성하는 도덕논증의 가능성이 있다고 주장할 것이다.

[본론]

① 도덕논증에서 대전제로 사용하는 원리는 많은 사람들이 대부분 수용하는 일반적 도덕 원리이거나, 혹은 특정한 도덕 이론을 근거로 한 것이다. 대부분 수용하는 일반적 도덕 원리조차도 모든 사람의 동의를 필연적으로 이끌어낼 수 없는 것이기에, 특정한 도덕 이론의 경우 각 이론을 주장하는 사람들 사이에서 입장은 달라질 수 있다. 따라서 특정

도덕 이론에서 비롯하는 원리를 도덕논증에서 사용하기 위해서는, 그 도덕 이론을 사용하여 도덕논증을 통해서 특정한 도덕 판단을 내리고자 하는 사람이 자신의 도덕 이론을 정당화하고 설득력 있게 제시할 수 있어야 한다. 내 주장을 듣는 사람이 내가 사용하는 도덕 이론의 전제를 대전제로 받아들여야, 같은 도덕논증을 통해 특정 사안에 대해 동일하거나 비슷한 도덕 판단을 내릴 수 있다.

도덕 이론 중, 행위의 동기 부분을 중요하게 여기는 것은 의무론이다. 특히 칸트는 행위의 결과가 아니라 행위를 하게 했던 동기인 '선의지'가 행위의 옳고 그름을 판단하는 근거라고 주장한다. 자연의 세계가 아니라 인간의 고유한 세계, 즉 도덕과 당위의 세계의 법칙만이 무조건적으로 선한 것이라고 생각하는 칸트는, 행위의 동기로서의 선의지란 이런 도덕 법칙을 따르려는 의지를 말한다고 주장한다. 칸트에 따르면 도덕 법칙은 자연의 인과 법칙에 따르는 것이 아니다. 왜냐하면 욕망과 욕구 등에 따르는 인간의 행위는, 자연에 속하는 대상들에 의존한다는 점에서 자율적으로 행하는 것이 아니고, 다른 것에 종속되는 것이다. 따라서 욕구 등의 만족으로 행위를 정당화하는 입장은 목적의 왕국 구성원인 인간이 자연에 결국 종속되는 것이고 결과적으로 비도덕적이라고 주장한다. 자유로운 내가 자신에게 스스로 부여하는 도덕 법칙을 따를 때에야 인간은 자율적인 존재로서 자유로울 수 있다고 주장한다.

② 그런데 칸트의 주장에 있어서 가장 핵심적인 전제는 인간은 자유로운 존재라는 것이다. 인과법칙이 지배하는 자연에 인간은 속하지 않는다는 의미는, 인과의 사슬 안에서는 확보할 수 없는 자유를 인간이 누

리고 있다는 사실을 전제한다는 것이다. 칸트는 자기 스스로에게 도덕 규범을 부과하는 자율은, 이 자유를 전제해야 필연적으로 따라 나온다고 주장한다. 그런 점에서 인간의 자유는 칸트에게 자명하다. 그리고 의무론이라는 도덕 이론을 대전제로 사용하기 위해서는, '인간은 자유로운 존재이다'라는 명제가 전제되어야 한다.

칸트는 인간이 이성적 존재라는 사실이 자연의 세계로부터 인간을 구분할 수 있다고 본다. 칸트는 이성적이기 위해서는 자신의 행위를 이성에 의해 규정될 수 있는 것으로 생각해야 한다고 본다. 이성적인 행위자는 외부세계의 어떤 작용에 의해서도 강요되지 않고, 스스로 자신의 원리에 따라 증거를 모으고 평가하여 판단을 내리는 사람이다. 즉 이성적 행위자는 자신을 자유롭고 자율적인 인식의 주체로 여기고, 자기 자신의 이성에서 유래한 규칙에 따라 판단을 내리는 존재로 여긴다. 그런 점에서 이성적인 행위자는 외부의 영향으로부터 자신이 자유로울 뿐 아니라, 자신의 의지 법칙에 의해 규정되는 적극적 의미에서의 자유로운 존재로도 여긴다. 그런 점에서 칸트는 인간의 자유란 이성적인 행위자라는 개념과 필연적으로 연결되어 있다고 본다.

③ 그런데 칸트는 이 전제에 대해 설명할 수 있는 근거를 가지고 있지 않기 때문에 설명을 정확하게 제시하지 않는다. 《윤리형이상학 정초》에서 칸트는 자유라는 전제가 어떻게 가능한지에 대해서는 인간의 이성으로 통찰하는 것이 불가능하다는 것을 인정한다. 칸트는 이런 분석이 우리에게 적용된다는 점을 보이면서 문제가 해결될 수 있다고 생각한 것 같지만, 우리 자신이 자유롭다는 직관 자체도 입증된 것은 아니

기에 칸트는 선결문제 요구의 오류를 저지른 것으로 보인다.

사실 칸트에 대한 더 강력한 반론은, 인간이 정말 칸트가 생각하는 존재이기는 하는가에 의문을 갖는 사람들에게서 제시된다. 칸트는 인간이 이성적인 존재라는 사실이 인간의 자유와 연결되어 있다고 주장한다. 그런데 인간의 이성이 어디에서 어떻게 작용하는가? 인간은 물리적인 몸으로 구성되어 있다. 물리적인 몸은 자연에 종속하기에 인과법칙에 필연적으로 따를 수 밖에 없다. 이성이라는 칸트가 보기에 인간의 고유한 능력은 물리적으로 파악 가능한 인간의 뇌를 비롯한 몸의 작용으로 설명을 할 수 있다. 따라서 인간의 이성이라는 것은 칸트가 생각하는 것처럼 자연으로부터 독립되어 있는 것일 수 없고 오히려 자연의 작용에 종속적이다. 인간을 물리적인 몸으로 규정하는 것이 가능하다면 물리적인 존재인 한 인간은 자연의 인과법칙으로부터 벗어날 수 없다. 아무리 뇌가 나의 것이라고 하더라도, 물리적 존재로서의 나의 뇌는 목적의 왕국이 아닌 자연의 세계에 속한다. 실제로 어떤 생리학자는 연구를 통해, 내가 어떤 결정을 내렸다는 사실을 인식하는 상황과, 실제 그 결정이 내려지도록 하는 뇌의 활동이 일어난 시간 사이에는 약 500 밀리 세컨드 정도의 시간 차이가 있다는 사실을 발견하였다.[1]

인간의 자유로운 결정이라는 활동을 했다는 사실을 의식하기 이전에 물리적인 뇌에서는 이미 그 결정을 내리는 인과 작용이 일어났다는 것

---

1   Benjamin Libet, *Mind Time: The Temporal Factor in Consciousness*, Harvard University Press, 2005, p. 32

이다. 그런 점에서 인간의 자유로운 결정은 사실 선행하는 자연의 인과 작용에 의존하고 있는 것으로 보인다. 뇌에서 비롯하는 이성의 명령을 따르는 것이 인간이라고 할지라도, 그것은 자기 자신에게서 유래된 규칙을 따르는 자율적 존재라는 것을 보여주지 않는다. 오히려 인간은 자연의 법칙을 따르는 자연에 종속적인 존재이다. 그리고 그러한 한에서 인간은 자유로운 존재라고 할 수가 없다. 인간이 자유롭지 못하다면 인간은 의지의 원인이 될 수 없고, 선의지로 도덕을 규정하려는 칸트의 시도는 실패로 돌아가게 될 수 있다.

④ 그런데 자유의지가 없다면 인간의 행위에 책임을 묻는 것이 매우 어려워진다. 술에 취해서 범죄를 저지르는 사람은, 자신이 술이라는 특정한 외부 조건에 종속되어 있기 때문에 범죄를 저질렀다고 주장하면서 감형을 요구할 수 있다. 대한민국 형법에는 심신장애로 인해서 사물을 변별할 능력이 없거나 의사를 결정할 수 없는, 즉 자유롭지 못한 사람을 처벌하지 않는다고 정해두었다.[2] 술에 심하게 취한 사람들은 사물을 변별할 능력을 상실한 상황에 처한다. 즉, 술에 취한 이상 자신은 자유로운 존재가 아니었기 때문에, 술에 취한 상태에서 의사를 결정할 수 없는 상황에서 저지른 행위에 대한 책임을 물을 수는 없다. 이 논리를 계속 이어가서 인간이 물리적인 존재이기에 자유롭지 않다는 주장을 받아들인다면, 인간의 모든 행동은 인과에 종속되어 있는 한에 있어서 자신이 행한 것이 아니므로, 그 어떤 것에도 책임을 묻는 것이 불가능하

---

2   대한민국 형법, 제 10조(심신장애인)

다고까지 결론내릴 수 있다. 인간이 물리적인 존재이고 그렇기 때문에 자유롭지 못하다면 칸트가 기대한 도덕적 행위는 인간에게 있어 불가능하고 인간의 행위에는 어떤 책임도 물을 수 없다.

⑤ 하지만 인간이 물리적인 존재이기 때문에 인간의 행위가 모두 비자발적이라고 주장하는 것은 우리의 직관에 많은 경우 어긋난다. 우리는 모든 면에서 자유롭다고 생각하지 않을지는 모르지만, 그렇다고 내 행위에 대한 책임이 전혀 없다고 생각하지도 않곤 한다. 아리스토텔레스는 많은 일들이 외부의 강제나 무지에 의해 일어난다는 사실을 인정하면서도, 판단 작용이 자신 안에서 일어난다는 점에서, 즉 이성적 판단이 일어나는 곳이 자신의 안이기 때문에 단적으로 비자발적인 행위는 거의 없다고 주장한다. 행위의 단초가 외부에만 있어서 내부의 요인은 전혀 관여하지 않는 경우에만 강제적인 것이라고 규정해야 한다는 것이다. 우리가 어떤 행위를 할 때 많은 외부의 요인이 다양하게 작용하는 것이 사실이기는 하지만, 인간의 특정 행위가 발생할 때 나 자신이 아무런 관여도 하지 않는다고 단정지어 말하는 것은 매우 어려운 일이라는 주장이다. 무지나 강제, 자연적인 조건 등의 외부적인 원인이 내 행동에 많은 부분, 혹은 대부분 영향을 끼치는 것은 사실이기는 하지만 그렇다고 해서 그 행위가 나한테서 일어난다는 점에서 자발성의 여지가 완전히 사라져버리는 것은 아니라는 것을 인정할 수 있다고 아리스토텔레스는 주장한다. 그리고 그러한 한에서는 자유롭지 못한 인간에

게도 책임을 묻는 것이 가능할 수 있다.[3]

[결론]

　칸트는 인간이 자유롭다는 것을 자명한 전제로 받아들이면서 물리적 존재로서의 인간의 측면을 도덕, 윤리적 판단과 관련해서 완전히 배제했다. 이에 반대하여 인간을 물리적으로 보는 현대 과학적인 관점에서는 인간의 자유를 완전히 부정할 가능성을 열어둔다. 따라서 인간은 어떤 선택도 스스로 할 수 없고 어떤 책임도 질 수 없으며 도덕논증 자체가 불가능하다는 결론까지에도 도달할 수 있다. 그러나 많은 사람들은 자발적 행동에 대한 직관을 가지고 있다. 물론 이 직관이 칸트가 자유를 전제한 것처럼 자명하지는 않을지 모르지만, 행위에 대한 판단이나 논증을 통한 결정이 나에게서 일어난다는 자발성의 여지를 완전히 배제하는 것은 쉬운 일이 아니다. 여전히 선결문제 요구의 오류에 빠질 위험이 있기는 하지만, 인간의 행위를 외부적인 조건과 내부적인 원인이라는 두 측면 모두에서 고려 가능하다는 아리스토텔레스의 입장을 받아들인다면, 인간의 행동에 대한 책임을 물을 수 있을 것이다. 그리고 책임의 문제 논의하기 위한 위한 도덕논증도 가능할 수 있다. 그러나 여전히 인간 행위에 있어 인간 내부의 원인이란 정확히 무엇인지를 밝히는 것은 도덕 판단과 이를 근거로 한 도덕논증이 가능하다고 여기는 사람이 입증할 책임을 진다.

---

[3]　아리스토텔레스, 『니코마코스 윤리학』 3권 1장

: DISCUSSION

CLASS :

무한한 우주에
최초의 원인이 있을 수 있을까?
: Summa Theologica

토마스 아퀴나스와 함께 토론하는
신 존재 증명과 비판

오늘의
토론 주제

'신은 존재할까?' 살면서 한 번쯤 던져볼 만한 굉장히 근본적인 질문입니다. 이 질문에 대한 답은 삶의 방식뿐 아니라 세상과 우주를 이해하고 설명하는 문제에 큰 영향을 끼칩니다. 신이 있다면 그가 내 삶의 목적을 부여할 수 있고 내세가 있을지도 모릅니다. 신이 없다면 내 삶의 주인은 나이고 삶의 의미는 내가 스스로 만들어가며 죽음은 그 자체로 끝이기 때문에 죽음 이후에 대해서는 생각할 필요가 없습니다.

종교인의 맹목적인 신념에서 비롯된 행동과 부정적인 인상 때문에 신과 관련한 문제를 진지하게 다룰 필요는 없다고 생각할 수 있습니다. 그러나 신의 존재는 개인의 믿음, 신념, 행동에만 한정되지 않습니다. 철학은 우리가 파악하는 세상과 그 안에서 살아가는 인생의 의미와 밀접하기 때문에 신은 가장 우선되고 주요한 주제입니다. 그 중 신의 존재가 가장 먼저 해명되어야 합니다.

12세기에 유럽이 이슬람과 교류하면서 아리스토텔레스의 작품 및 그에 대한 그리스와 이슬람 주석가의 작품이 들어왔습니다. 이런 변화로 촉발된 스콜라 철학은 아리스토텔레스 철학을 기독교화 하면서 철학과 신학의 관계를 새롭게 규명합니다. 토마스 아퀴나스는 아리스토텔레스의 학문 체계를 수용하여 계시 신학을 학문으로 규정했습니다. 그가 《신학대전》을 집필한 이유는 신학의 원리는 믿음이지만 이성적 질서에 따른 논증의 구조를 갖춰야 학문으로 인정받을 수 있다고 생각했기 때문입니다. 아퀴나스는 이를 위해서 신의 존재부터 입증하기로 합니다.

우리를 둘러싼 전체 우주에 대한 이성적 이해를 위해서는 원인에 대한 앎을 분명하게 가져야 합니다. 우리가 무엇인가를 안다는 것은 '왜 그러한가?'라는 질문에 대한 답을 할 수 있다는 뜻입니다. 원인을 밝히는 것이 이성적 탐구의 핵심이라는 것이지요. 아퀴나스는 원인에 대한 앎을 바탕으로 우주와 세계에 대한 학문 체계를 수립해야 한다고 생각했습니다. 원인을 찾는 탐구를 진행하면 결국 가장 처음 원인에 도달하게 될 것이라고 전제합니다. 그 원인에 대한 학문이 모든 학문의 근간이 된다고 생각합니다.

아퀴나스에 따르면 최초의 원인은 '하느님', 즉 신입니다. 신에 대한 학문으로서의 신학을 기반으로 학문 체계를 수립함으로 인간이 세계 전체에 대한 앎을 가질 수 있을 것이라고 기대했습니다. 학문의 기반인 신학은 학문의 대상으로서의 신이 존재한다는 것을 입증하는 것으로부터 시작해야 한다고 아퀴나스는 생각했습니다. 따라서 신에 대한 맹목적인 믿음이 아니라 신에 대한 합리적 증명부터 제시되어야 합니다. 엄밀한 의미에서 신의 존재를 철학적으로 정의할 수 있어야 학문이 될 수 있고, 그렇게 증명된 신은 신학이라는 학문의 시작점이자 탐구에 있어서 가장 궁극적인 목표가 될 수 있을 테니까요. 아퀴나스는 신에 대한 믿음을 강화하려고 《신학대전》을 쓴 것이 아닙니다. 원인에 대한 계속된 탐구를 통해 최초의 원인에 대한 앎에 도달함으로 세계에 대한 총체적인 지식을 얻는 것을 목적으로 했습니다. 그는 세계에 대한 원인을 철학적으로 밝히고자 했습니다.

신과 관련한 학문의 총체라고 할 수 있는 아퀴나스의 《신학대전》은 제1부 제2문 제3절에서 신의 존재를 증명합니다. 이 논증은 일반적으로 '다섯 가지 길'이라고 불리는데 《신학대전》 초반부의 하이라이트라고 해도 과언이 아닐 만큼 잘 알려져 있으며 현재에도 많이 인용됩니다. 《신학대전》을 직접 읽어보면서 아퀴나스의 생각을 비판적으로 검토해봅시다.

토론 수업을 위한
오늘의 고전

토마스 아퀴나스의 《신학대전》

신이 존재한다는 근거가 있을까요? 개인의 경험은 신의 존재를 증명하는 근거가 될 수 없습니다. 나의 경험을 통해 다른 사람을 설득할 근거를 제시해야 합니다. 철학사에서는 오래 전부터 신의 존재를 증명하려는 시도가 있었습니다. 이를 '신 존재 증명'이라고 부릅니다. 많은 철학자가 신 존재 증명을 제시했습니다만, 아퀴나스의 증명이 가장 대표적입니다. 아퀴나스가 제시한 '다섯 가지 길'을 읽어봅시다.

[가] 운동의 최초 원인

움직이는 모든 것은 다른 것에 의해 움직여져야 한다. 그러므로 어떤 것을 움직이게 하는 무언가가 움직인다면, 그것 또한 다른 것에 의해 움직여져야 하며 그것은 또 다른 것에 의해 움직여져야 한다. 그런데

▶▶

이렇게 무한히 소급해 갈 수는 없다. 그 이유는, 만일 움직이는 것의 무한한 소급이 인정된다면 최초의 움직이는 자aliquod primum movens가 없게 될 것이며, 따라서 어떠한 다른 움직여 주는 자도 없게 될 것이기 때문이다. 제2운동자들moventia secunda은 제1운동자primum movens에 의해서 움직여질 수 밖에 없으며, 그렇지 않으면 다른 것을 움직여주지 못한다. 그것은 마치 지팡이가 손에 의해 움직여지지 않으면 다른 어떤 것도 움직여주지 못하는 것과 같다. 그러므로 우리는 다른 어떤 것에 의해서도 움직여지지 않는 어떤 제1운동자aliquod primum movens에 필연적으로 도달하게 된다. 그리고 모든 사람은 이런 존재를 하느님으로 이해한다.

[나] 원인 없는 원인

둘째 길은 작용인causa efficiens의 이유에서다. 사실 우리는 이 감각계에 작용인들의 질서가 있는 것을 발견한다. 그러나 이런 세계에서 어떤 것이 자기 스스로의 작용인으로 발견되지도 않으며, 또 그런 것은 가능하지도 않다. 만일 그런 것이 있다고 가정한다면 그것은 자기 자신보다 먼저 있어야 할 것이며 이런 것은 불가능한 것이기 때문이다. 이제 작용인들에 있어서 무한히 퇴행소급하는 것은 불가능하다. 그 이유는 모든 질서지어진 작용인의 계열에 있어서 첫째 것은 중간 것의 원인이고 중간 것은 최종적인 것의 원인이기 때문이다. 이때 중간 것이 많건 혹은 하나만 있건 그것은 관계없으며, 원인이 제거되면 결과도 제거된다. 그러므로 만일 작용인들의 계열에 있어서 첫째 것이 존재하지 않는다면 최종의 것도, 중간의 것도 존재하지 않는다. 그런데 작용인들의 계열에 있어서 무한히 소급되어간다면 제1작용인prima causa efficiens이 없을 것이며 따라서 최후의 결과도, 중간 작용인들도 없을 것이다. 이것은 분명히 허위다. 그러므로 우리는 어떤 제1작용인을 인정해야 하며 이런 존재를 모든 사람은 하느님이라 부른다.

[다] 우주론적 논증

셋째 길은 가능과 필연에서ex possibili et necessario 취해진 것이다. 즉 우리는 사물세계에서 존재할 수도 있고 존재하지 않을 수도 있는 것들을 발견한다. 그런 것들은 생성, 소멸하며, 따라서 존재하며esse 존재하지 않는 것non esse으로 나타난다. 그런데 이렇게 존재하는 모든 것은 항상 존재할 수 없으며 어떤 때는 없었던 것이다. 따라서 모든 것이 존재하지 않을 수 있다면 어떤 때에는 사물계에 아무것도 없었을 것이다. 그런데 이것이 참verum이라면 지금도 아무것도 없을 것이다. 그 이유는 없는 것quod non est은 있는 어떤 것aliquid quod est에 의해서가 아니면 존재하는 것을 시작하지 못하기 때문이다. 그러므로 만일 어떠한 존재도 없었다면 어떤 것도 존재하기를 시작하지 못했을 것이며 지금까지 아무 것도 없을 것이다. 이것은 명백히 허위다. 따라서 존재하는 모든 것이 그저 가능한 것만은 아니며, 그 존재가 필연적인, 그러한 어떤 것이 반드시 존재해야 한다. 그런데 모든 필연적인 것은 자신의 필연성을 다른 것으로부터 얻거나, 혹은 얻지 못할 것이다. 이제 이러한 필연성을 다른 것으로부터 얻는 그러한 계열은 무한히 소급될 수 없다. 이것은 이미 작용인의 경우에서 증명된 바이다. 따라서 우리는 자신의 필연성의 원인을 다른 것으로부터 얻지 않으며, 다른 필연적인 것들의 원인이 되는 어떤 것 즉 그 자체로 필연적인 어떤 것을 인정할 필요가 있다.

[라] 정도 논증

넷째 길은 사물계에서 발견되는 단계에서ex gradibus 취해진다. 사실 사물계에서는 선함, 참임, 그리고 고상함에 있어서 더하고 덜한 사물들이 발견된다. 또 [선, 참, 고상 외의] 다른 것들에 대해서도 마찬가지다. 그러나 서로 다른 여러 사물들에 대해 더하다거나 덜하다고 하는 것은 최고도maxime로 있는 어떤 것에 여러 가지 모양으로 접근하는데 따라 말해 지는 것이다. 예컨대 최고도로 더운 것에 더 가까운 것이 더 더운 것이다. 따라서 존재에 있어서도 가장 진실하고 가장 선하고 가장 고귀한 것, 따라서 최고도의 존재maxime ens인 어떤 것이 있다. 그것은『형이상학』제 2권에서도 말하는 바와 같이 최고도로 참인 것은 최고도의 존재인 것이기 때문이다. 어떤 영역에 있어서in aliquo genere 최고도의 것으로 불리는 것은 그 영역에 속하는 모든 것의 원인이다. 예컨대 최고도로 더운 불은 모든 더운 것들의 원인이다. 이것은『형이상학』에서 말하는 바이다. 그러므로 모든 사물계에 있어서 존재, 선함, 완전성의 원인인 어떤 것이 있다. 이런 존재를 우리는 하느님이라고 부른다.

[마] 목적론적 논증

다섯째 길은 사물들의 통치에서ex gubernatione rerum 취해진다. 사실 우리는 인식을 갖지 못하는 사물들, 즉 자연적 물체들이 목적 때문에 행동하는 것을 본다. 이런 것은 자연물들이 가장 좋은 것optimum을 얻기 위해 항상 혹은 거의 항상 같은 방식으로 행동하는데서 볼 수 있다. 그리고 그것들이 자신의 목적을 획득하는 것은 결코 우연에 의한 것이 아니라 어떤 의도를 통해 그렇다는 것은 명백하다. 그런데 인식을 갖지 않는 것들이 목적을 지향하려면, 인식하며 깨닫는 어떤 존재에 의해 지휘를 받아야 한다. 이것은 마치 화살이 사수에 의해 지휘되는 것과 같다. 그러므로 모든 자연적 사물들을 목적에로 질서 지어주는 어떤 지성적 존재가 있다. 이런 존재를 우리는 하느님이라고 부른다.

Thomas Aquinas, 《Summa theologica》,

1265-1273, 제1부 제2문 제3절: [가]~[마].

1) 주제 이해를 돕는 연습

1 지문 [가]~[다]에서 아퀴나스는 최초의 운동 원인, 최초의 작용인, 최초의 존재 등을 상정합니다. 이렇게 계속 거슬러 올라갈 때 우리는 반드시 우리와는 다른 위상을 가지는 무언가(예컨대 신)를 상정해야만 할까요? 무한히 퇴행하거나 원인과 결과가 순환해서는 안 되는 이유가 있을까요? 아퀴나스의 논증에서 숨은 전제는 무엇인가요?

2　움직이는 사물의 속도는 계속해서 거슬러 올라갈 수 있습니다. 엔진 성능만 충분하고 차체가 버틸 수 있도록 강하기만 하다면 자동차는 무한으로 빨리 달릴 수 있을지 모릅니다. 속도나 운동, 성장과 욕구는 끝이 없는데 지문 [라]에서 아퀴나스는 왜 정도에서 완전한 것이 있다고 주장할까요? 아퀴나스의 전제는 무엇이며 그 전제는 정당한가요?

3　지문 [마]의 아퀴나스는 모든 것이 목적을 갖는다고 전제합니다. 모든 자연 사물은 정말 명백하게 목적을 가지고 이에 도달할까요? 자연에 속하는 무생물은 항상 목적이 있을까요? 모든 인간은 목적을 가지고 살아야만 할까요?

4　아퀴나스는 지문 [마]에서 모든 자연 사물의 목적이 의도에 따라 설정되며 그 목적은 특정한 질서를 갖추고 있다고 주장합니다. 세계에 특정한 질서가 있다는 전제는 정당한가요? 그런 목적에 질서가 있더라도 어떤 특정한 지성적 존재가 그 질서를 세워야만 하는 걸까요? 질서가 수립되는 다른 방법은 없을까요?

2) 해석해드립니다

지문 [가]의 논증은 운동의 최초 원인으로 거슬러 올라가는 논증입니다. 물리적 상황에서 모든 물체의 운동은 다른 물체의 운동이 원인이 되어 발생합니다. 만일 어떤 운동이든 반드시 그것을 일으킨 원인이 있어야 한다면 최초의 운동을 만든 원인은 무엇일까요? 아퀴나스의 답은 바로 '신'입니다. 신은 움직이지 않지만^{부동} 다른 물체를 움직이게 만든 최초의 원동자라는 주장입니다.

지문 [나]의 논증은 최초의 원인으로 거슬러 올라가는 논증입니다. 내가 존재하는 이유는 나를 낳아준 부모님이 있기 때문이고, 부모님이 존재하는 이유는 부모님을 낳아준 부모님이 있기 때문입니다. 부모님의 부모님의 부모님으로 즉, 결과에서 원인으로 점점 거슬러 올라가게 됩니다. 하지만 무한히 거슬러 올라갈 수 없기 때문에 결국 모든 것의 원인이자 스스로는 더 이상 원인을 갖지 않는 존재를 설정할 수 밖에 없습니다. 아퀴나스는 모든 것의 최초 원인이면서 그 자체는 원인을 갖지 않는 존재를 '원인 없는 원인'이라고 부르며 이는 신일 수밖에 없다고 주장합니다. 나는 부모님의 결과이면서 동시에 내 아이들의 원인이지만 신은 그 어떤 것의 결과물도 아닌, 오직 원인의 지위만 갖는 존재라는 뜻입니다.

지문 [다]의 논증은 우주론적 논증입니다. 이 논증은 어떤 물체도 존재하지 않던 때가 있었다는 전제에서 출발합니다. 하지만 현실에는 물체가 존재합니다. 그렇다면 이들의 출현을 가능케 한 비물체적인 존재가 있었다고 가정해야 합니다. 어떤 물체도 존재하지 않을 때 물체를 만들어 낼 수 있는 어떤 존재가 있다면 그것은 당연히 비물체적인 존재입니다. 아퀴나스는 그것이 바로 신이라고 주장합니다.

지문 [가]~[다]에서 제시된 세 가지 논증은 동일한 형태입니다. 원인을 계속해서 거슬러가면 끝이 없을 것 같습니다. 이를 퇴행이라 하는데, 퇴행이란 거슬러 올라간다는 뜻입니다. 나의 부모, 부모의 부모 등으로 거슬러 올라가는 것입니다. 그렇게 계속 거슬러 올라가는 작업을 멈출 수 있을까요? 아퀴나스는 무한 퇴행은 불가능하다고 생각합니다. 만일 모든 것의 원인이 될 수 있는 어떤 출발점이 있다면 우리는 그곳에서 멈출 수 있습니다. 과연 최초의 출발점에는 무엇이 있었을까요? 아퀴나스의 답은 '하느님', 즉 신입니다.

아퀴나스는 여기에서 두 가지 전제를 사용하고 있습니다. 첫째 운동의 원인은 항상 시간적으로 선행한다는 것입니다. 둘째 무한이란 존재하지 않는다는 것입니다. 첫 번째 전제에 대해서는 우리가 쉽게 동의할 수 있을 것입니다. 모든 사건이 시간 안에서 일어난다고 한다면, 원인은 결과보다 항상 시간적으로 앞서야 합니다. 이 전제를 부정하기는 어렵습니다. 현대 과학 또한 이런 인과의 개념을 기반으로 성립합니다.

그러면 두 번째 전제는 어떨까요? 아퀴나스는 운동이나 작용, 그리고 존재에 있어서 원인의 계열을 따라갈 때에 무한히 갈 수는 없고 어디에선가 멈추어야 한다고 생각합니다. 그러나 왜 원인을 추적할 때에 어디에선가 멈추어야만 할까요? 첫 번째 전제는 모든 사건이 시간 안에서 일어난다는 것이었습니다. 그런데 시간은 무한합니다. 시간의 시작도 끝도 없다고 한다면 운동의 원인을 계속해서 추적했을 때 끝이 나지 않을지도 모릅니다. 원인은 항상 결과보다 시간적으로 선행하기 때문입니다. 아퀴나스는 두 번째 전제를 사용하는 이유를 우리가 읽은 부분에서는 제시하지 않습니다. 하지만 이 전제는 아퀴나스에게 중요했습니다. 스콜라 철학의 대표적 학자였던 아퀴나스는 세계에 대한 이성적 이해를 바탕으로 한 포괄적인 학문 수립을 목표로 했습니다. 최종적으로는 신에 대한 학문까지도 성립하려고 했습니다. 바로 신학이지요. 중세에나 지금이나 학문은 원인에 대해 이해하고 아는 것으로 정의됩니다. 그런데 원인의 계열이 무한해서 가장 처음의 원인이 없다면, 우리는 원인 전체를 알 수 없을 것입니다. 그리고 원인 전체를 이성으로 다 파악할 수 없다면 세계에 대한 학문은 결국 수립될 수 없습니다. 그런데 무한은 이성으로 파악될 수 없습니다. 원인의 계열이 무한하다면 우리는 모든 원인을 다 이해할 수는 없습니다. 다 이해할 수 없는 원인과 결과로 이루어진 세계 전체에 대해서 인간이 완전하게 알 수 없다고 한다면, 세계에 대한 학문은 불가능합니다. 그래서 아퀴나스는 원인을 계속 추적해 갔을 때 어느 한계에서 멈추어야 하고, 그 한계 내에서 우리가 원인에 대한 완전한 이해에 도달하여 세계에 대한 학문을 할 수 있다고 생각했습니다.

지문 [라]는 정도 논증입니다. 어떤 정도를 나타내는 성질, 예를 들어 더 아름답다, 덜 아름답다와 같이 아름다움이라는 성질은 최댓값이 있어야 한다는 뜻입니다. 플라톤은 이를 아름다움 그 자체, 즉 아름다움의 이데아라고 불렀습니다. 이데아에 사물이 더 깊이 참여하면 더 아름다워지고, 덜 참여하면 덜 아름다워집니다.

정도 논증은 정도의 차이를 내는 성질은 최댓값이 있어야 한다고 가정합니다. 이러한 논증은 오랜 전통을 자랑하는 만큼 우리의 직관에 부합하는 것 같습니다. 그러나 최고로 뜨거운 상태라는 것이 있을까요? 또 다른 예를 들어봅시다. 1보다 2가 크고 2보다 3이 큽니다. 하지만 정도의 차이를 알기 위해 우리는 최댓값을 알아야만 할까요? 혹은 최댓값이 반드시 있어야 하나요? 자연수의 최댓값은 몇일까요? 누군가 그 값을 제공할 때마다 우리는 그 수에 1을 더해서 그가 주장하는 최댓값보다 더 큰 값을 제시할 수 있습니다. 다시 말하면 최댓값은 정해져 있지 않습니다. 하지만 우리는 자연수 계열의 모든 수의 정도 차이를 정할 수 있습니다. 1보다 2가 크고 2보다 3이 큽니다. 최댓값이 정해지지 않앉음에도, 자연수 계열의 모든 수는 그 정도의 차이가 정해집니다. 정도의 차이를 정할 때 최댓값이 반드시 필요하진 않습니다. 그러나 아퀴나스는 수나 시간의 계열의 무한성이 정도의 무한성을 보장해주지 않는다고 다시 반박할지도 모릅니다. 수나 시간은 정량화될 수 있지만 아름다움과 같은 질적인 차이는 항상 양의 차이로 환원되지는 않기 때문입니다.

지문 [마]는 아퀴나스의 신 존재 증명 중 마지막으로 목적론적 논증입니다. 이 논증은 무한 퇴행을 반대하는 앞의 세 논증에 기대어 증명된 탐구의 궁극적인 목표가 되는 존재가 세계 모든 것의 최초 목적이 되며 그 목적을 정해주는 역할을 하는 지적 존재라고 증명합니다. 모든 존재는 목적이 있는데 목적이 인과 체계를 이루고 있다면 그 목적 체계는 우연히 발생하지 않았으며 특정한 지적 능력을 갖춘 존재가 의도적으로 만들었다는 뜻이겠지요. 아퀴나스가 모든 존재하는 것이 목적이 있다고 생각한 것은 존재하는 것의 의미를 찾고 싶었기 때문입니다. 우리는 특정 사물의 존재 의미에 대해서 과학적인 탐구를 할 때에는 굳이 묻지 않습니다. 예를 들어서 책상 위에 있는 볼펜 한 자루는 필기구 이상은 아닙니다. 따라서 그 볼펜에 대해서 우리는 어떤 재료로 만들어졌고 어떤 모양이며 어떤 공장에서 만들어졌는지 등등 설명을 하겠지만 특정한 의미를 부여하지 않고 사용합니다. 그러나 만약 그 볼펜이 어릴 때 친한 친구에게 받은 선물이라고 한다면 나에겐 단순한 필기구 이상의 의미를 갖습니다. 그 볼펜은 친한 친구를 생각나게 해주는 중요한 수단이고, 제가 책상 위에 그 볼펜을 항상 올려두는 목적은 친구를 생각하기 위해서입니다. 아퀴나스는 세상에 존재하는 모든 것 각각은 특정한 의미가 있어서 존재한다고 보았습니다. 그리고 그 의미는 개별 존재자의 본래적 목적으로부터 발견할 수 있다고 생각했습니다. 그러면 그 목적은 어디에선가 주어졌을 것인데, 목적을 부여하는 존재를 아퀴나스는 '하느님'이라고 부릅니다.

토론해봅시다

　모든 것은 물체들과 장소 뿐이다. 우리의 감각은 물체가 존재한다는 것을 분명히 알게 해준다. 만약 공간이나 장소가 없다면 물체들은 있을 곳이 없다. 우리는 외부의 사물로부터 무엇인가를 받아서 보게 되고 사유하게 된다. 그렇기 때문에 외부의 사물이 가진 색깔이나 모양의 본성이 우리의 감각 기관에 정확히 각인된다. 사물 자체에서 색깔이나 형태도 사물과 비슷한 일종의 모방물이 우리에게로 이동해와서 우리의 시각이나 생각에 적합한 크기로 들어오게 된다. 그렇게 날아오는 원자는 매우 빨리 이동하기 때문에 우리는 대상을 단일하고 연속적인 사물이라고 여기게 된다. 따라서 지각이란 외부의 단단한 물체 내에서 원자들이 빠르게 진동하면서 그것이 외부의 대상으로부터 우리의 감각에 와서 부딪히면서 생겨나는 결과이다. 우리가 사유에 의해서든 감각에 의해서든 포착하는 외부 대상이나 외부 대상의 속성에 대한 표상은 외부 대상으로부터 비롯하는 원자에 의해서 형성된다. (중략) 만약 우리의 감각에 와서 부딪히는 원자와 같은 것이 존재하지 않는다면, 우리가 외부 대상과 닮았다고 여기면서 받아들이는 표상과 외부 대상 사이의 유사성은 성립하지 않을 것이다.

디오게네스 라에르티오스 지음, 김주일 등 옮김,
《유명한 철학자들의 생애와 사상》, 10권 1절 에피쿠로스, 나남, 2021, pp. 49-51.

제시문은 에피쿠로스가 쓴 편지의 내용입니다. 그는 모든 것이 물체라고 생각하고 공간에서 물체가 움직이므로 모든 것이 이루어진다고 봅니다. 원자가 허공에서 움직이므로 세상의 모든 것은 존재하고, 무엇인가에 대한 우리의 인식도 외부의 원자들이 우리의 감각 기관에 부딪히기 때문에 생겨난다고 보았습니다. 그리고 감각에서 얻어지는 내용을 우리는 사유하는데 그 사유 또한 원자의 움직임으로 설명합니다. 에피쿠로스는 사유까지 포함해서 세계에서 일어나는 모든 일은 허공을 돌아다니는 원자의 움직임 때문이라고 생각합니다. 정신적 활동 또한 물체의 작용이라고 주장한 것이지요. 현대 물리주의자들 또한 인간의 심리적인 모든 현상은 뇌의 작용 때문이라고 설명합니다. 그런 점에서 세상의 모든 현상과 사건은 물리적인 것이라는 전제를 에피쿠로스와 공유하지요. 아퀴나스는 정신이 물체에 의미를 부여하기 때문에 모든 물체가 목적이 있어야 한다고 생각합니다. 즉, 물체보다 정신이 우선이라고 전제한 것입니다. 그러나 에피쿠로스나 현대 물리주의자들의 경우 정신의 작용은 물체의 움직임 때문이기에 물체가 정신보다 우선입니다. 그렇다면 존재하는 것의 의미를 부여하는 행위는 존재보다 뒤에 오는 것입니다. 물체의 의미를 정신이 부여하는데 정신이 물체보다 뒤에 있다고 한다면, 목적에서 존재의 의미를 찾는 것은 원인과 결과를 뒤집어 놓은 오류라고 할 수 있습니다.

1) 고전을 이해하는 토론

1 제시문에서는 정신 활동은 모두 물질의 작용으로 설명 가능하다고 봅니다. 존재하는 것의 목적이 있는지의 문제는 정신 활동이 물질의 운동에 따른 결과로 볼 수 있는가의 문제로 바꾸어 생각할 수 있습니다. 물질로 환원되지 않는 정신 활동이 있을 수 있을까요? 나의 주관적인 경험은 물질로 환원해서 객관적으로 서술할 수 있을까요?

2 존재하는 모든 것이 목적을 갖는지의 여부가 꼭 의미에서 찾아져야 할까요? 목적은 기능과 연결되어서도 설명할 수 있습니다. 세상에 존재하는 모든 것이 자연적으로 가지고 있는 고유의 기능이 있다고 한다면 의미와 별개로 기능에서 목적을 찾을 가능성이 있지 않을까요?

2) 오늘을 위한 토론

1 아퀴나스는 학문이 성립해야 하기 때문에 원인의 무한 퇴행은 없어야 한다고 주장합니다. 이는 원인과 결과를 혼동한 오류처럼

보입니다. 아퀴나스의 논증을 평가해봅시다.

2   아퀴나스가 주장한 것처럼 특정 학문 영역 내에서 일어나는 사건의 원인을 완전히 파악하지 못한다면 학문은 성립할 수 없을까요? 학문이 성립하는 조건은 무엇일까요?

3   비물질적인 것이 존재하는지의 여부에 대한 전제가 과학과 종교를 구분하는 것 같습니다. 그러나 과학에서도 모든 것을 물질적으로만 설명하지는 않고, 종교 또한 최대한 이성적으로 믿음의 내용을 설명하고자 합니다. 종교와 과학의 근본적인 차이는 어디에 있을까요?

4   아퀴나스의 '다섯 가지 길'을 통해 신의 존재가 증명된다고 하더라도 '원인'과 '설계자'로서의 신만 입증할 수 있습니다. 하지만 종교에서 전제하는 신은 그 외에도 많은 속성이 있습니다. 예를 들면 신은 선하다고 합니다. 그래서 세상에서 일어나는 나쁜 일의 책임을 신에게 돌릴 수 있는지와 같은 신정론神正論의 문제가 생기기도 합니다. 그럼에도 불구하고 아퀴나스의 신 존재 증명은 신에게 필요한 다른 속성에 대해서는 증명하지 못하고 단지 '그런 존재를 하느님이라고 부른다'라고 결론 내립니다. 아퀴나스가 증명하려고 한 신은 일반적인 유신론적 입장에서 전제하는 신과 같을까요?

더 깊은 토론을 위한 참고자료

★ 토마스 아퀴나스 지음, 정의채 옮김, 《신학대전》, 바오로딸, 2014

신 존재 증명에 대한 아퀴나스의 '다섯 가지 길'은 그의 저서 《신학대전》에 제시됐습니다. 그는 기독교 신학을 아리스토텔레스적으로 해석하고 체계화했습니다. 이 책은 어디까지나 신학적 저작이지만 아리스토텔레스를 비롯한 많은 철학자가 제시한 철학 질문에 대해서 대답하려고 하며 신학적 물음에 대해서도 엄격한 학문적 논증을 사용하려고 노력합니다. '다섯 가지 길'은 이후에도 철학사에서 빈번하게 채택되어 토론의 중심에 자리잡았습니다. 이 책에 대한 번역은 정의채 역을 참조하면서 원서를 통해 부분적으로 보완하였습니다.

★ 디오게네스 라에르티오스 지음, 김주일 등 옮김, 《유명한 철학자들의 생애와 사상》, 나남, 2021

서양 철학의 기틀을 만들었던 고대 그리스 철학자들을 다룬 가장 오래된 철학사 책 중 하나입니다. 소크라테스, 플라톤, 아리스토텔레스, 에피쿠로스 등 85명의 그리스 철학자들의 삶을 전해줍니다. 시기 순서가 아니라 학파 중심으로 기술을 해서 서양 고대 그리스 철학자의 흐름을 잘 읽을 수 있습니다. 에피쿠로스 학파의 경우 원전이 중세 시대에 대부분 소실되었는데, 디오게네스 라에르티오스가 에피쿠로스의 원전 일부를 그대로 인용을 해두어서 에피쿠로스 학파에 대한 연구를 위한 중요한 사료의 역할을 합니다.

★ 대니얼 데닛 지음, 문규민 옮김, 《의식이라는 꿈》, 바다출판사, 2024

인간의 마음에 일어나는 현상과 관련한 철학적인 문제를 다루는 분야를 '심리철학'이라고 합니다. 심리철학 분야의 어떤 철학자들은 우리의 마음, 혹은 의식은 주관적이고 사적인 것이기 때문에 객관적으로 탐구하기 어렵다고 주장합니다. 이에 대해 대니얼 데닛은 인간의 마음이란 그러한 사적인 것이 아니고 물리적인 뇌의 작용에 의존하기 때문에 과학적 방법으로 탐구하는 것이 가능하다고 주장합니다.

차별 없이 '다름'을 대하려면?

: The Subjection of Women

존 스튜어트 밀과 함께 토론하는
인간의 권리와 평등

오늘의
토론 주제

UN의 〈세계인권선언〉은 "모든 인류 구성원의 천부의 존엄성과 동등하고 양도할 수 없는 권리를 인정하는 것이 세계의 자유, 정의 및 평화의 기초"라는 선언으로 시작합니다. 제1조는 다음과 같습니다.

"모든 인간은 태어날 때부터 자유로우며 그 존엄과 권리에 있어 동등하다. 인간은 천부적으로 이성과 양심을 부여받았으며 서로 형제애의 정신으로 행동하여야 한다."

많은 나라가 〈세계인권선언〉의 이념과 내용을 헌법에 반영합니다. 우리나라 역시 구성원의 평등한 권리 및 불가침성을 헌법에 규정하여 보호합니다. 그렇다면 오늘날 '모든' 인간은 실제로도 '구성원의 권리'를 평등하게 누리고 있을까요? 최근 우리 사회에서는 MTF male to female 트랜스 젠더의 군 복무 및 여대 입학, 장애인 이동권 보장을 위한 시위, 난민 거주권 인정 및 그들 자녀의 학교 입학, 차별 금지법 제정 같은 이슈를 둘러싸고 첨예한 찬반 논쟁이 벌어지고 있습니다.

사회 곳곳에 '구조적 차별'이 있다고 생각하는 사람들은 이러한 이슈를 '소수자minority 집단에 대한 차별'이라는 관점에서 접근해 이를 시정하고 평등한 권리를 보장해야 한다고 주장합니다. 반면 '구조적 차별'이 상당 부분 개선되었거나 없다고 보는 사람들은 이들이 '소수자'라는 점을 내세워서 특권을 요구한다고 반박합니다. 소수자의 권리 주장은 마땅히 받아야 할 몫에 대한 요구일까요, 아니면 그 이상의 요구일까요? 오늘날 우리 사회는 누구도 차별받지 않는 평등한 사회일까요? 차별 금지법 제정 등 적극적 조치는 제도적으로 꼭 필요할까요? 아니면 역차별을 불러올 우려가 있을까요?

'모든 인간이 권리에 있어서 평등한 대우를 받아야 한다'는 생각이 자리를 잡은 시기는 근대입니다. 이때 '시민' 계급이 등장하면서 봉건적 신분 질서가 무너지고 권리 및 법에 기반한 새로운 사회적 관계가 만들어졌습니다. 1789년에 일어난 프랑스 혁명은 근대 사회가 중세적 봉건제와 완전히 다른, 새로운 사회 질서를 성립했다는 신호탄이었습니다. 특히 프랑스 혁명 당시 발표된 '인간과 시민의 권리 선언'Déclaration des Droits de l'Homme et du Citoyen, 1789은 근대적 의미의 인권 개념을 잘 보여주고 있습니다. '프랑스 인권 선언'이라는 이름으로 더 잘 알려져 있는 이 선언의 1조는 '인간은 권리에 있어 자유롭고 평등하게 태어나 존재한다. 사회적 차별은 공공의 이익에 입각할 때에만 허용될 수 있다'고 주장합니다. 사회의 공공선을 해치지 않는 한, 모든 인간은 자유롭고 평등하게 자신의 권리를 누릴 수 있다는 선언입니다.

그렇다면 '프랑스 인권 선언'에서 주장한 내용만큼 프랑스의 사회적 질서도 바뀌었을까요? 혁명 이후 1791년에 제정된 프랑스 헌법은 모든 국민에게 시민의 권리를 동등하게 부여하지는 않았습니다. 오히려 시민의 등급을 나누어서 특정 부류의 시민에게만 정치에 참여할 수 있는 권리를 부여했습니다. 일정액 이상의 세금을 낼 수 있는 성인 남성에게만 참정권을 주고 유색인, 여성, 노예에게는 참정권을 주지 않았죠.

이에 강하게 반발했던 여성이 있습니다. 소설가이자 노예제 철폐 운동에 앞장서기도 했던 올랭프 드 구즈Olympe de Gouges입니다. 그는 프랑스 혁명의 열매를 경제적 부를 축적한 일부 계급의 남성만 독점했다고 비판하면서 '여성과 여성 시민의 권리 선언'Déclaration des Droits de la Femme et de Citoyenne, 1791을 발표했습니다. 구즈는 '여성은 태어날 때부터 자유롭고 또 권리에서 남성과 평등하다'고 선언했습니다. 또한 여성도 남성과 마찬가지로 시민으로서의 권리를 온전히 누릴 수 있어야 하며 여성에게도 정치에 참여할 수 있는 권리가 주어져야 한다고 주장했습니다. 다른 모든 권리가 평등할지라도 참정권에 차별을 둔다면 참정권에서 배제된 집단은 시민의 권리를 온전하게 누릴 수 없다는 의미입니다.

'모든 인간의 자유와 평등'을 천명한 '프랑스 인권 선언'과 달리, 프랑스 헌법은 인종, 성별, 계급에 따라 등급을 나눔으로써 참정권을 비롯한 모든 권리를 누릴 수 있는 '시민' 범주에 온전하게 포함되지 못하는 '인간'을 만들어냈습니다. 등급에 따라 차등적으로 시민권을 부여한 헌법의 부당함을 고발하기 위해 구즈는 '여성과 여성 시민의 권리 선언'을 썼습니다. 프랑스는 일정액 이상의 세금을 납부할 수 있는 성인 남성에게만 부여했던 참정권을 1848년에 모든 성인 남성으로 확대했고, 1944년이 되어서야 여성의 참정권을 인정했습니다. 참정권이 모든 성인 남성에서 여성에게 확대되기까지 거의 백 년이 걸린 셈입니다.

19~20세기 동안 노예제 폐지 운동, 흑인 인권 운동, 여성 참정권 운동 등 여러 인권 운동이 일어났습니다. 이는 '모든 인간은 평등한 권리를 지닌다'는 이념을 바탕으로 평등한 시민 권리를 얻기 위한 투쟁이었습니다. 인권의 역사는 '2등 시민'으로 밀려나서 '인간'이면서도 '시민'의 범주에 온전하게 속하지 못해 차별을 받던 사람들이 평등한 시민 지위를 요구함으로써 '시민'의 범주를 점차 확장시켜 온 투쟁의 역사이기도 합니다. 그렇다면 오늘날에는 '인간'의 범주와 '시민'의 범주가 같아졌을까요? 누군가 '시민'의 범주에서 배제됐다면 또는 온전하게 포함되지 못했다면 그 이유는 무엇일까요? '사회의 공공선'은 누군가를 시민의 범주에서 배제할 만한 정당한 근거가 될 수 있을까요?

토론 수업을 위한
오늘의 고전

존 스튜어트 밀의 《여성의 종속》

여성을 온전한 시민권에서 배제한 사회의 부당함을 고발했던 구즈와 마찬가지로 인간이라면 누구나 평등하게 시민의 권리를 누려야 한다고 생각했던 사상가가 있습니다. 바로 19세기의 철학자이자 여성 참정권 운동을 강하게 지지했던 존 스튜어트 밀John Stuart Mill입니다. 밀의 생각은 《여성의 종속》(1869)에 잘 나타나 있습니다.

[가]

오늘날까지도 한쪽 성이 다른 쪽 성에 법적으로 종속되도록 양성 사이의 사회적 관계를 규제하는 원칙은 그 자체로 그르며, 오늘날 인간의 진보를 가로막는 주요한 장애물 가운데 하나이다. 한쪽 성이 다른 쪽 성에 종속되어야 한다는 원칙은 완전 평등의 원칙으로 대체되어야만 한다. 한 쪽에만 권력이나 특권을 허용하는 일도, 다른 쪽의 법적 자격을 박탈하는 일도 있어서는 안 된다.

(중략) 어떤 견해가 사람들의 정서에 강하게 뿌리박고 있는 한, 반대 논변의 우세함은 그 견해를 약화시키기보다 오히려 더 견고하게 만든다. 만일 어떤 견해가 논증의 결과로 받아들여졌다면, 논증에 대한 반박은 확신의 견고함을 뒤흔들 수도 있다. 그러나 그 견해가 순전히 정서에만 기초할 때, 논증적 검증이 더 나쁘게 진행될수록 견해의 지지자들은 자신들의 정서가 논증으로는 도달하지 못하는, 보다 심오한 어떤 근거를 가지고 있음이 틀림없다고 더 강하게 믿게 된다. 정서가 남아있는 한, 정서는 과거에 만들어져 의심받고 있는 모든 것을 회복시키기 위해 무너지지 않을 논증을 항상 새롭게 제시할 것이다. 이런 주제와 연관된 정서를 오래된 제도와 관습을 유지하고 보호하기 위해 동원하는 모든 것 가운데 가장 강하고 뿌리 깊은 것으로 만들려는 많은 이유가 있다. 오래된 제도와 관습이 오늘날의 위대한 정신적·사회적 변화의 과정에서 살아남은 다른 어떠한 것보다도 덜 훼손되고 느슨하게나마 남아있다는 점에 놀랄 필요는 없다. 또한 인간이 최대한 오래 고수해 온 만행이 일찍이 떨쳐버린 만행보다 덜 야만적이리라고 가정할 필요도 없다.

[나]

사람들은 대개 인류사의 상당 기간 동안 힘의 법칙이 얼마나 완전하게 일반적 행동에 대한 공인된 규칙이었는지, 여하한 다른 것은 단지 특별하고 예외적인 이상한 결과였는지를 거의 의식하지 못한다. 그리고 얼마나 최근에 와서야 사회 전반의 일이 어쨌든 도덕 법칙이라고 할 수 있는 것에 따라 규제되기 시작했다는 점을 거의 의식하지 않는다. 마찬가지로 사람들은 어떻게 해서 어떠한 근거도 없이 그저 힘의 법칙만을 따르는 제도와 관습이 시대와 국가를 막론하고 일반적인 견해로 유지되어 왔는지, 그러한 제도와 전통조차 처음 확립되었을 때에는 결코 받아들여지지 않았을지도 모른다는 것을 따져보거나 염두에 두지 않는다. 불과 40년 전까지만 해도 영국인들은 법에 의거하여 노예 상태인 인간을 사고 팔 수 있는 재산으로 취급할 수 있다고 생각했다. 금세기에도 그들은 노예를 납치하고 약탈하거나 문자 그대로 죽도록 일을 시켜도 괜찮다고 생각할지 모른다. 거의 모든 다른 자의적인 권력을 포용할 수 있는 사람들조차도 비난하는, 다른 무엇보다도 공평무사한 입장에서 바라보려고 하는 모든 사람의 정서에 가장 불쾌함을 주는 이런 절대적으로 극단적인 힘의 법칙에 해당하는 사례가 바로 오늘날 우리 시대를 살아가는 사람들의 기억 속에 있는 문명화되고 기독교적인 영국의 법이었다. (중략) 극단적인 사례는 다른 모든 사례를 언급할 필요조차 없게 만들기는 하지만, 절대 왕정 체제가 아주 오랫동안 지속되었다는 사실도 따져보도록 하자. 무력을 동원한 폭정이야말로 어떤 다른 기원이나 정당성도 갖지 못하는, 힘의 법칙에 해당하는 사례라는 확신이 오늘날 영국에 거의 보편적으로 퍼져 있다고 할 만하다. 그러나 영국을 제외한 유럽의 모든 훌륭한 나라에서 무력을 동원한 폭

7 강 차별 없이 '다름'을 대하려면?

정이 여전히 존재하거나 간신히 사라지고 있다. 여전히 폭정이 남아있는 곳에서는 지금도 모든 계층의 사람, 특히 사회적 지위와 위엄을 가진 사람들 가운데 폭정을 옹호하는 강한 부류가 있다. (중략) 이런 경우 과도한 권력을 가진 사람, 즉 권력에 직접적인 이해관계를 가진 사람은 단 한 사람뿐이다. 반면 권력에 종속되어 고통을 겪는 사람은 문자 그대로 나머지 모든 사람이다. 이러한 굴레는 자연스럽게, 그리고 필연적으로 단 한 사람을 제외한 모든 사람에게 굴욕감을 준다. 단 한 사람, 왕좌에 있는 이를 제외한다면 말이다. 왕 말고도 제외될 수 있는 사람은 고작해야 왕위를 계승하리라 기대되는 사람 정도이다. 이런 경우는 남성이 여성보다 우위에서 권력을 휘두르는 것과 얼마나 다르겠는가! 나는 지금 권력의 정당성 문제를 예단하는 것이 아니다. 나는 그러한 권력이, 정당화될 수 없을 때조차, 우리 시대까지 지속되어 온 다른 지배보다도 훨씬 더 영구적일 수밖에 없었는지를 보여주려는 것이다. (중략)

어떤 사람들은 남성의 통치권과 내가 예시로 제시했던 부당한 권력의 형태를 비교하는 것은 온당하지 않다고 반박할 것이다. 부당한 권력은 제멋대로인데다 권리 침해의 결과에 불과할 뿐이지만, 남성의 통치권은 그러한 권력과 달리 자연스럽다고 여기기 때문이다. 하지만 권력을 소유한 사람들에게 자연스러운 것처럼 보이지 않는 지배가 있기는 한가? 인류를 두 계급으로 구분하는 것, 즉 소수의 지배자와 다수의 노예로 구분하는 것이 가장 교양 있는 사고방식에서조차 인류의 자연스러운 상태이자 유일한 상태인 것처럼 생각했던 시대가 있었다. 아리스토텔레스 못지않게 지성적이고 인간 사유의 진보에 기여한 이들조차 아무런 의심이나 의혹 없이 이러한 견해를 갖고 있었다. 이러한 견해는 여성에 대한 남성의 지배와 관련한 비슷한 주장이 통상적으로 기초하고 있는 비슷한 전제에서도 찾을 수 있다. 즉 사람들 사이에는 자유인의 본성과 노예의 본성이라는 본성상의 차이가 있다는 것이다. (중략) 굳이 아리스토텔레스까지 거슬러 올라가야 할까? 미국 남부의 노예 소유주 역시 비슷한 신조를 가지고 있지 않았던가? 그들은 자신들의 신조에 광적으로 매달리면서, 자신들의 정념을 정당화해주고 개인적인 이해 관심에 합법성을 부여해주는 이론을 고수한다. 그들은 흑인에 대한 백인의 지배는 자연스러운 일이며, 흑인은 본성상 자유를 누릴 수 없고 노예일 뿐이라는 점을 입증하기 위해 우주 만물을 들먹이지 않았던가? 어떤 사람들은 육체 노동자의 자유는 어느 곳에서든 자연스러운 사물의 질서에 부합하지 않는다고 주장하기까지 한다. 게다가 절대 왕정에 대한 이론가들은 언제나 절대 왕정 체제야말로 자연에 부합하는 유일한 통치 형식이라고 단언하곤 했다. 가부장제에서 흘러나왔기 때문에 절대 왕정 체제가 근원적이고 자연발생적인 사회 형태라는 것이다. 부계 모델에 따르면 부권이 사회 자체보다 앞서며 무엇보다 가장 자연스러운 권위이다. 아니다. 그런 문제라면, 어떤 다른 답변도 제시할 수 없는 사람들에게만 힘의 법칙 자체가 권위의 수행을 뒷받침할 수 있는 모든 근거들 가운데 가장 자연스러운 것처럼 보일 뿐이다. (중략)

자연스럽지 않다는 말이 일반적으로 관습에 부합하지 않는다는 의미로 쓰이는 것은 사실이다. 그렇기 때문에 일상적인 모든 것이 자연스럽게 보이는 것이다. 여성이 남성에게 예속되는 것이 보편적인 관습으로 여겨지기 때문에 아주 자연스럽게 관습에서 벗어나는 것조차 부자연스럽게 보인다. 그러나 이 경우에서조차 정서가 관습에 얼마나 전적으로 의존하는지를 수많은 경험이 보여주고 있다.

[다]

사회적·자연적인 모든 원인이 결합하여 여성이 집단적으로 남성의 권력에 저항하는 일을 있을 수 없는 일로 만든다. 여성의 위치는 모든 다른 종속 계급과 다르다. 그리하여 여성을 지배하는 주인들은 실질적인 섬김을 받는 것 이상의 무언가를 여성에게 요구한다. 남성은 여성이 단순히 복종하는 것을 원하지 않는다. 그들은 여성의 다정함을 원한다. 매우 잔인한 사람을 제외한 모든 남성은 자신과 가장 가까운 관계에 있는 여성에게 강요에 의한 노예가 아니라 자발적 노예가 되기를, 즉 단지 노예일 뿐인 사람이 아니라 좋아하는 사람이 되기를 바란다. 그렇기 때문에 남성은 실제로 여성의 정신을 노예로 만들기 위해 모든 것을 동원한다. (중략) 그들은 자신들의 목적을 효과적으로 달성하기 위해 교육이 가진 전반적인 힘에 주목했다. 모든 여성은 아주 어렸을 때부터 이상적인 여성상은 이상적인 남성상과는 정반대라는 믿음을 갖도록 양육된다. 여성은 제멋대로여서도 안 되고 스스로를 통제해서도 안 되며 다른 사람들에게 복종하고 제재 받아야 한다고 믿게 한다. 여성에게 요구되는 모든 도덕은 다른 사람들을 위해 사는 것이 여성의 의무라고 말한다. 현재 널리 퍼져 있는 모든 감상적인 말은 그것이 여성의 본성이라고 한다. 여성은 자기 자신을 완전히 버려야 한다. 애정을 바치는 것 이외의 삶이 여성에게는 없다. (중략)

[라]

앞에서 살펴보았던 것은 다음과 같은 점을 보여주기에 충분하다. 즉, 여성을 사회적·정치적으로 남성에게 예속시키는 제도를 지지하기 위해 제아무리 보편적인 것이라 해도 관습을 전제로 동원해서는 안 되며, 관습에 의거해서 어떤 편견을 만들어내서도 안 된다. 한 발 더 나아가서 나는 역사의 과정과 인간 사회의 진보적 경향은 불평등한 권리 체계를 지지하지 않을 뿐만 아니라 그러한 불평등을 강하게 반대한다고 생각한다. 바로 이 순간까지 인간이 개선해나간 전체 과정, 즉 오늘날 사조의 전반적인 흐름으로 추정해보건대 과거의 유물은 미래와 조화를 이루지 못하며 틀림없이 사라지게 될 것이다.

그렇다면, 현대modern 세계만이 갖는 고유한 특징은 무엇일까? 현대의 제도, 현대 사회의 이념, 현대적인 삶 자체를 오래된 과거 시대의 그것들과 구별해주는 주요한 차이는 무엇일까? 그것은 바로 인간은 태어날 때부터 정해진 위치가 있는 존재, 즉 태어난 신분의 굴레에 영원히 얽매인 존재라고 여기지 않는다는 점이다. 인간은 저마다의 능력과 주어진 기회를 이용하여 자신들이 원하는 바를 성취해 나가는 자유로운 존재이다. (중략) 이러한 신조에 따라, 일반적인 가정을 따른다고 해도, 어떤 사람들은 특정한 일을 수행하는 데 적합하지 않다고 사전에 미리

단정 짓는 권한은 정당하지 않다고 여겨지게 되었다. (중략) 자기 자신의 이익과 다른 사람들의 이익을 위해 능력을 발휘하려고 하는 사람들에게 장애물을 안겨주는 것은 해당 개인에게는 부정의이고 동시에 사회를 해치는 일이 된다.

John Stuart Mill, 《The Subjection of Women》, 1869, 제1장: [가]~[라].

1) 주제 이해를 돕는 연습

1 지문 [가]에서 밀은 남성과 여성의 사회적 관계를 비판하면서 어떤 집단이 다른 집단에게 법적으로 종속된다면 이는 부당하며 지배-종속 관계를 완전 평등의 원리로 대체해야 한다고 주장합니다. 또한 완전 평등의 원리가 논리적으로 옳더라도 사람들의 일반적인 정서에는 받아들여지지 않을 가능성이 크다고 우려합니다. 정서에 바탕을 둔 주장은 어떤 문제가 있을까요? 그런 주장을 효과적으로 반박할 수 있는 방법은 무엇일까요?

2 지문 [나]에서 밀은 여성의 사회적 상태가 노예제에 비견될 만큼, 오히려 그것보다 더 뿌리 깊게 남아 있는 부정의라고 주장합니다. 그는 이 비유가 적절하지 않다는 반론을 예상하고 그에 대한 답변도 내놓았습니다. 여성과 노예의 유비는 적절할까요? 밀이 내놓은 답변은 얼마나 설득력이 있을까요?

3   지문 [다]에서 밀은 여성의 종속이 다른 종속과 다른 점, 여성이
    종속 상태에서 벗어나기 어렵게 만드는 요인에 대해 언급합니
    다. 그는 최종적으로 사회는 평등으로 나아가야 한다고 주장합
    니다. 밀의 언급을 통해 사회적·정치적으로 여성을 남성의 지배
    아래 묶어둔 당시의 제도를 추측해보고 오늘날의 사회적·정치적
    제도는 밀이 예상한 평등의 방향으로 충분히 변화되었는지 평가
    해 봅시다.

2) 해석해드립니다

 밀이 《여성의 종속》을 발표했을 당시는 여성 참정권 운동의 초창기
로 사람들은 남성이 가정의 대표로서 공적 영역에서 활동하고 여성은
남성의 아내로서 가정이라는 사적 영역에 머물러야 한다고 생각했습
니다. 남성은 '시민'의 사회적 지위를 누린 반면, 여성은 '남성 시민의 아
내'로서만 사회적 지위를 누릴 수 있었습니다.
 당시 영국 사회에서 여성은 아내로서 남편에게 종속된 형태로만 법
적 지위를 가질 수 있었는데 밀은 바로 이러한 여성의 예속 상태를 강
하게 비판했습니다. 그는 지문 [가]처럼 남성과 여성의 사회적 관계가
완전 평등의 원리에 따라 이루어져야 한다고 주장했습니다. 밀은 남성
과 마찬가지로 여성에게도 시민의 권리가 주어져야 하며 완전한 평등
이 전제될 때 남성과 여성이 진정으로 자유로운 관계를 맺을 수 있다고
말했습니다.
 지문 [라]에서 볼 수 있듯이, 밀은 "저마다의 능력과 주어진 기회를

이용하여 자신들이 원하는 바를 성취해 나가는 자유로운 존재"로 인간을 바라보게 된 점을 밀 자신이 살았던 근대 시민 사회와 과거 봉건 사회를 구분할 수 있게 해주는 중요한 차이점이라고 주장합니다. 근대 시민사회는 사람들이 더 이상 타고난 신분에 따라 운명이 제약되는 삶을 살아가지 않게 하는 방향으로 변화해 나갔습니다. 인간이라면 누구나 삶의 방향을 스스로 선택하고 설계할 자유를 지닌다는 생각이 널리 퍼졌습니다. "자기 자신의 이익과 다른 사람들의 이익을 위해 능력을 발휘하려고 하는 사람들에게 장애물을 안겨주는 것은 해당 개인에게는 부정의이고 동시에 사회를 해치는 일이 된다"는 밀의 주장은 이러한 시대적 흐름을 반영합니다.

하지만 당시 여성은 남성처럼 삶의 방향을 자유롭게 선택할 수 없었습니다. 오직 남편의 아내이자 아이의 어머니로서만 존재해야 했습니다. 밀은 이러한 현실에 맞서 모든 사람은 자신의 삶의 방향을 자유롭게 선택할 수 있어야 하며 그것이 바로 정의라고 주장합니다. 지문 [나]처럼 밀은 역사적 사례를 통해 사람들이 '자연스럽다'라고 여기는 현상이 잘못된 관습에서 기인했다는 사실을 보여주고 이를 근거로 여성도 정치에 참여할 수 있어야 한다는 주장이 사람들의 '일반적인' 직관에 어긋나더라도 '규범적으로' 정당화될 수 있다고 말합니다. 그는 '자연스러워' 보이지만 정당화될 수 없는 생각과 일반적 직관에 어긋나는 것처럼 보이지만 '규범적으로' 정당한 생각을 대비해 여성도 시민의 권리를 동등하게 누릴 수 있어야 한다는 자신의 생각이 올바른 방향이라고 이야기합니다.

이러한 밀의 주장은 당시 사회에서 시민의 권리를 자유롭게 누릴 수 있는 사람이 일부에 불과했다는 사실에 비추어 볼 때 매우 급진적이었습니다. 밀이 주장한 여성의 자유 및 평등한 권리 보장은《여성의 종속》이 출간되고 한참 후인 20세기 초반에 이르러서야 여성 참정권 인정으로 결실을 맺습니다. 그러나 이후에도 여성은 가정이라는 사적 영역에 머물러야 한다는 관념은 쉽게 사라지지 않았습니다.

지문 [다]처럼 밀은 여성이 억압적인 상황에서 벗어나기 어렵게 하는 사회적·자연적 요인이 있다고 지적했습니다. 밀이 살던 시대에서 한 세기가 지난 20세기 중반에도 여성의 상황은 크게 달라지지 않았습니다. 프랑스의 실존주의 철학자이자 작가인 보부아르Simone de Beauvoir 는《제2의 성》에서 여성이 여전히 종속적인 삶을 살고 있다고 비판합니다.

> 그런데 여자는 남자의 노예가 아니었을지라도 적어도 항상 그의 가신家臣이었다. 양성이 세계를 평등하게 누린 적은 단 한 번도 없었다. 그리고 오늘날도 여성의 조건이 진보하는 중이긴 하지만 아직 여자는 몹시 불리한 조건에 놓여 있다. 거의 모든 나라에서 여성의 법적 지위는 남자의 것과 동일하지 않고 대개 심각하게 불리하다. 여자의 권리가 추상적으로 인정되었다 할지라도 오랜 관습이 현실에서 구체적으로 실행되는 것을 막는다. 남자와 여자는 경제적으로 거의 두 개의 카스트 계급을 형성하고 있다.
>
> 모든 것이 평등하다 해도 남자들은 최근에 진입한 그들의 경쟁자보다 더 유리한 상황, 더 높은 보수, 더 많은 성공의 기회를 가지고 있다. 남자들은 산업이나 정치 등에서 훨씬 더 많은 자리를 차지하고 있고 가장 중요한 지위를 점하고 있다. 그들은 구체적인 권력 외에도 모든 어린이 교육이 유지하는 전통의 위세를 누리고 있다. 현재는 과거

를 이어받고 있고 과거의 모든 역사는 남자들에 의해 만들어졌다. 여자들이 세계의 역사에 참여하기 시작한 순간에도 이 세계는 아직 남자들에게 속한 세계이다. 남자들은 그 사실을 의심하지 않고 여자들은 이제 겨우 의심하기 시작했다.

시몬 드 보부아르 지음, 이정순 옮김, 《제2의 성》, 을유문화사, 2021, p. 33.

보부아르의 주장을 한마디로 요약하면 여성은 여전히 2등 시민에 머물고 있으며 그것이 정당하지 않다는 것입니다. 보부아르는 여성이 온전한 시민이 아닌 '남성 시민의 아내'로서 삶을 강요당하는 현실을 비판하고 여성도 주체적으로 자신의 삶을 가꾸어 나갈 수 있어야 한다고 주장합니다.

그렇다면 오늘날 '시민'의 범주는 얼마나 달라졌을까요? 지금은 인간이라면 누구나 성별, 인종, 계급, 사회·문화적 조건과 상관없이 시민의 권리를 평등하게 누리고 있을까요? '우리'와 다르다고 여겨지는 사람을 은연중에 차별하고 있지는 않을까요? '나'와 동등한 시민으로 간주할 수 있는 사람은 누구일까요? 사회의 주류 정체성이 아닌, 소수자 정체성을 지닌 집단에 대한 차별은 어떤 층위에서 벌어질까요? 누군가를 인간으로서 존중하지만 그 사람에게 동등한 시민권을 부여해서는 안 된다고 생각한다면 이는 논리적으로 양립할 수 있을까요? 그렇지 않더라도 그러한 생각이 사라지지 않는다면 이유는 무엇일까요? '인간' 개념과 '시민' 개념 사이에 여전히 어떤 긴장이 있지는 않은지 생각해 볼 필요가 있습니다.

토론해봅시다

인권은 양도할 수 없다고 추정되지만, 주권 국가의 시민이 아닌 사람들이 나타날 때면 항상—심지어 인권에 기초한 헌법을 보유한 국가에서조차—인권은 강요할 수 없는 것이라는 사실이 드러났다. (중략)

권리를 상실한 사람들의 재난은 그들이 생명, 자유와 행복 추구 또는 법 앞에서의 평등과 의견의 자유—주어진 공동체 안에서 발생하는 문제들을 풀기 위해 고안된 공식들인데—를 빼앗겼다는 것이 아니라 어느 공동체에도 속하지 않는다는 것이다. 그들의 곤경은 그들이 법 앞에서 평등하지 않아서가 아니라 그들을 위한 어떤 법도 존재하지 않기 때문이고, 그들이 탄압을 받아서가 아니라 아무도 그들을 탄압하려 하지 않는다는 데 있다. (중략)

인권의 근본적인 박탈은 무엇보다 세상에서 거주할 수 있는 장소, 자신의 견해를 의미 있는 견해로, 행위를 효과적 행위로 만드는 그런 장소의 박탈로 표현되고 있다. 어떤 사람이 자신이 태어난 공동체에 소속되는 것이 더 이상 당연한 문제가 아니고 그것에 속하지 않는 것이 더 이상 선택의 문제가 아닐 때, 또는 어떤 사람이 범죄를 저지르는 경우를 제외하고는 다른 사람이 그를 어떻게 취급할지가 그의 행위에 좌우되지 않을 때, 시민의 권리인 자유와 정의보다 훨씬 더 근본적인 것이 위험에 처하게 된다. 인권을 빼앗긴 사람들은 바로 이런 극단적인 궁지에 처해 있는 것이다. 그들은 자유의 권리가 아니라 행위의 권리를 박탈당했고, 좋아하는 것을 생각할 권리가 아니라 의사를 밝힐 권리를 빼앗겼다. 어떤 경우에 특권이, 대개의 경우에는 불의가, 또 축복과 저주가 우연에 따라 그들에게 할당된다. 그들이 무엇을 하고, 했고, 앞으로 할 것인지에 전혀 상관없이.

전 세계적으로 새로운 정치 상황이 출현하면서 수백만 명의 사람들이 권리를 가질 수 있는 권리(그것은 어떤 사람이 그의 행위와 의견에 의해 평가를 받을 수 있는 하나의 구조 안에서 살고 있다는 것을 의미한다), 그리고 어떤 종류의 조직된 공동체에 속할 수 있는 권리를 잃고 다시 얻을 수 없게 되면서, 우리는 비로소 그런 권리가 존재한다는 사실을 깨닫게 되었다. 문제는 이런 재난이 문명이 부족하거나 미개하거나 또는 단순한 폭정으로 인해 발생한 것이 아니라, 그 반대로 이 재난이 복구될 수 없다는 데 있다. 그것은 지구상에 이제 '미개한' 장소가 존재하지 않고, 원하든 원치 않든 우리가 이제 하나의 세계에서 살기 시작했기 때문이다. 완전하게 조직된 인류와 더불어 고향과 정치 지위의 상실은 인류로부터 배제되는 것과 동일하게 되었다. (중략)

인간이 자신의 정치 지위를 상실할 경우, 양도할 수 없는 선천적인 인권의 함의에 따르면, 그런 보편적인 권리 선언이 마련한 바로 그런 상황에 있어야 한다. 그러나 그 반대가 현실이다. 인간에 불과한 사람

은 다른 사람들이 그를 동료로 취급하게 만드는 바로 그런 특성을 상실한 것처럼 보인다. (중략)

공동의 세계 밖에서 살도록 강요당한 사람들의 실존에서 발생하는 가장 큰 위험은 그들이 문명의 한가운데에서 자연의 상태, 즉 그들이 자연으로부터 받은 것으로, 그들의 단순한 차이로 되던져졌다는 것이다. 그들에게 없는 것은 어떤 국가의 시민이라는 데서 오는 현상, 즉 차이의 제거 및 균등화 현상이다. 그러나 그들은 더 이상 인간이 만든 세상에 참여하지 못하기 때문에 동물이 특별한 동물종에 속하는 것과 같은 방식으로 이제 인간종에 속하기 시작한다. 인권의 상실에 함축된 역설은, 한 사람이 일반적인 인간이 되는 순간—직업도 없고 시민권도 없으며, 의견도 없고 그의 정체와 고유한 점을 알려줄 행위도 없는—그리고 그 자신만의 절대적으로 독특한 개성을 나타내면서 일반적으로 다르게 되는 순간 그런 상실이 일어난다는 것이다. 이 개성은, 하나의 공통된 세상 안에서 표현되고 그 위에서 행동할 수 있는 기회를 박탈당하면 모든 의미를 상실한다.

한나 아렌트 지음, 이진우·박미애 옮김, 《전체주의의 기원 1》, 한길사, 2006,

제9장, pp. 540~554.

위 제시문은 20세기 철학자 한나 아렌트Hannah Arendt의 1951년 저작인 《전체주의의 기원》의 일부입니다. 이 책에서 아렌트는 근대적 인권 개념의 난점을 분석합니다. 그는 인권이 '양도할 수 없다'고 천명되었다 할지라도 어떤 사람을 '참된' 시민으로 간주하지 않는 순간, 인권은 아무런 효력도 없다고 말합니다. 나치 치하의 독일에서는 민족 문화에 '참으로' 속하는 이들만 시민의 완전한 법적 권리를 가질 자격이 있다는 논리가 지배적이었습니다. 히틀러가 정권을 장악한 후 유대인을 비롯하여 민족 문화에 '참으로' 속하지 않는 사람들에게서 사법적 권리를 박탈하는 법이 가결되었고 이는 홀로코스트라는 비극으로 이어졌습니다.

아렌트는 나아가 '참된' 시민에 포함되지 못하는 존재를 배제하고, 궁극적으로는 이들을 사회에서 제거하고자 하는 전체주의적 방식이 야기하는 이런 비극이 어떤 사회에서든지 나타날 가능성이 있다고 경고합니다. '인간'과 '시민' 사이에 간극이 있을 때, '참된' 시민만이 '인간'의 자격을 얻게 될 때, 자격을 얻지 못한 사람들을 '쓸모없는' 인간으로 격하시키고 제거하고자 하는 전체주의의 논리가 언제든 등장할 수 있다는 의미입니다.

1) 고전을 이해하는 토론

1 아렌트는 '보편적 인권' 개념이 명확하지 않으며 무국적자처럼 시민권이 없을 경우에는 아무런 효력도 발휘하지 못한다고 주장합니다. 인권은 단지 개념뿐일까요? 아니면 구체적인 상황에서 충분한 효력이 있을까요?

2 '인간' 개념은 모든 사람을 아우르는 포괄적인 개념일까요? 인종, 성별, 계급, 사회·문화적 조건 등 개인의 특수성이 '인간' 개념과 어떻게 관련되는지, '인간' 개념이 개인의 특수성을 무시하는 것

은 아닌지 생각해봅시다.

3   '인간' 개념과 '시민' 개념 사이에 어떤 긴장이 있을 때, 즉 '인간'의 범주와 '시민'의 범주가 일치하지 않을 때 어떤 방향으로 긴장이 해소되어야 할까요?

2) 오늘을 위한 토론

1   개인의 특수성을 고려할 때 '평등'은 무엇을 의미할까요? '인간 보편성'을 가정할 때에만 '평등'을 이야기할 수 있을까요? 오늘날 평등에 대한 요구는 구체적으로 무엇인지 생각해봅시다.

2   최근 우리 사회에서 일어나는 MTF 트랜스 젠더의 군 복무 및 여대 입학, 장애인 이동권 보장을 위한 시위, 난민 거주권 인정 및 자녀의 학교 입학, 차별 금지법 제정 등을 둘러싼 찬반 논쟁은 '평등한 시민권'이라는 전제에서 이루어지고 있을까요?

더 깊은 토론을 위한 참고자료

★ 존 스튜어트 밀 지음, 서병훈 옮김, 《여성의 종속》, 책세상, 2018

인용문에서 사용한 부분은 밀의 《The Subjection of Women》을 직접 번역한 것입니다. 밀은 '여성은 본성상 이성적이기보다 감성적이기 쉽다', '남성보다 덜 이성적이기 때문에 공적 영역에 적합하지 않다'는 등 당시 널리 퍼져 있던 생각이 어떻게 잘못되었는지 논리적으로 반박하면서 여성도 시민의 평등한 권리를 누려야 한다고 주장했습니다. 여성의 사회적 지위와 평등한 권리에 관한 기본 이념을 제시했다는 점에서 자유주의 페미니즘의 고전이라는 평가를 받습니다.

★ 한나 아렌트 지음, 이진우·박미애 옮김, 《전체주의의 기원》 1·2권, 한길사, 2006

아렌트는 '양도 불가능한 권리'란 권리를 보장하고 보호할 제도가 없을 경우 효력이 없다는 점을 지적하면서 가장 근본적인 권리는 '권리를 가질 권리'가 되어야 한다고 주장합니다. '권리를 가질 권리'란 권리를 보장하고 보호해 줄 어떤 공동체에 속할 권리를 의미합니다. '인권'은 누군가를 공동체의 구성원으로 인정하는 데에서 출발하는 것이 아닐까요.

★ 시몬 드 보부아르 지음, 이정순 옮김, 《제2의 성》, 을유문화사, 2021

'여자는 태어나는 것이 아니라 만들어진다'는 유명한 주장이 이 책에서 제기되었습니다. 보부아르는 '생물학은 운명'이라며 여성의 억압적 상황을 여성의 자연적 본질에 따른 결과라고 정당화해왔던 논의에 맞서 여성의 '본질' 역시 사회문화적으로 만들어졌다고 비판합니다. 나아가 여성이 그렇게 만들어진 '본질'을 뛰어 넘어, 자유롭게 자신의 삶을 창조해 나가는 실존적 주체가 되어야 한다고 주장합니다. 여성의 위치를 주체와 타자의 관계에서 생각해 볼 수 있게 하는 책입니다.

DISCUSSION CLASS

돈이 없는 것 vs. 존엄성이 없는 것
: A Theory of Justice

존 롤즈와 함께 토론하는
인정-재분배 논쟁

오늘의
토론 주제

'정의justice'에 대한 열망은 인간에게 근본적인 모양입니다. 플라톤의 《국가》에서 현대 철학에 이르기까지 정의가 무엇인지, 어떻게 하면 정의로운 사회를 만들 것인지, 어떻게 하면 정의로운 사람이 될 수 있을지에 대한 논의가 계속되고 있으니 말입니다. 과거 군부 독재를 경험하고 민주화의 과정을 겪은 한국 사회도 역사의 전환기마다 정의가 중요한 계기를 마련했습니다.

정의라는 '이름'이 고대로부터 현대까지 각 사회에서 두루 사용되고 있지만 어떤 영역에서 어떻게 정의로운 사회를 만들 것인지에 대한 구체적인 논의로 들어가면 논쟁이 벌어집니다. 정의의 '내용'을 다루기 위해서는 시대와 사회를 고려한 논의가 필요하기 때문입니다. 현대 한국 사회의 정의를 논의하기 위해서 먼저 우리가 직면한 정의 문제가 무엇인지 살펴볼 필요가 있습니다.

미국의 여론조사 기관 퓨리서치센터는 2021년 11월 18일 한국을 포함한 17개국 선진국의 성인 1만 9천 명을 대상으로 한 설문 조사 결과를 발표했습니다. 이 조사에서 '삶을 의미 있게 하는 것은 무엇입니까?'라는 물음에 대해 17개국 가운데 14개국은 가족을 1위로 꼽았습니다. 가족을 1위로 꼽지 않은 세 나라 가운데 스페인은 건강을, 대만은 사회를, 한국은 물질적 풍요를 1위로 꼽았습니다. 물질적 풍요는 대부분의 국가에서 상위 5개 항목에 포함됐지만 이를 1위로 꼽은 나라는 한국이 유일했습니다.

이러한 조사 결과는 물질적 풍요를 중요하게 여기는 한국 사회의 단면을 보여줍니다. 1950년 한국 전쟁 이후 급격한 산업화 과정과 1997년 IMF 금융 위기 등을 경험하면서 경제적 불평등이 심화된 사회에 살다 보니 다른 가치보다 경제적 가치에 몰두했기 때문이라고 분석할 수 있습니다. 세계불평등연구소가 2021년 12월 7일 발행한 『세계 불평등 보고서 2022』에 따르면 한국은 소득 수준이 비슷한 서유럽 국가에 비해 불평등 정도가 심합니다. 한국의 소득 상위 10%와 하위 50%의 소득 배율은 14배이고 자산 불평등은 52배이며, 최상위 1%의 보유자산 비중은 전체의 25.4%에 이릅니다. 이 보고서는 한국이 1960년대부터 1990년대에 사회적 안전망을 만들지 못한 상태에서 규제 완화 등 정책을 통해 경제 발전을 도모했기 때문에 1990년대 이후 불평등이 더욱 심화됐다고 분석했습니다.

경제적 불평등이 심화된 한국 사회에서 '단군 이래 최고의 스펙'이라는 청년 세대의 경제적 불평등은 객관적으로 더욱 커졌을 뿐만 아니라 불평등에 대한 주관적 인식도 심화되고 있습니다. 한국 사회에서 괜찮은 일자리는 급속도로 줄어들었고 청년 불평등은 세습과 고착화를 통해 강화되고 있습니다. 청년 세대의 10명 중 8~9명86.9%이 향후 10년간 한국 사회에서 사회적·경제적 불평등이 더욱 커질 것이라고 인식하며, 20대는 부모 세대보다 상대적으로 사회적·경제적 지위가 하락하거나 _{69.2%} 비슷할 것_{19%}이라는 부정적 인식을 갖고 있다고 합니다.[1]

이 같은 현대 한국 사회의 현실은 20세기 서구 사회에서 경제적 불평등이 초래하는 부정의를 제거하고 정의로운 사회를 추구하려는 열망에서 나타났던 분배 정의_{distributive justice} 논의를 다시금 떠오르게 합니다. 정의로운 사회를 위해 사회적·경제적 불평등을 시정하고 모든 사회 구성원이 적절한 몫을 재분배 받아 자신의 삶을 영위할 수 있는 토대를 마련할 필요가 있습니다.

한국 사회의 정의를 다룰 때는 차별이나 자존감 상실 문제도 함께 언급됩니다. 특히 현대 사회에서는 후자에 주목할 필요가 있습니다. 차별이나 자존감 상실은 사회 구성원의 내면을 병들게 하고 오랜 시간 동안 광범위로 확산하는 사회 병리 현상, 예를 들면 다양한 정신 질환이나 자살 그리고 혐오와 파괴적 갈등을 초래하기 때문입니다. 한 여론 조사 결과에 따르면 한국 사회의 남녀 갈등이 심각하다는 응답은 63%로, 그렇지 않다는 31%의 응답보다 2배 높았습니다.[2] 특히 20대는 75%, 30대는 76%가 심각하다고 응답했으며 성차별이 주로 직장_{61%} 등 사회 생활 영역에서 발생한다고 응답했습니다.

설문 조사 결과는 근대화 이후에도 한국 사회가 여성 인권을 충분히 보장하지 못하고 과거 유교 문화로부터 고착화된 가부장제 문화에 근거한 성차별이 여전히 우리 사회에 만연해 있다고 말합니다. 앞에서 언

---

1 2021년 서울연구원이 조사 발표한 보고서 『장벽사회, 청년 불평등의 특성과 과제』.
2 2021년 2월 한국리서치가 만 18세 이상의 남녀 1,000명을 대상으로 실시한 여론 조사.

급한 『세계 불평등 보고서 2022』는 한국에서 전체 소득 가운데 여성이 차지하는 비율은 과거보다 늘어났지만 그 비율이 32.8%에 불과하여 여전히 남녀 소득 평등에 못 미친다고 분석합니다. 이러한 조사 결과는 성차별에 대한 인식이 단지 개인의 주관이 아니라 실제 현실에서 일어 난다는 사실을 보여줍니다.

한국 사회에서는 남녀 차별뿐만 아니라 성소수자나 장애인 등에 대한 차별도 심각한 수준입니다. 국제인권단체인 휴먼라이츠워치와 예일대학교 법과대학 앨러드 K. 로웬스타인 국제인권클리닉이 2021년 9월 발표한 공동 조사 보고서 『내가 문제라고 생각했어요: 성소수자 학생의 권리를 도외시하는 한국의 학교들』에 따르면 한국의 성소수자 학생은 학교에서 고립감을 느끼며 다른 학생과 교직원에게 인권을 침해 당하고 있다고 합니다. 성소수자 차별에 대한 문제 제기가 이루어진 지는 오래되었지만 사회적으로 이를 해결하려는 노력은 미흡합니다. 차별금지법 제정에 찬성하는 응답은 67.2%로 반대한다는 응답인 28%보다 2배에 이릅니다.[3] 성소수자의 권리를 지지하는 여론이 증가하고 있지만 포괄적 차별금지법은 2007년 정부안으로 첫 발의를 시작한 이래 아직 제정되지 못했습니다.

장애인 차별 문제 역시 외면당하고 있습니다. 한국에서 코로나19 첫 집단 감염과 사망자가 발생한 곳은 청도 대남병원 정신과 폐쇄 병동으로 희생자 대부분이 이곳에서 20년 넘게 생활하던 정신 장애인 환자였습니다. 입원 환자 102명 중 100명이 코로나19에 감염됐고 이 중 7명이 목숨을 잃었습니다. 독일의 사회학자 벡Ulrich Beck이 《위험 사회》Risk

---

3 2022년 5월에 발표한 국가인원위원회의 국민인식조사.

Society에서 위험과 손해는 사회 구성원에게 고르게 분배되지 않고 사회적 약자에게 과도하게 집중된다고 말했던 통찰이 한국 사회의 민낯으로 드러난 셈입니다. 장애인의 이동권을 보장해달라는 시위도 20년 넘게 계속되고 있지만 실질적인 조치는 여전히 이루어지지 않았습니다.

한국 사회의 성차별, 성소수자 차별, 장애인 차별 등은 차이를 인정하지 못해 생겨나는 다양한 부정의의 사례입니다. 다양한 사회적 관계에서 서로를 존중하지 못해 발생하는 자존감 상실 문제 또한 빈번합니다. 소비자나 손님이 서비스업 종사자를 동등한 인격체로 존중하지 않고 부당하게 무시하거나 모욕을 주는 일명 '갑질'이 이를 대표합니다. 2020년 1월 국무조정실에서 발표한 '갑질 인식 조사 결과'에 따르면 응답자의 85.9%는 우리 사회의 갑질이 심각하다고 응답했고 실제로 갑질을 경험했다는 응답자는 29.3%였으며, 특히 30대 전업 주부, 인천·경기에 거주하는 여성 집단에서는 90%가 갑질의 심각성을 인식했습니다. 갑질로 모욕과 무시를 당한 경험은 심각한 정신적·물질적 피해를 초래하고 이는 또 다른 2차 가해와 피해로 이어집니다.

정의로운 사회가 구성원이 자유롭고 평등하게 자존감을 보장받으며 자아실현을 도모하는 사회라면 한국 사회는 사회 정의를 실현하기 위해 어떻게 노력해야 할까요? 경제적 불평등과 관련된 (재)분배 문제와 차별과 모욕 해소와 관련된 인정recognition 문제 가운데 구체적으로 어떤 문제에 집중하여 해결을 도모해야 할까요?

토론 수업을 위한
오늘의 고전

존 롤즈의 《정의론》

현대 사회에서 정의론은 분배 문제와 인정 문제를 어떻게 다루어야 할까요? 다음 지문은 롤즈John Rawls의 《정의론》 일부입니다. 롤즈가 정의의 역할과 주제, 방법론 그리고 정의의 두 원칙을 제시하는 부분입니다.

[가]

사상 체계의 제1덕목을 진리라고 한다면 정의는 사회 제도의 제1덕목이다. 이론이 아무리 정치精緻하고 간명하다 할지라도 그것이 진리가 아니라면 배척되거나 수정되어야 하듯이, 법이나 제도가 아무리 효율적이고 정연하다 할지라도 그것이 정당하지 못하면 개선되거나 폐기되어야 한다. 모든 사람은 전체 사회의 복지라는 명목으로도 유린될 수

없는 정의에 입각한 불가침성을 갖는다. (중략)

　여러 가지 것들, 즉 법, 제도 그리고 사회 체제들뿐만 아니라 의사 결정, 판단, 비난 등을 포함한 여러 가지의 특정 행위들이 정의롭다거나 부당하다고들 말한다. 또한 우리는 사람이 갖는 태도나 성향에 대해서도 그리고 사람 그 자체에 대해서도 정의롭다거나 부당하다고 한다. 그러나 우리가 논하려는 것은 사회 정의인 만큼, 우리에게 있어서 정의의 일차적 주제는 사회의 기본 구조, 보다 정확히 말하면 사회의 주요 제도가 권리와 의무를 배분하고 사회 협동체로부터 생긴 이익의 분배를 정하는 방식이 된다.

[나]

공정으로서의 정의에 있어서의 평등한 원초적 입장이라는 것은 전통적인 사회계약론에 있어서의 자연 상태에 해당한다. 이 원초적 입장을 역사상에 실재했던 상태로 생각해서는 안 되며, 더구나 문화적 원시 상태로 생각해서도 안 된다. 그것은 일정한 정의관에 이르게 하도록 규정된 순수한 가상적 상황으로 이해된다. 이러한 상황이 갖는 본질적 특성 중에는 아무도 자신의 사회적 지위나 계층상의 위치를 모르며, 누구도 자기가 어떠한 소질이나 능력, 지능, 체력 등을 천부적으로 타고났는지를 모른다는 점이다. 심지어 당사자들은 자신의 가치관이나 특수한 심리적 성향까지도 모른다고 가정한다. 정의의 원칙들은 무지의 베일 속에서 선택된다. 그 결과 원칙들을 선택함에 있어서 아무도 타고난 우연의 결과나 사회적 여건의 우연성으로 인해 유리하거나 불리해지지 않는다는 점이 보장된다.

[다]

이제 원초적 입장에서 채택되리라고 생각되는 정의의 두 원칙을 잠정적인 형식으로 진술하고자 한다. (중략)

첫째, 각자는 다른 사람들의 유사한 자유의 체계와 양립할 수 있는 평등한 기본적 자유의 가장 광범위한 체계에 대하여 평등한 권리를 가져야 한다.

둘째, 사회적·경제적 불평등은 다음과 같은 두 조건을 만족하도록, 즉 (a) 모든 사람들의 이익이 되리라는 것이 합당하게 기대되고, (b) 모든 사람들에게 개방된 직위와 직책이 결부되게끔 편성되어야 한다.

(중략) 사회의 기본 구조는 어떠한 기본적 가치들, 즉 합리적인 사람이면 누구나 갖고자 하는 것들을 분배한다고 가정해 보자. 이러한 가치들은 보통 그 사람의 합리적 인생 계획이 무엇이든 간에 소용되는 것들이다. 이를 보다 단순화시켜 사회가 취급할 수 있는 주요한 기본적 가치들이 권리, 자유, 기회 및 소득과 재산이라고 해보자. (뒤의 3부에서 자존감이라는 기본 가치가 중심적 위치를 갖게 된다.) 이러한 것들은 사회적 기본 가치들이다. (중략)

여러 번에 걸쳐서 나는 아마도 가장 중요한 기본 선은 자존감일 것이라고 말했다. (중략) 그것이 없이는 어떤 것도 할 가치가 없는 것으로 보이며, 또는 비록 어떤 것이 우리에게 가치가 있는 것일지라도 우리는 그것을 추구하고자 하는 의지를 갖지 못하게 된다. 모든 욕구와 활동은 공허하게 되고 우리는 무감각과 냉소에 빠지게 된다. 따라서 원초적 입장에 있는 당사자들은 어떤 대가를 치르더라도 자존감을 침해하는 사회적 조건들을 피하려 하게 될 것이다.

존 롤즈 지음, 황경식 옮김, 《정의론》, 이학사, 2003,
1절과 2절, p. 36, p. 40: [가], 3절, p. 46: [나],
11절과 67절, pp. 104~105, pp. 107~108, p. 568: [다].

1) 주제 이해를 돕는 연습

1 　롤즈는 지문 [가]에서 사회 제도에서 정의가 가장 중요하며, 이를 위해서는 사회 기본 구조의 정의 추구가 가장 시급한 과제라고 강조합니다. 여러분은 이에 대해 어떻게 평가하나요?

2 　지문 [나]에서 저자는 사회 정의를 제시하기 위한 방법론을 소개합니다. 다원주의 사회에서 다양한 가치관과 사상을 지닌 사회 구성원이 모두 평등하게 참여하여 공정하게 정의의 원칙을 도출하기 위한 합의 방법론입니다. 롤즈가 이 방법론을 사용하는 목적과 이유는 무엇일까요? 여러분은 이러한 목적과 이유에 대해 어떻게 평가하나요?

3 　지문 [다]에서 저자가 제시하는 정의의 두 원칙이 (재)분배와 인정의 문제에서 효과적인지 평가해 봅시다.

2) 해석해드립니다

현대 정의론의 시초로 평가되는 롤즈의 《정의론》은 1971년 초판이 출판되고 1999년에 수정판이 나왔습니다. 《정의론》은 출간 이후 롤즈의 정의론을 비판하는 노직Robert Nozick의 자유지상주의적 정의론, 왈쩌Michael Walzer나 샌델Michael Sandel의 공동체주의적 정의론 뿐만 아니라 다양한 학계의 논쟁을 통해 현대 정의의 논의를 주도합니다. 20세기 고전으로 평가되는 《정의론》은 출간 이후 지난 50년 동안 이뤄진 학계 논쟁처럼 여러가지 방법으로 독해할 수 있으며 다양한 주제를 다룹니다. 그 중 인정- (재)분배 논쟁과 관련된 독해에 주목해 봅시다.

인정-(재)분배 논쟁은 2000년 전후로 프레이저Nancy Fraser와 호네트 Axel Honneth 등을 통해 진행됐습니다. 이들은 롤즈의 《정의론》에서 시작된 현대 정의론을 분배 정의론으로 규정하면서 이는 현대 사회에서 중요하게 간주되는 인정과 차이difference에 취약하다는 비판을 제기합니다. 경제 영역에서 아무리 분배가 정의롭게 이루어지더라도 사회 문화적으로 발생하는 정체성에 대한 소외나 배제 등의 불인정은 또 다른 심각한 부정의에 해당하기 때문입니다.

프레이저는 부유한 흑인 은행장의 승차를 거부하는 백인 택시 운전사 사례를 통해 분배 정의론이 간과하는 불인정misrecognition 영역을 부각합니다. 호네트 또한 현대 사회에서 중요하게 부각되는 정체성 논쟁이 이러한 인정의 중요성을 보여준다고 강조합니다. 현대 사회의 정의를 실현하기 위해서는 분배와 인정 중 무엇이 중요할까요? 롤즈의 논의는 정말 인정과 차이에 취약한 논의일까요? 답을 모색하기 위해 제시된 지문을 살펴보고자 합니다.

지문 [가]는《정의론》의 '1절 정의의 역할'과 '2절 정의의 주제'에서 발췌했습니다. 롤즈는《정의론》이 시작되는 첫 문단에서 사회 복지를 위해서도 침해될 수 없는 가치인 자유와 권리가 있고 이를 보장하는 것이 정의의 역할이라고 주장합니다. 그는 서구 사회에서 가장 오랫동안 영향력을 행사해 온 정치 철학인 공리주의를 정면으로 비판하고 개인의 자유와 권리를 보장하려는 정의의 1차적 주제는 사회 기본 구조라고 밝힙니다. 개인의 삶에 지대한 영향력을 행사하는 사회 제도부터 정의로운 체제가 되어야 정의가 실현될 수 있는 토대가 마련되기 때문입니다. 롤즈는 정의의 문제를 제도 차원에서 접근하면서 이러한 제도를 정의롭게 하기 위한 방안을 모색합니다.

　정의로운 사회를 이루기 위해서는 정의로운 원칙이 제시되어야 할 텐데 다양한 가치와 사상이 공존하는 현대 다원주의 사회에서 이러한 원칙을 도출할 수 있을까요? 지문 [나]는 '3절 정의론의 요지'에서 롤즈가 정의의 원칙을 도출하기 위한 방법론을 제시하는 부분을 발췌했습니다. 롤즈는 근대 사회 계약에서 사용했던 계약론을 고도로 추상화하여 사회 구성원이 정의 원칙을 도출하기 위해 바로 지금, 여기서 합의할 수 있는 방법론을 제시합니다. 즉, 합의 당사자가 합의의 공정성을 훼손할 수 있는 정보에 대해 알지 못하도록 '무지의 베일'을 쓴 상태에서 최선의 내용을 합의하는 것입니다.

　혹자는 롤즈의 '무지의 베일'을 어떤 지식도 없는 무지한 상태로 오해해서 합의를 제대로 도출할 수 없다고 주장합니다. 하지만 롤즈의 방법에서 합의 당사자는 합의의 공정성을 훼손할 수 있는 정보, 예를 들면 자신의 사회적 지위, 재산 상태, 건강과 지능 등 일부 정보만 모를 뿐 그 외의 사회 일반 지식은 풍부합니다. 롤즈는 이런 오해를 무릅쓰고 공정성을 확보하기 위해 '무지의 베일'을 쓴 상태를 제안합니다. 모두가 평등한 합의 과정에서 자신의 재산 상태 등 특수한 정보를 안다면 모두에게 정의로운 사회를 추구하기보다 자신에게만 이익이 되는 유리한 사회를 만들 것이기 때문입니다.

롤즈는 공정성을 확보할 수 있는 방법론을 통해 사회 구성원이 합의하는 원칙을 '공정으로서의 정의'로 명명합니다. 이에 대한 구체적인 내용은 무엇일까요? 지문 [다]는 '11절 정의의 두 원칙'과 '67절 자존감, 탁월성, 수치심'에서 발췌했습니다. 여기서 롤즈는 공정으로서의 정의가 무엇인지 구체적으로 밝힙니다.

제1원칙인 자유의 원칙과 제2원칙인 공정한 기회 균등의 원칙과 차등 원칙이 롤즈의 공정으로서의 정의 원칙입니다. 롤즈는 합의 당사자가 사회적 기본 재화를 분배하는 원칙에 합의한다고 말하기 때문에 공정으로서의 정의가 분배 정의론인 것은 분명합니다. 더욱이 롤즈는 제2원칙인 차등 원칙을 제시하면서 사회적·경제적 불평등을 허용할 수 있는 원칙이라고 말하고 있기에 이는 경제적 불평등과 관련된 분배 정의론으로 보입니다. 그런데 롤즈는 분배 대상인 사회적 기본 재화의 목록에 자존감의 사회적 토대를 포함시켰습니다. 또한 자존감이 가장 중요한 가치이며 이를 보장하는 것이 원초적 입장의 합의 당사자에게 가장 중요한 사항이라고 말합니다. 이는 롤즈 정의론이 자존감의 문제를 도외시하지 않는다는 것을 보여줍니다. 다만 이를 분배 정의론을 통해 보장했다는 점에서 (재)분배-인정 논쟁에서 논의되는 방식과는 다른 독특함이 보입니다.

토론해봅시다

[가]

철학적 용어로서 "분배"와 "인정"은 상이한 기원을 가지고 있다. "분배"는 자유주의 전통, 특히 20세기 후반의 영미권에서 유래한다. 자유주의 전통은 1970년대와 80년대에 존 롤스John Rawls나 로널드 드워킨Ronald Dworkin과 같은 "분석" 철학자들이 정교한 분배 정의 이론을 전개함으로써 풍부하게 확대되었다. 이들은 개인의 자유에 대한 전통적 자유주의자들의 강조점을 사회민주주의적 평등과 통합시켜 나가면서 사회경제적 분배를 정당화할 수 있는 새로운 정의관을 제시하였다.

반면에 "인정"이라는 용어는 헤겔 철학, 특히 『정신현상학』에서 유래한 것이다. 이 전통에서 인정은 주체들 사이의 이상적 상호관계를 지시하며, 이런 관계 속에서 각자는 타자를 자신과 동등하면서도 분리되어 있는 존재로 바라본다. 이러한 상호관계는 주체성을 구성하는 데 본질적인 것으로 간주된다. 우리는 타인을 인정하고 타인에 의해 인정받음으로써만 개별적 주체가 된다. 따라서 "인정"은 종종 자유주의적 개인주의와는 상충되는 것처럼 보이는 헤겔 철학의 주장, 즉 사회적 관계들이 개인들에 대해 우선성을 가지며, 상호주관성이 주관성에 대해 우선성을 가진다는 주장을 함축하고 있다. 나아가 분배와 달리 인정은 보통 "도덕"과 구별되는 "윤리"에 속하는 것으로, 다시 말해 절차적 정의의 "올바름"rightness과 구별되는 자기실현과 좋은 삶이라는 실체적 목표를 촉진하는 것으로 이해된다. 지난 세기 중반 실존주의 사상가들에 의해서 풍부하게 고찰되었던 인정이론은 최근 들어 찰스 테일러Charles Taylor나 악셀 호네트Axel Honneth 같은 신新헤겔주의 철학자들이 "차이의 정치"를 옹호하기 위하여 인정이론을 규범적 사회철학의 핵심으로 삼게 되면서 새로운 부흥기를 맞이하고 있다.

따라서 철학적으로 볼 때, "분배"와 "인정"이라는 용어를 결합하는 것은 특이하다고 할 수 있으며, 각기 다른 용어를 옹호하는 사람들은 상대방의 용어를 거부하는 경향이 있다. 분배 정의를 말하는 많은 자유주의 이론가들은 인정이론이 수용 불가능한 공동체주의적 함의들을 수반한다고 주장하는 반면에, 인정을 주장하는 몇몇 철학자들은 분배이론이 개인주의적이고 소비주의적이라고 생각한다. 뿐만 아니라 분배와 인정이라는 각각의 용어들은 또 다른 전통에 속하는 사상가들에 의해 비판을 받기도 한다. 마르크스주의 전통에 속하는 사상가들은 분배라는 범주가 자본주의 사회의 불의를 전면적으로 파악하지 못한다고 주장한다. 왜냐하면 분배 범주는 생산관계를 간과하고, 착취, 지배, 상품화의 문제를 다루는 데 실패하고 있기 때문이다. 이와 비슷하게 후기구조주의를 수용하는 사람들은 인정이라는 개념이 보다 급진적인 비판을 방해하는 표준적인 주체 중심적 가정들을 수반하고 있다고 주장한다.

[나]

(중략) 노동 계급이란 잉여 생산물을 자본가 계급이 자신의 이윤으로 전유하는 상황 하에서 자신의 노동력을 팔아야만 하는 대부분의 사람들이다. 이러한 질서에서 나타나는 핵심적 불의는 매우 심층적인 불평등의 한 형태라고 할 수 있는 착취다. 착취관계 속에서 프롤레타리아 자신의 힘은 스스로와 대립하게 되며, 타인에게 이익이 되는 체계를 유지하기 위하여 강탈된다. 물론 프롤레타리아는 심각한 문화적 불의, "감추어진 계급의 상처들" 역시 겪게 된다. 그러나 이러한 문화적 불의는 자율성을 갖는 신분적 불의에서 기인하는 것이 아니라 경제구조에서 파생된 것이다. 이는 착취를 정당화하기 위해 계급의 열등성에 대한 이데올로기들이 확산되는 과정과 마찬가지이다. 따라서 불의를 시정하기 위한 대책은 인정이 아니라 분배다. 계급 착취를 극복하기 위해서는 이익과 부담의 계급 간 분배를 변화시키기 위해 정치경제를 변화시키는 것이 필요하다. 마르크스적 관점에서 이러한 변화는 계급 구조 자체의 폐지라는 급진적 형태를 취하게 된다. 결국 프롤레타리아의 과제는 단지 좀 더 나은 조건의 거래를 도모하는 것이 아니라 "계급으로서의 자기 자신을 폐지하는 것"이다. 프롤레타리아가 필요로 하는 것은 결코 차이의 인정이 아니다. 불의를 시정하는 유일한 방법은 프롤레타리아라는 독특한 집단 자체를 사라지게 만드는 것이다.

[다]

(중략) 여기에 속하는 모든 구조적 불의의 경우 그 원인을 해당 사회의 제도화된 문화적 가치 유형들에서 찾을 수 있다. 여기서 불의의 핵심

은 무시다. 반면에 모든 부수적인 경제적 불의들은 궁극적으로 볼 때 결국 신분 질서로부터 파생된 것들이 된다. 불의를 교정하기 위해 필요한 대책은 분배와 구별되는 인정이다.

이러한 이념형에 근접한 것처럼 보이는 사례는 신분에 대한 베버의 견해를 매개로 할 때 포착되는 성 차별이다. (중략) 이런 견해에서 보면 이성애자와 동성애자 사이의 사회적 차별은 정치경제에 그 기초를 두고 있지 않다. 왜냐하면 동성애자들은 자본주의 사회의 전체 계급 구조에 분산되어 있고, 노동 분업에서 명확한 위치를 가지고 있지 않으며, 착취당하는 계급들로 구성되어 있지도 않기 때문이다. 제도화된 문화적 가치 유형들이 이성애는 자연스럽고 규범적인 것으로, 동성애는 혐오스럽고 멸시받을 것으로 해석하는 만큼 오히려 이러한 구별은 사회의 신분 질서에서 기인한다고 볼 수 있다. 폭넓게 제도화된 이성애적 가치 유형들은 일반적인 사회적 상호작용들의 구조를 결정하게 된다. 가족법과 형사법을 포괄하는 많은 법적 영역들에서 명백하게 성문화된 이성애적 가치 유형들은 가족, 친밀성, 사생활, 평등과 관련된 법적 해석들을 특징짓는다. 이러한 가치 유형들은 또한 이주, 귀화, 망명 정책을 포함하는 정부 정책의 많은 영역들과 의학과 정신치료를 포함하는 일상적 직업 관행들에도 뿌리를 내리고 있다. 이성애를 규범화하는 가치 유형들은 대중문화와 일상적 상호작용에도 역시 확산되어 있다. 그 결과 게이와 레즈비언들은 **멸시받는 성**이 되며, 성적으로 특수한 형태의 **신분 종속**에 처하게 된다. 여기에는 모욕과 폭행, 결혼과 부모가 가지는 권리 및 특권의 박탈, 표현과 결사의 자유에 대한 구속, 대중 매체에서의 전형적인 모욕적 묘사, 일상적인 괴롭힘과 비방, 완전한 시민권 부여 및 시민권에 대한 동등한 보호의 거부 등이 포함된다. 이리한 해악들이 무시가 야기하는 불의들이다.

낸시 프레이저·악셀 호네트 지음, 김원식·문성훈 옮김, 《분배냐, 인정이냐?》,
사월의책, 2014, pp. 27~29: [가], pp. 39~40: [나], pp. 40~42: [다].

1) 고전을 이해하는 토론

1 경제 불평등 문제와 차별 문화는 어떤 관계일까요? 양자가 독립적인 주제인지 상호 연결된 문제인지 한국 사회의 사례를 통해 제시하고 이를 토대로 어떻게 문제를 해결하고 정의를 실현할 수 있을지 방안을 모색해 보세요.

2 현대 한국 사회가 정의로운 사회로 나아가기 위해 주목해야 할 부정의는 무엇일까요? 한국 사회에서 발견할 수 있는 (재)분배와 인정 문제의 사례를 찾아보고, 이를 해결할 정의의 원칙이나 입장은 무엇인지 제시해 보세요.

2) 오늘을 위한 토론

1 사회적·경제적 불평등은 정의롭지 못한가요? 특정한 경우에만 정의롭지 못한가요? 아니면 그 자체로 정의롭지 못한가요? 자신의

입장을 정하고 그 입장을 지지할 수 있는 근거를 제시해 보세요.

2_ 열심히 노력하고 수고한 사람이 더 많은 부를 획득하고, 게으르고 수고하지 않은 사람이 더 적은 부를 얻는 것이 정의 아닐까요? 자신의 입장을 정하고 그 입장을 지지할 수 있는 근거를 제시해 보세요.

3_ 자존감을 훼손하는 언행은 정의롭지 못한가요? '감정 노동자'는 감정을 대가로 경제적 이득을 취하기에 자존감이 훼손되는 상황에서도 이를 감수한다고 볼 수 있을까요? 자존감 훼손이 정의롭지 못하다고 할 때, 특정한 경우에만 정의롭지 못한가요? 아니면 그 자체가 정의롭지 못한가요? 자신의 입장을 정하고 그 입장을 지지할 수 있는 근거를 제시해 보세요.

더 깊은 토론을 위한 참고자료

★ 존 롤즈 지음, 황경식 옮김, 《정의론》, 이학사, 2003

《A Theory of Justice》는 1971년 초판이 나온 이후 1999년에 개정됐습니다. 한국에서는 2003년에 개정판 번역본이 나왔습니다. 윤리학과 정치 철학 영역에서 20세기 고전으로 평가되는 롤즈의 《정의론》은 1부 원리론, 2부 제도론, 3부 목적론으로 구성된 대작입니다.

★ 낸시 프레이저·악셀 호네트 지음, 김원식·문성훈 옮김, 《분배냐, 인정이냐?》, 사월의책, 2014

이 책은 20세기의 대표적인 정치 철학 논쟁 중 하나인 (재)분배-인정 논쟁을 다룹니다. 이 논쟁을 주도했던 프레이저와 호네트가 서로의 주장을 논박하는 논쟁이 4부 14장으로 구성된 《분배냐, 인정이냐?》에 담겨 있습니다. 1부와 2부에서는 프레이저와 호네트가 각각 자신의 주장을 펼치며, 3부와 4부에서는 상대의 주장을 반박하며 자신의 주장을 강화합니다. 프레이저는 분배와 인정이라는 관점적 이원론을 주장하는 반면, 호네트는 인정이 분배 문제를 충분히 포괄할 수 있는 개념이라고 맞섭니다. 프레이저와 호네트의 논쟁에 대한 전반적인 이해를 넓히기 원하는 분에게 일독을 권합니다.

★ 목광수 지음, 《정의론과 대화하기》, 텍스트CUBE, 2021

롤즈의 《정의론》에 대한 입체적 독해, 즉 1부 원리론, 2부 제도론, 3부 목적론을 상호 연결하여 통합적으로 독해하는 방식을 토대로 한국 사회의 문제를 다루는 연구서입니다. 《정의론》에 대한 깊은 해석과 이해를 토대로 한국 사회의 윤리와 정의 문제에 대한 철학적 고민을 이끌어냅니다.

맛있어서 먹는 건데 왜 그러세요?

: An Introduction to
the Principles of Morals and
Legislation

제레미 벤담과 함께 토론하는
동물의 도덕적 지위

오늘의
토론 주제

국내 채식 인구는 2008년 15만 명에서 2018년 150만 명으로 10년 만에 10배가 늘었고 2021년에는 250만 명으로 추정됩니다.[1] 채식주의가 증가하는 원인은 동물 보호와 건강입니다. 채식주의자 10명 중 7명이 채식의 이유로 건강33.5%과 동물 보호38.8%를 꼽았습니다.[2] 동물 보호가 채식의 중요한 이유라는 증거입니다.

동물 보호에 대한 관심은 반려 동물companion animal과 더불어 살아가는 인구 통계에서도 볼 수 있습니다. 처음으로 반려 동물 양육 가구를 조사한 통계청의 '2020 인구주택총조사'에 따르면 전체 가구 중 15%인 312만 9천 가구가 반려동물을 키운다고 집계됐습니다. 과거의 통계가 없어서 정확하게 비교할 수 없지만 상식과 경험에 비춰볼 때 최근 들어

---

1   한국채식연합의 2021년 7월 발표 자료.
2   2020년 5월 국내의 성인(20~59세) 채식주의자를 대상으로 실시한 이화여대 식품영양학과 조미숙 교수팀의 설문조사.

한국 사회가 동물 보호에 관심이 높아졌으며 동물과 더불어 살아가는 인구도 많아진 것은 분명합니다.

그런데 이와 동시에 육류 소비 또한 증가하는 실정입니다. 국내 1인당 연간 육류 소비량은 지난 20년간 31.9kg에서 54.3kg으로 약 71% 증가했습니다.[3] 동물 보호에 대한 관심이 높아지는데 육류 소비도 늘어나는 현상이 아이러니합니다.

많은 동물이 인간의 육류 소비를 위해 밀집된 공장식 축산 체계에서 길러지고 도살됩니다. 축산물 안전 관리 시스템에 따르면 2021년 한 해 동안 국내에서 닭은 10억 3천 5백만 마리, 돼지 1839만 마리, 소 93만 마리, 오리 4928만 마리가 도살됐습니다. 이런 현상을 어떻게 이해해야 할까요? 동물은 인간보다 지능이 낮고, 이성적 사고도 못하고, 말도 못하기 때문에 인간이 먹어도 된다고 생각할 수 있습니다. 그렇다면 다음 상황을 가정해 봅시다.

아주 먼 미래에 인류가 우주 개척에 성공해 외계인이 사는 행성을 발견했습니다. 외계인은 우리와 다른 언어를 사용하고 지능도 훨씬 뛰어납니다. 그들은 우리보다 고차원적인 사고를 하지만 언어가 달라서 그들과 소통할 수 없습니다. 그렇다면 외계인은 인간을 마음대로 잡아먹어도 될까요? 그렇다고 답하는 사람은 매우 드물 겁니다.

외계인이 인간보다 고차적이라는 이유로 인간을 잡아먹는 데 동의하기 어렵다면 인간이 동물을 먹는 일은 어떻게 생각해야 할까요? 인간 역시 동물을 마음대로 잡아먹어서는 안 된다고 해야 할까요? 역사를 돌아보면 인간은 아주 오랜 과거부터 동물을 통해 영양소를 공급받고 살

3 한국농촌경제연구원의 『육류 소비 구조의 변화와 전망』 보고서.

아왔습니다. 고대부터 인간은 동물을 이용하면서 생존해 왔습니다. 그렇다면 생존을 위한 인간의 육류 섭취는 정당화될 수 있을까요?

더욱이 인간이 먹는 육류는 축산을 위해 기르는 동물입니다. 반려 동물과 축산 동물은 기능과 용도가 다르기 때문에 구분해서 생각해 볼 수 있습니다. 더욱이 동물도 야생에서는 약육강식의 논리에 따라 서로 잡아먹고 먹히는 관계인데 인간이 동물을 잡아먹는 행위를 비윤리적이라고 비난할 수 있을지도 의문입니다. 또한 의약품이나 치료법을 개발하는 과정에서 벌어지는 동물 실험은 불가피해 보입니다. 막 개발된 의약품을 바로 인간에게 적용한다면 위험하기 때문입니다. 따라서 가능한 한 동물 복지를 염두에 둬야 하지만 인간의 권리를 포기하면서까지 동물을 우대하는 일은 적절하지 않다고 주장할 수 있습니다.

우리는 동물과 어떤 관계를 맺어야 할까요? 동물은 어떻게 대우해야 할까요? 인간과 마찬가지로 도덕적 존재로 간주해야 할까요? 만약 그렇지 않다면 이유는 무엇인가요? 만약 동물을 도덕적 존재로 간주한다면 인간과 동등한 위상으로 대우해야 할까요? 동물 윤리에서 가장 쟁점이 되는 동물의 도덕적 지위 문제를 고전을 통해 살펴보도록 합시다.

토론 수업을 위한
오늘의 고전

제레미 벤담의
《도덕과 입법의 원리 서설》

동물에 대한 도덕적 논의의 고전은 근대 공리주의 사상가로 잘 알려져 있는 제레미 벤담의 《도덕과 입법의 원리 서설》(1789)입니다. 근대는 자연에 대한 기계론적 사고가 확산된 시기입니다. 근대 합리주의 전통의 철학자인 데카르트는 동물 역시 일종의 '자동 인형'automata 또는 '움직이는 기계'와 같다고 생각했습니다. 이성을 지닌 인간만이 도덕적 주체가 될 수 있으며 기계 같은 동물은 도덕적 고려의 대상이 될 수 없다는 생각이 지배적이던 시대였기 때문이죠.

경험주의 철학자인 벤담은 관찰과 경험을 통해 삶의 원리를 모색했습니다. 벤담은 고통과 쾌락이 인간의 삶을 관철한다며 인간은 고통을 감소하고 쾌락을 증대하는 방향으로 움직인다는 삶의 원리를 도출해냅니다. 그는 동물 역시 고통과 쾌락을 느낀다는 경험적 사실로부터 동물도 도덕적으로 고려할 수 있는 대상이 될 수 있다고 주장합니다.

[가]

자연은 인간을 고통과 쾌락이라는 두 주권자의 지배 아래에 두었다. 오직 고통과 쾌락만이 우리가 무엇을 할지 결정할 뿐만 아니라 무엇을 해야 할지 지시한다. 한편으로는 옳고 그름의 기준이, 다른 한편으로는 원인과 결과의 사슬이 왕좌에 매여 있다. 고통과 쾌락은 우리가 하는 모든 일에서, 말하는 모든 것에서, 생각하는 모든 것에서 우리를 지배한다. 우리가 아무리 이것들의 지배에서 벗어나려 애를 써도 이것들에게 지배받는 존재임을 입증하고 확인할 뿐이다. 어떤 사람이 말로는 고통과 쾌락의 지배를 떠난 척할 수 있겠지만 실제로는 그러는 동안에도 여전히 종속된 상태일 뿐이다. 공리의 원리는 우리가 고통과 쾌락에 종속됐음을 인정하고 이러한 종속을 이성과 법을 통해 설립하려는 행복한 체계의 토대로 가정한다. 이러한 공리의 원리에 의문을 제기하려는 체계는 분별이 아니라 소음을, 이성이 아니라 변덕스러움을, 빛이 아니라 어둠을 기준으로 받아들이는 것이다.

[나]

공리의 원리는 이해관계가 걸려 있는 당사자의 행복을 증가시키거나 감소시키는 것처럼 보이는, 다른 말로 하면 그러한 행복을 증진하거나 방해하는 것처럼 보이는 경향을 근거로 관련된 행위가 무엇이든 상관없이 승인하거나 부인하는 원리이다. 여기서 말하는 행위에는 개인의 모든 행위뿐만 아니라 정부의 모든 정책도 포함된다. 공리란 이해 당사자에게 혜택, 이득, 쾌락, 좋음, 행복현재 이 모든 것들은 동일하다을 산출하거나 <small>역시 모두 동일한</small> 해악, 고통, 나쁨, 불행의 발생을 막는 경향을 지닌 어떤 대상의 속성을 의미한다. 만약 이해 당사자가 일반적인 의미에서 공동체라면 공리는 그 공동체의 행복을 의미한다. 만약 이해 당사자가 특정 개인이라면 공리는 그의 행복을 의미한다.

[다]

윤리는 대체로 이해 당사자의 입장에서 사람들의 행위가 가능한 최대의 행복을 산출하도록 지도하는 기술이라고 정의할 수 있을 것 같다. 그렇다면 어떤 사람이 지도할 수 있는 행위는 무엇인가? 그것은 자신의 행위이거나 다른 행위자의 행위임이 분명하다. 윤리는 어떤 사람이 자신의 행위를 지도하는 기술인 경우에는 자기 통제의 기술 또는 사적 윤리라고 불릴 수 있을 것이다. 그렇다면 어떤 사람의 지도를 받는 동시에 행복을 느낄 수 있는 다른 행위자는 누구인가? 이런 행위자는 두 종류가 있다. 첫째는 인격체라고 불리는 다른 인간이고 둘째는 다른 동물이다. 고대 법학자들이 제대로 분별하지 못해 동물의 이익은 등한시되었고 동물은 사물의 지위로 전락했다. 다른 인간에 대하여 말하면, 그들의 행위를 위에서 언급한 목적으로 지도하는 기술은 통치의 기술이라고 의미하는 것, 적어도 공리성의 원리에 입각한 통치의 기술이라고 의미해야 하는 유일한 것이다.

[라]

힌두교와 이슬람교에서는 인간 이외에 동물의 이익에도 어느 정도 관심을 두었던 것 같다. 왜 동물의 이익에 대해서는 보편적으로 인간의 이익과 마찬가지로 감수성의 관점에서 차이를 고려하지 않았을까? 현재의 법은 서로가 공유하는 두려움의 산물인데 덜 이성적인 동물은 인간이 두려움을 표현하는 것처럼 할 방법이 없기 때문이다. 동물의 이익을 고려하지 말아야 할 이유가 있는가? 그런 이유는 없다. 만약 잡아먹히는 것이 전부라면 우리가 동물을 잡아먹고 싶어 하는 만큼 잡아먹는 것이 허용되어야 하는 매우 좋은 이유가 있다. 우리는 동물을 잡아먹으므로 더 이익을 보지만 동물도 더 손해를 보지는 않기 때문이다. 동물은 우리와 달리 미래의 비참함에 대한 장기적 예상을 하지 못한다. 인간에게 동물이 흔히 당하는 죽음은 동물이 자연의 불가피한 과정에서 맞게 될 죽음보다 항상 더 신속히 이루어지며, 그리하여 보다 덜 고통스러울 수 있다. (중략) 그러나 인간이 동물을 학대하는 것을 허용해야 할 이유가 있는가? 나는 어떤 이유도 없다고 본다. 인간이 동물을 학대하지 말아야 할 이유가 있는가? 있다. 몇 가지 이유가 있다. (중략) 인간 이외의 동물이 부당한 권력자의 만행에 의한 것이 아니라면 결코 박탈될 수 없는 그런 권리를 가질 날이 올 수도 있다. 프랑스인들은 어떤 인간을 피부가 검다는 이유로 아무런 보상 없이 고문자의 변덕에 내맡겨질 수 없다는 사실을 이미 알고 있다. 언젠가는 다리의 수가 다르고 피부에 털이 많거나 엉치뼈가 없다는 것이 마찬가지로 감수성을 가진 존재를 동일한 운명에 내맡기려는 충분한 이유가 될 수 없다고 인정할 날이 올 수도 있다. 이런 특성이 아니라면 어떤 특징이 넘을 수 없는 경계선이 되어야 하는가? 이성의 능력, 또는 아마도 말할 수 있는 능력인가?

▶▶

하지만 완전히 성장한 말이나 개는 태어난 지 하루, 일주일, 심지어 한 달 된 유아와 비교할 수 없을 만큼 이성적이고 우리는 이들과 말도 나눌 수 있다. 경우가 다르다고 가정한들 무슨 소용이 있겠는가? 물어봐야 할 것은 그들에게 이성적으로 사고할 수 있는지 또는 대화를 나눌 수 있는지가 아니라 그들이 고통을 느낄 수 있는가이다.

Jeremy Bentham, 《An Introduction to The Principles of Morals and Legislation》,

1789, 1장: [가], [나], 17장: [다], [라].

1) 주제 이해를 돕는 연습

1 지문 [가]에서 저자는 경험주의적 관점에서 볼 때 인간의 삶의 원리가 쾌락과 고통에 따라 이루어진다는 관찰을 제시합니다. 여러분은 이에 대해 어떻게 평가하나요?

2 지문 [나]에서 저자는 지문 [가]에서 한 관찰을 근거로 공리의 원리를 인간이 추구할 원리로 제시합니다. 공리의 원리는 관련자 모두의 쾌락을 결과적으로 계산하여 어떤 행위가 바람직한지 판단합니다. 공리의 원리를 추구하는 공리주의는 이기주의라기보다 보편과 평등을 지향합니다. 여러분은 이런 보편과 평등에 대

해 어떻게 평가하나요?

3   지문 [다]에서 저자는 인간의 행위에 영향을 받으면서도 도덕적
      존재로서 대우 받지 못하는 존재인 동물이 있다고 밝힙니다. 동
      물이 도덕적 존재로 대우 받아야 하는 이유는 무엇이며 그 근거
      가 타당하다고 생각하나요?

4   지문 [라]에서 저자는 동물이 도덕적 존재로 대우 받아야 한다는
      근거를 제시합니다. 저자가 제시하는 근거를 모두 찾아보고 그
      근거가 타당한지 검토해 보세요.

2) 해석해드립니다

쾌락과 고통의 정도를 견주어 행위를 판단해야 한다는 논의는 근대 경험론 전통에서 유행하는 사고였습니다. 이를 체계적인 공리의 원리로 제시한 사람이 바로 벤담입니다. '최대 다수의 최대 행복'의 원리가 바로 벤담의 저서 《도덕과 입법의 원리 서설》에서 제시됐으며, 이러한 점에서 벤담은 공리주의utilitarianism의 창시자로 평가 받고 있습니다.

롤즈는 공리주의가 서구 앵글로 색슨 전통에서 200여 년 이상 가장 강력한 영향력을 가진 도덕 철학이라고 평가한 바 있습니다. 공리주의는 인간이 갖는 심리적 사실인 쾌락과 고통 경험에 근거한 공리의 원리로부터 인간 사회 현상을 이해할 뿐만 아니라 인간이 추구할 가치와 의무를 제시합니다. 가치 및 의무와 상충하는 상식과 기존 관행을 타파하

고 공리의 원리에 맞게 개혁하려는 공리주의는 근대 사회 변혁에 사상적 토대가 됩니다. 벤담은 노예제와 사형제도 폐지, 아동 체벌 금지, 동물 권리 등을 주장한 사회 개혁가였습니다.

지문 [가]는 《도덕과 입법의 원리 서설》 첫 장입니다. 벤담은 신의 명령이나 어떤 도덕적 직관처럼 형이상학적으로 정당화되기 어려운 근거를 통해 도덕 의무와 원칙을 제시했던 과거 논의를 거부하면서 경험주의적 관점에서 인간 삶의 원리를 설명하고자 합니다. 그는 인간이 쾌락을 추구하고 고통을 피하려는 심리적 경향에 따라 행동하며 이 원리는 인간이 추구해야 할 방향성이 되어야 한다고 주장합니다. 쾌락과 고통의 계산이라는 공리의 원리에 따르면 모든 사람의 쾌락과 고통은 동등하게 다루어져야 합니다. 전통 사회에서 강조하던 신분 구분에 따라 특정 신분에 속한 사람의 쾌락과 고통을 더 우선한다거나, 성별의 차이에 따라 특정 성별의 사람들이 느끼는 쾌락과 고통은 덜 중요하게 여긴다거나 하는 생각은 재검토되어야 합니다.

지문 [나]는 공리주의의 핵심 원리인 공리의 원리가 무엇인지 명시합니다. 공리의 원리가 쾌락과 고통을 통해 원리를 제시할 때 많은 사람이 이를 이기주의나 자기중심적이라고 쉽게 단정합니다. 그런데 벤담은 공리의 원리가 관련자 모두의 쾌락을 평등하게 계산한 결과라고 강조하며 이러한 오해가 잘못됐다고 강변합니다.

지문 [라]는 지문 [다]의 동물 부분에 대한 각주입니다. 이 지문은 공리주의의 관점에서 볼 때 과거 피부색이나 인종의 차이를 들어 노예제를 옹호했던 정책이 그릇되었던 것처럼, 동물에게 도덕적 지위를 부여하지 않았던 논의는 정당한 근거 없는 부도덕한 행위였다고 강조합니다. 그동안 이성이나 언어 능력이 없다는 이유로 동물을 인간보다 열등하게 간주하고 도덕적 지위를 부여하지 않았던 논리가 성장한 동물보다 능력이 떨어지는 영아에겐 도덕적 지위를 부여하면서 일관성을 상실했기 때문입니다. 저자는 동물의 도덕적 지위 여부는 '경험에서 발견한 쾌락과 고통을 느낄 수 있는지'를 기준으로 삼고, 쾌락과 고통을 느낄 수 있는 동물에게 도덕적 지위를 부여하는 것이 정당하다고 주장합니다.

벤담의 공리주의는 쾌락과 고통을 경험할 수 있는지에 따라 도덕적 지위를 부여하고, 쾌락과 고통의 계산이라는 공리의 원리로 도덕적 행위를 판단합니다. 여기서 공리주의가 도덕적 지위를 갖는 어떤 도덕 존재의 절대적 가치를 옹호하기보다 상대적 가치에 중점을 둔다는 점에 주목해야 합니다. 일반적으로 공리주의 옹호자가 채식주의를 도덕적으로 옳은 행위라고 간주하는 이유는 동물을 죽이는 일이 잘못됐기 때문이 아니라, 동물을 죽이는 일이 초래하는 관련자 모두의 고통이 동물을 죽여서 얻는 쾌락보다 더 크기 때문입니다. 만약 어떤 조건에서 동물을 죽이는 것이 고통을 상쇄하는 쾌락을 초래한다면 옳은 행위로 평가될 수 있습니다.

현대 공리주의자인 피터 싱어는 공리주의 입장에서 동물의 도덕적 지위를 옹호하는 저서 《동물해방》을 썼습니다. 그는 다큐멘터리 《Monkeys, Rats and Me: Animal Testing》(BBC2, 2006)에서 동물 실험은 원숭이 100마리에게 피해를 주지만 파킨슨병으로 고통 받는 환자 40만 명에게 혜택을 준다는 연구자의 언급을 듣고 공리의 원리에 따라 동물 실험을 옹호했습니다.

토론해봅시다

[가]

사람들은 동물의 신체를 신의 손으로 만들어진 하나의 기계로, 따라서 그것을 인간이 발명할 수 있는 어떤 기계보다 비길 데 없이 더 잘 정돈된, 더 경탄할 만한 운동을 자체 내에 갖고 있는 기계로 여기게 될 것이다. 내가 여기서 특별히 보여주려고 노력했던 점은 만약 이성을 결여한 원숭이나 어떤 다른 동물의 외양과 기관을 가진 어떤 기계가 있더라도 우리는 그 기계가 동물과 동일한 본성을 완전히 갖고 있는지 알 수 있는 방법이 없다는 점이다. 그러나 설령 우리 신체와 닮았고 실천적 목적을 위해 우리의 행동을 가능한 만큼 모방하는 기계가 있더라도 우리는 그것이 절대 진정한 인간일 수 없다는 것을 알아낼 수 있는 아주 확실한 두 가지 수단이 있다. 첫째, 우리의 생각을 다른 이들에게 나타내기 위해 우리가 하는 것과 꼭 같은 방식으로 기계가 말을 구사하거나 다른 기호들을 조합할 수는 없으리라는 점이 분명하다. (중략) 둘째, 어떤 일에 대해서는 우리만큼이나 잘 해내거나 심지어 더 잘 해낼 수 있는 기계일지라도, 그 일이 아닌 다른 일은 틀림없이 해내지 못할 것이다. 이는 기계가 이해를 통해서가 아니라 단지 기관 배열에 따라 작동한다는 점을 드러낸다. 이성은 모든 상황에서 사용될 수 있는 보편적인 도구인데 반해, 이러한 기관은 어떤 특정한 행동을 위해 특정한 배열을 필요로 하기 때문이다. 따라서 인간이 이성에 따라 행동하는 것처럼 기계가 삶의 모든 우연적인 상황에서 충분히 다양한 기관에 따라 행동하는 것은 모든 실천적 의도에 비추었을 때 불가능하다. 이 같은 두 가지 수단으로 사람들은 또한 인간과 짐승의 차이를 인식할 수 있다.

René Descartes(1637), 《Discours de la méthode》, in (TRANS) John Cottingham·Robert Stoothoff·Duglad Murdoch, 《The Philosophical Writings of Descartes》 Vol. 1, Cambridge University Press, 1985, pp. 139~140.

[나]

동물 실험이 정당화될 수 있는 경우는 언제인가? (중략) 실험자들에겐 다음과 같은 준비된 대응 방식이 있다. "그렇다면 한 마리의 동물에게 단 한 번의 실험으로 구할 수 있는 수 천 만의 인간들을 죽게 내버려 둘 용의가 있는가?" (중략) 이러한 가설적인 질문에 답하는 방법은 또 다른 질문을 제기하는 것이다. 만약 수 천의 목숨을 구할 수 있는 유일한 방법일 경우 실험자들은 6개월이 채 되지 않은 고아를 실험용으로 사용할 용의가 있는가? 만약 실험자들이 고아를 사용할 수 없다고 생각한다면 인간 아닌 동물을 사용하고자 하는 그들의 입장은 종에 기초한, 정당화할 수 없는 형태의 차별을 드러내는 것이라 할 수 있다. 이렇게 말하는 이유는 성장한 유인원, 원숭이, 개, 고양이, 쥐 그리고 다른 동물들은 인간의 유아에 비해 자신에게 무슨 일이 벌어지고 있는지를 잘 알고 있고, 그들에 비해 더 자발적일 수 있는 능력을 지니고 있으며, 최소한 인간의 유아 못지않게 고통을 민감하게 느낄 수 있기 때문이다. (중략) 원래의 질문을 약간 수정하여 다음과 같은 경우를 생각해 볼 필요가 있다. 유아가 회복될 수 없는 정도의 뇌 장애를 가지고 있어서 6개월 된 유아 수준 이상의 지적 발달을 기대할 수 없다고 가정해 보자. (중략) 지적 장애가 있음에도 이 아이들의 해부학적, 생리학적 특성은 거의 모든 면에서 정상인들과 동일하다. 때문에 그들에게 다량의 바닥 광택제를 강제로 먹이거나 눈에 화장품 농축액을 떨어뜨려 결과를 확인할 경우 인간에 대한 안전도를 나타내 주는 매우 신뢰할 만한 지표를 얻게 될 것이다. 이는 현재 다른 여러 종을 대상으로 한 실험 결과로부터 얻게 되는 자료보다도 더 신뢰할 수 있을 것이다.

피터 싱어 지음, 김성한 옮김, 《동물해방》, 연암서가, 2012, pp. 151~152.

[다]

한 살이나 그 이상의 포유류의 정신에는 지각, 기억력, 욕망, 자기의식, 의도, 미래감 등 핵심적인 속성이 있다. 이 목록에 덜 중요하게 간주되었지만 실제로는 그렇지 않은 감정(예를 들면 두려움과 증오), 지각력, 고통과 쾌락을 표현하는 능력 등을 포함하면 우리는 동물의 정신에 대해 공정한 해석을 시작할 수 있다. (중략) 맥락 속에서 이해할 때, '모든 동물은 평등하다'는 말은 참이다. (중략) 어떤 개체가 믿음과 욕망을 갖는다면, 지각과 기억과 자신의 미래가 포함된 미래적인 생각을 갖는다면, 쾌락과 고통을 느끼는 삶을 산다면, 선호와 복지와 관련된 이익이 있다면, 자신의 욕구와 목적을 달성하기 위해 행동을 시작할 능력이 있다면, 심리적인 동일성을 지속해서 갖는다면, 다른 존재를 위한 효용이나 다른 존재의 이익과는 논리적으로 독립해 자신의 개별적 복지를 경험한다면, 그 개체는 삶의 주체이다. 이 기준은 내재적 가치를 이해할 수 있게 하고 자의적이지 않게 하는 충분조건이다. (중략) 우리는 동등한 내재적 가치를 갖는 개체가 도덕적 능동자인지 아니면 도덕적 피동자인지와 상관없이, 그리고 만약 도덕적 피동자라면 그것이 인간이든 동물이든 상관없이 이들을 동등하게 존중해야 한다는 요구를 받는다. 이것은 우리 각자가 마땅히 해야 할 일이다. 우리가 내재적 가치를 가진 존재에게 적절한 존중을 보이지 못할 때(예를 들어 마치 그들의 가치가 타자를 위한 공리로 환원될 수 있는 것처럼 그들을 대우할 때) 부정의가 일어난다.

Tom Regan, 《The Case for Animal Rights》, 1983, p. 81, pp. 264~265.

1) 고전을 이해하는 토론

1 동물 실험이 도덕적으로 문제 있거나 없다고 주장하기 위해서는 동물의 도덕적 지위에 대해 어떤 입장을 취해야 할까요? 제시문에 대한 비판적 분석을 통해 이러한 입장을 정당화하기 위한 근

거를 제시해 보세요.

2 동물 실험을 포함해 다양한 동물을 이용하는 일과 관련해서 현대 한국 사회가 동물의 도덕적 지위에 대해 어떤 입장을 취해야 할까요? 이러한 입장을 어떻게 정당화할 수 있을지, 제시문 뿐만 아니라 다양한 근거를 통해 제시해 보세요.

2) 오늘을 위한 토론

1 동물 윤리 학계에서 가장 도덕적으로 논란이 많은 주제는 '동물 실험'입니다. 한국 사회에서는 오히려 동물 식용도 뜨거운 논쟁입니다. 특히 개 식용 논란은 굉장히 오래된 논쟁입니다. 근거를 통해 이를 옹호하거나 비판하는 입장을 제시해 보세요.

2 반려 동물 인구 1천 만 명 시대입니다. 한국 사회에서도 많은 사람이 반려 동물과 더불어 살고 있습니다. 최근에는 반려 동물을 위한 다양한 식품, 동물 병원, 반려 동물을 위한 카페 등 다양한 시설과 서비스도 많아졌습니다. 이렇게 반려 동물을 대우하는 것은 도덕적으로 어떻게 평가할 수 있을까요? 혹자는 반려 동물과의 삶을 윤리적이라고 하고 또 다른 혹자는 인간의 관점에서 비윤리적이라고 주장하면서 이들을 자연으로 돌려보내야 한다고 주장합니다. 자신의 입장을 정하고 이에 대한 근거를 제시해 정당화해 보세요.

3   도덕적 고려의 대상이 될 수 있는 동물과 그렇지 않은 동물을 구분할 수 있을까요? 이를테면 축산 동물인 돼지는 먹어도 괜찮지만 반려 동물인 돼지는 먹으면 안 된다는 생각은 논리적으로 일관된 생각이라고 할 수 있을까요? 특정 동물의 고통에 더 민감하게 반응하는 태도에 대해서 어떻게 바라보아야 할까요.

더 깊은 토론을 위한 참고자료

★ 제레미 벤담 지음, 강준호 옮김, 《도덕과 입법의 원칙에 대한 서론》, 아카넷, 2013

지문은 벤담의 《An Introduction to the Principles of Morals and Legislation》 (1789/1823)의 일부를 직접 번역한 글입니다. 초판은 1789년에 출판됐고 몇몇 사소한 수정을 한 제2판이 1823년에 출간됐습니다. 이 책은 '철학적 공리주의의 아버지'로 불리는 벤담의 주저로서 공리의 원리, 인간 행동의 심리학적 분석, 범죄와 처벌 논의, 법과 도덕의 관계 등을 300페이지가 넘는 서문과 17장에서 체계적으로 다룬 대작입니다. 공리주의에 대한 체계적인 대표 연구서라는 점에서 의미가 있습니다.

★ 피터 싱어 지음, 김성한 옮김, 《동물 해방》, 연암서가, 2012

싱어가 1975년에 초판을 발행했고, 2009년에 개정판을 낸 《Animal Liberation》의 번역본입니다. 제목에서 알 수 있는 것처럼 고통 속에서 살아가고 있는 동물의 해방을 철학적으로 정당화하고 요구하는 책입니다. 윤리학사에서 공리주의를 확장하여 동물의 도덕적 지위와 관련된 현대적 논의를 촉발하고 동물 복지론의 이론적 토대를 마련한 저서로 평가됩니다.

★ 톰 레건 지음, 김성한·최훈 옮김, 《동물권 옹호》, 아카넷, 2023

이 저서에서 레건은 칸트의 권리 이론을 동물에게 그대로 적용하면서 동물의 권리를 절대적 권리로 상정했습니다. 1983년 초판이 출간된 이후 제기된 비판과 오해에 대해 해명하는 글을 서문에 담은 개정판이 2004년에 출간되었고, 우리말 번역본도 2023년에 출간되었습니다. 싱어의 동물 복지론과 대비되어 이후 동물권 논의의 토대가 되는 중요한 저서입니다.

DISCUSSION CLASS

지구가 인류를 심판합니다
: Silent Spring

레이첼 카슨과 함께 토론하는
기후 위기와 대안

오늘의
토론 주제

지구 온난화로 뜨거워진 지구에서 여러 자연 재해가 일어나고 있습니다. 가뭄, 폭우, 폭설, 폭염, 산불, 해수면 상승, 해안 침식, 산사태 등은 현재 우리가 목격하고 경험하는 현상입니다. 우리나라에서는 여름마다 가뭄과 폭우로 농작물 피해가 극심해지고 있습니다. 최근에는 해수면 상승으로 해안 침식이 심각한 문제로 대두되었고, 해안가뿐만 아니라 해수욕장과 인근 시설까지 유실됐습니다. 강원도 주문진의 소돌 해변은 몇 년 전까지만 해도 모래가 쌓여 있었지만 지금은 해안 침식을 막기 위한 인공 구조물이 가득합니다. 부산의 해운대, 포항의 영일만, 강원도 삼척의 해변 등은 침식되기 시작한 지 오래됐고 이는 현재 진행형입니다.

지구 온난화는 주로 대기의 이산화탄소 농도가 높아져서 발생합니다. 메탄가스도 지구 온난화를 일으키는데 이산화탄소보다 온실 효과가 28배 높습니다. 메탄가스는 지구 온난화로 극지방의 동토층에 쌓여 있던 동식물의 사체를 부패시키는 미생물의 분해 과정과 인간이 사육하는 소가 내뿜는 방귀 등에서 발생합니다. 우리가 매년 배출하는 이산화탄소와 메탄가스를 포함한 온실 가스는 510억 톤에 달합니다. 이 중 27%는 전기 생산, 31%는 제조, 19%는 사육과 재배, 16%는 교통, 7%는 냉·난방에서 발생합니다. 우리나라의 온실가스 배출량도 매년 최고치를 갱신하며 증가하고 있습니다. 어쩌다 온실가스의 배출량이 기후 위기를 불러일으킬 정도로 증가하게 되었을까요?

근대 이후 시민 계급은 거대한 자본을 소유하면서 과학 기술에 막대한 자본을 투자해서 더 많고, 더 좋은 성능의 생산 수단을 확보하고자 했습니다. 더 많은 생산 수단을 가동하고 유지하기 위해서 더 많은 에너지원이 필요했고 이를 해결하기 위해 더 많은 화석 연료가 사용됐습니다. 순수 학문의 울타리에 갇혀 있던 과학은 기술과 결합됐고 이렇게 탄생한 과학 기술, 즉 공학은 자본의 지원을 받아 영역의 세분화·전문화가 이루어지면서 엄청난 발전을 이룩했습니다.

문제는 과학이 고대 이래로 자연 철학의 범주로 이어져 오다가 철학과 헤어지고 기술과 결합한 이후로 반성 없이 폭주하기 시작했다는 겁니다. 특히 핵무기 같은 대량 살상 무기의 개발과 사용은 과학 기술이 인류와 자연 환경 모두에 얼마나 큰 위험과 피해를 초래할 수 있는지 경각심을 불러일으켰습니다.

루소Jean Jacques Rousseau가 《인간 불평등 기원론》에서 지적했듯이 인간은 자기 완성을 추구하는 존재인지라 과학 기술을 사용해 자연이 제공한 모든 것을 이용하려 듭니다. 인간은 자연을 지배하고 개발해 왔습니다. 인간의 삶은 윤택해졌지만 자연은 파괴되었습니다. 환경 파괴와 이에 따른 인간 삶의 파괴를 강조하며 과학자, 사용자와 정부를 포함한 모두가 과학 기술의 개발과 사용에 신중을 기해야 한다는 주장도 있습니다.

인간 중심적 생각에서 벗어나 생태주의적 관점으로 전환하면 환경 문제의 실마리가 보입니다. 근대 철학자들이 인간을 지구 환경 없이 살 수 있는 절대적이고 독립적인 존재로 만들어 버리는 바람에 지금의 환경 문제가 발생했다고 보기 때문입니다. 그렇다면 인간 중심적 생각에서 벗어나 인간을 지구 생태계의 일원으로 여긴다면 환경 위기가 사라질 수 있을까요?

만약 인간이 자연 생태계의 다른 구성원과 동등하다면 여타 동·식물처럼 주어진 환경 위기에 순응하며 무력하게 지내야 합니다. 동양 전문가이자 새로운 공간 존재론을 주장하는 오귀스탱 베르크Augustin Berque는 지구는 단순한 생태계가 아니라 인간의 거주지, 즉 '외쿠메네'écouméne라고 강조합니다. 지구가 인간의 거주지라고 스스로 인식할 때 비로소 자신의 거주 공간에 대한 이해와 사랑이 가능하다고 말입니다. 인간이 여타의 생명과 동등하게 자연 생태계를 구성하는 단순한 일원이라면 환경 보전이라는 막중한 책임과 의무를 요구할 수 없습니다. 그렇다면 인간은 자연을 지배하는 위치에 있어서도, 다른 생태계의 구성원과 완전히 동등한 위치에 있어서도 안 될 것 같습니다. 인간은 환경 문제 해결과 자연 생태계 보호를 위해서 어떠한 태도와 관점을 취해야 할까요?

토론 수업을 위한
오늘의 고전

레이첼 카슨의 《침묵의 봄》

　미국의 해양 생물학자인 레이첼 카슨Rachel Louise Carson은 《침묵의 봄》(1962)을 발표하여 DDT와 같은 살충제, 제초제, 살균제 등 화학 물질이 자연과 인간에 미치는 치명적인 결과를 알려 전세계에 환경에 대한 관심을 불러일으켰습니다.

[가]

DDTdichloro-diphenyl-trichloro-ethane, 다이클로로다이페닐트라이클로로에테인는 1874년 독일 화학자에 의해 처음 합성되었지만 살충제로서 효능이 발견된 것은 1939년이었다. 그 즉시 DDT는 질병을 옮기고 한밤중에 식량을 축내는 해충들에 대항해 승리를 안겨줄 수 있는 수단으로 인정받았다. 발견자인 스위스의 파울 뮐러Paul Müller는 노벨상을 받았다.

너무나도 광범위하게 사용되어서인지 사람들은 DDT를 별 해가 없는 물질로 여긴다. DDT의 무해성에 관한 신화는 전쟁 중 수천만 명의 군인, 피난민, 포로들의 몸에서 이를 박멸하는 데 처음 사용되면서부터 시작되었다. 너무나도 많은 사람들에게 뿌려진 데다 즉각적으로 어떤 나쁜 문제도 발생하지 않았기 때문에 해가 없는 것으로 생각되었다. 다른 염화탄화수소 계열의 물질과 달리 DDT는 피부 속으로 스며들지 않는 분말 형태이기 때문에 사람들은 잘못 생각한 것이다. 일반적으로 DDT는 지방 성분에 녹으면 상당한 독성을 발휘한다. 소화기관이나 폐를 통해 천천히 흡수되는 이 물질은 일단 몸속으로 들어가면 대부분 부신, 고환, 갑상선 등 지방이 풍부한 신체 장기에 축적된다DDT 자체가 지용성이기 때문이다. 또 상대적으로 많은 양이 간, 신장 그리고 장기를 감싸고 있는 커다란 보호막인 장간막에도 쌓인다.

DDT 축적은 아주 적은 양부터 시작해상당수의 음식물에는 농약이 남아 있다 상당 수준에 도달할 때까지 계속된다. 체내에 저장된 지방이 생물학적 증폭기 구실을 하기 때문에, 음식을 먹을 때 DDT를 0.1ppm100만분의 1만 흡수해도 100배나 많은 10~15ppm이 체내에 축적된다. ppm 단위는 화학자나 약리학자들에게는 익숙한 말이지만 일반인에게는 낯설 것이다. 1ppm이란 상당히 적은 양이다. 그러나 이런 화학물질은 강력한 효력을 지니기 때문에 극소량이라 해도 인체 내에서 큰 변화를 일으킨다. 동물실험에 따르면 DDT 3ppm은 심장 근육에 필수적인 효소 작용을 억제하고 5ppm은 간세포의 괴저 또는 조직 분해를 일으키는 것으로 나타났다. DDT와 비슷한 물질인 디엘드린과 클로르데인은

2.5ppm만으로도 이와 비슷한 결과를 낳았다. (중략)

　이렇게 미량이지만 지속적인 독극물 축적, 음식에 들어 있는 유독물질로 인한 간 손상 등을 지켜본 미국 식품의약국의 과학자들은 1950년부터 "DDT의 잠재적 위험성이 과소평가되었다"고 주장해왔다. 의학 역사상 이와 유사한 사례는 일찍이 없었다. 그렇기에 화학물질 남용이 궁극적으로 어떤 결과를 불러올지 아는 사람은 아무도 없다.

[나]

새들에게 닥쳐올 비극적인 운명을 잘 말해주는 몇 가지 사례가 있다. 몇몇 종에 불어닥친 운명은 이제 모든 새를 위협하고 있다. 그중 대표적인 것이 우리에게 친숙한 울새 이야기다. 수많은 미국인에게 울새의 출현은 기나긴 겨울에서 벗어났음을 의미한다. 이 새의 등장은 뉴스를 통해 보도될 정도이고, 사람들은 아침 식탁에서 울새 이야기를 하느라 정신이 없다. (중략)

　울새는 물론 다른 새들의 생존은 나무와 숙명적으로 연결되어 있다. 대서양에서 로키 산맥에 이르는 수많은 도시의 거리, 광장, 대학 캠퍼스 등에 웅장한 녹색 아치를 만들어주는 느릅나무는 오랜 세월 사람들과 함께해왔다. 그러나 곳곳에 퍼져 있는 느릅나무 대부분이 병충해 때문에 고통 받고 있다. 병이 너무 심각해서 전문가들은 느릅나무를 구하려는 노력이 결국 수포로 돌아갈 것이라고 믿을 정도이다. 느릅나무를 잃는 것도 슬픈 일이지만, 더욱 비극적인 것은 많은 새들도 함께 어둠 속으로 사라지리라는 점이다.

네덜란드느릅나무병은 1930년경에 합판을 만들기 위해 유럽에서 들여온 느릅나무 목재에 숨어서 미국으로 건너왔다. 이 병은 균류로 인해 발생하는데, 나무의 수관에 침투한 병원균이 수액을 타고 나무 전체로 퍼진다. 병원균은 나무에 물리적 장애를 유발함과 동시에 독성물질을 분비해 가지를 시들게 하여 결국 죽게 만든다. 느릅나무 껍질에 사는 딱정벌레는 이 병을 다른 나무에 옮긴다. 딱정벌레가 죽은 나무껍질 밑에 만든 통로에는 병원균 포자가 우글거리는데, 이 포자는 딱정벌레의 몸에 붙어서 딱정벌레가 날아가는 곳마다 함께 이동하게 된다. 느릅나무병을 막기 위해 매개체인 딱정벌레를 없애는 방법이 자주 사용되었다. 특히 느릅나무가 번성하는 중서부 지역에서 뉴잉글랜드에 이르는 지역에서는 화학약제의 집중적인 살포가 일상화했다. (중략)

네덜란드느릅나무병의 방제는 1954년 대학 구내에서 소규모로 시작되었다. 이듬해에는 대학이 위치한 이스트랜싱 시가 참여하여 살포 범위가 확대되었다. 또 이 일대에서 매미나방과 모기 박멸 계획이 시행되자 각종 화학약품이 폭우처럼 쏟아졌다.

적은 양이 살포된 1954년에는 별 문제가 없어 보였다. 이듬해 봄, 울새들은 여느 해와 다름없이 캠퍼스로 돌아왔다. (중략) 그러나 곧 무언가 잘못되었음을 분명히 알 수 있었다. 죽어가는 울새가 서서히 발견되기 시작한 것이다. 정상적으로 먹이를 찾아다니거나 떼를 지어 모여 있는 새들의 모습은 거의 찾아볼 수 없었다. 둥지도, 어린 새끼들도 마찬가지였다. 이 현상은 다음 해, 또 그다음 해를 거치며 계속 반복되었다. 화학물질이 살포된 지역은 치명적인 함정이 되어, 그곳을 찾아온 울새들은 일주일 뒤 모두 죽고 말았다. 그리고 다시 한 무리의 새가 날아왔지만 그들 역시 죽음에 앞서 찾아오는 최후의 고통에 몸부림치며 캠퍼스에서 운명을 다한 다른 새들의 뒤를 따를 뿐이었다. (중략)

여러모로 판단해볼 때, 울새들은 살충제와 직접적으로 접촉했다기보다 지렁이를 먹음으로써 간접적으로 중독되었음을 알 수 있었다. 연구를 위해 학교에서 지렁이를 잡아 가재에게 먹이로 주었는데, 가재들이 모두 즉사하고 말았다. 연구실 우리에 있던 뱀도 지렁이를 먹은 후 극심한 경련을 일으키며 죽었다. 봄철에 울새가 주로 먹는 것이 바로 지렁이였다.

울새의 암울한 운명이라는 수수께끼 퍼즐의 중요한 조각을 찾아낸 사람은 어배너에 있는 일리노이 자연조사단의 로이 바커Roy Barker 박사였다. 1958년에 발간한 연구서에서 바커 박사는 울새가 지렁이를 통해 느릅나무병과 어떻게 연결되는지 그 복잡한 경로를 추적해냈다. 사람들은 봄철에 살충제를 뿌리고[대개 50피트약 15미터 높이의 나무마다 2~5파운드의 DDT를 뿌리는데 느릅나무가 무성한 곳에서는 1에이커당 23파운드를 뿌린다], 7월에 다시 그 절반 정도의 양을 뿌리곤 했다. 키큰 나무의 구석구석까지 유독 약품을 쏘아 올릴 수 있는 강력한 농약살포기는 해충인 느릅나무딱정벌레뿐 아니라 가루받이를 돕는 곤충, 포식성 거미, 다른 딱정벌레 등 모든 곤충을 죽인다. 유독 약품은 나뭇잎과 나무껍질에 좀처럼 벗겨지지 않는 얇은 막을 형성하는데, 빗물에도 씻겨 내려가지 않는다. 가을이 되어 땅에 떨어져 축축해진 낙엽은 아주 천천히 분해된다. 지렁이들은 가장 좋아하는 느릅나무 썩은 잎을 먹어

치워 이 과정을 돕는다. 그런데 나뭇잎을 먹은 지렁이들은 어쩔 수 없이 살충제까지 흡수하게 되고, 체내에 그 살충제가 축적되고 농축된다. 바커 박사는 지렁이의 소화관, 혈관, 신경조직, 체벽에서 DDT 성분을 발견했다. 물론 많은 지렁이가 죽었지만, 살아남은 지렁이들은 독극물의 '생물학적 증폭기' 구실을 했다. 그리고 다시 봄이 되면 이런 순환 경로의 한 고리를 연결할 울새들이 날아온다. 큰 지렁이 11마리면 울새에게 치명적인 양의 DDT를 공급하기에 충분하다. 1분에 한 마리씩 지렁이를 먹어치우는 새들에게 지렁이 11마리는 별로 대단치 않은 양이다.

[다]

중요한 살충제인 염화탄화수소계와 유기인산계 화학물질은 약간 방법적 차이는 있지만 신경계에 직접 손상을 가한다. 각종 동물 실험과 인간을 대상으로 한 관찰에서 이 점은 확실히 증명되었다. 널리 사용되는 유기 살충제의 첫 번째 주자인 DDT는 주로 중추신경계에 영향을 미쳐서 소뇌와 대뇌 운동피질을 손상시킨다. 독물학 교과서에 따르면 대량의 DDT에 노출되면 찌르는 듯 타는 듯 피부가 아프고 가려우며, 또 몸이 떨리고 경련이 일어나는 등의 증상이 나타난다고 한다.

DDT 중독 증세를 처음 알린 것은 영국의 몇몇 연구자였다. 이들은 이런 결과를 얻기 위해 직접 유독물질에 접촉해보기도 했다. 영국 왕립해군생리학연구소에서 일하는 과학자 두 명은 피부를 통한 직접적인 DDT 흡수에 관해 알아보기로 했다. DDT 2퍼센트가 포함된 수성페인트를 칠한 벽에 얇은 기름 막을 입히고 몸을 밀착시켰다. 이들의 설명을 들으면 DDT가 신경계에 어떤 영향을 미치는지 확인할 수 있다. "피로감과 무기력함이 밀려왔고 팔다리가 쑤셨으며, 정신상태도 혼미해졌다. …… 심한 흥분을 느꼈고 …… 아무것도 하고 싶지 않았으며 …… 가장 단순한 정신 활동도 귀찮아졌다. 관절의 통증이 심해졌다."

아세톤 용액에 녹인 DDT를 피부에 발라본 또 다른 영국 과학자는 무기력해지고 팔다리가 쑤시더니 근력이 약해지고 '극도의 신경 발작'을 겪었다고 한다. 휴가를 내어 쉬었더니 조금 나아졌지만 다시 일을 시작하자 증상이 더욱 악화되었다. 그 후 3주 동안 침대에 누워 팔다리의 통증과 불면증, 신경과민, 극도의 불안감 등의 증상으로 고생했다. 때때로 온몸에 경련이 일었는데 이는 DDT에 중독된 새들에서 이미 확인한 증상이었다. 이 실험자는 10주 동안 일을 하지 못했고, 그해 연말 실험 결과가 영국 의학 학술지에 실릴 때까지도 회복하지 못했다고 한다. (중략)

그런데 살충제를 다루거나 사용하는 사람마다 증상이 다르게 나타나는 이유는 무엇일까? 바로 이 시점에서 개인차가 있는 민감성 문제가 등장한다. 일반적으로 여성이 남성보다, 어린이가 성인보다, 실내에서 오래 머무르는 사람이 야외에서 힘든 일을 하는 사람보다 화학물질에 더 민감하다. 증상의 차이를 나타내는 요소는 더 다양하지만 아직은 정확하게 파악되지 않았다. 어떤 사람이 먼지나 꽃가루에 알레르기 반응을 일으킨다거나, 어떤 사람은 다른 사람보다 유독물질에 더 민감하고 질병에 더 잘 걸리는 이유는 의학적으로 설명할 수 없는 신비다. 하지만 원인이 잘 알려지지 않았다고 해서 무시할 수는 없는 노릇이다. 의사들에 따르면, 환자의 3분의 1 이상이 특정한 화학물질에 민감성을 나타내는데 그 수치가 점점 증가하고 있다고 한다. 불행하게도 이전에는 별 문제가 없던 사람에게서 갑자기 문제가 발생하기도 한다. 몇몇 의사는 화학물질에 대한 간헐적 노출 때문에 문제가 일어난다고 믿는다. 만일 이런 추측이 사실이라면 몇몇 연구에 나타난 것처럼 직업 때문에 유독물질에 계속 노출된 사람들에게서는 별다른 증세를 발견하지 못할 것이다. 계속적인 접촉 때문에 유독물질에 무감각해지기 때문이다. 알레르기질환을 치료할 때, 환자에게 알레르기 유발물질을 소량씩 계속 투입하는 것과 마찬가지라 할 수 있다.

레이첼 카슨 지음, 김은령 옮김, 《침묵의 봄》, 에코리브르, 2011,

pp. 44~45: [가], pp. 129~133: [나], pp. 220~222: [다].

1) 주제 이해를 돕는 연습

1   지문 [가]에서 DDT를 최초로 합성한 사람과 DDT의 살충 효과를 발견한 사람이 서로 다릅니다. 그렇다면 DDT를 최초로 합성한 사람은 DDT의 숨겨진 위험에 대한 책임이 있을까요?

2   지문 [나]에서 느릅나무 숲을 보존하기 위해 새를 희생시킨 결정은 합리적일까요?

3 지문 [대를 보면 DDT를 사용한 사람들마다 증상이 다르게 나타 납니다. 그래도 DDT가 각종 부작용을 낳는 원인이라는 주장은 정당할까요?

2) 해석해드립니다

카슨은 《침묵의 봄》을 통해 인간은 자연의 한 부분이고 인간의 행위는 자연에 영향을 미치며 결국 인간에게 피해가 돌아온다고 말합니다. 이러한 관점을 유기체적 자연관 또는 생태주의라고 합니다. 카슨은 생태주의자로서 자연 생태계의 모든 대상이 유기적으로 연결되어 있고 자연은 인간을 위해 존재하지 않으며 인간과 공존하는 대상이라고 강조합니다. 이점을 망각하고 해충 방제라는 명목 하에 DDT 같은 화학약품을 무차별적으로 살포하면 DDT가 흡착된 느릅나무의 썩은 잎은 지렁이가 먹고 DDT가 축적된 지렁이를 먹은 울새는 결국 멸종합니다. 겨울이 끝나고 봄이 되어도 울새가 돌아오지 않는 '침묵의 봄'이 되고 이러한 침묵은 인간에게도 올 수 있습니다.

지문 [가]에 따르면 DDT의 살충 효과를 발견하고 사용할 당시엔 이후에 발생할 위험성을 예측하지 못했습니다. DDT는 살충 효과가 크면서도 무해한 물질로 여겨져 광범위하게 사용됐습니다. 하지만 곧 DDT는 체내에 한 번 흡수되면 몸에 축적되며 극소량만으로도 사람에게 치명적인 손상을 줄 수 있는 물질이라는 사실이 드러났습니다. 이 경우 DDT를 최초로 합성한 사람에게 위험한 물질을 만들어낸 사회·윤리적 책임을 부과할 수 있을까요? 아니면 DDT의 살충 효과를 발견한 사람에게 책임을 부과할 수 있을까요?

어떤 사람의 행위에 윤리적 책임을 부과하기 위해서는 그 사람이 우리와 같은 규범을 공유해야 합니다. 행위는 자유의지에 따라 이루어져야 하고, 행위자가 결과를 예측할 수 있어야 합니다. 더 정확한 정보 확인이 필요하겠지만 [가]만 보면 DDT 개발자나 DDT의 살충 효과를 발견한 사람은 DDT의 위험성에 대해서 예측하지 못했기 때문에 DDT 개발과 대중화에 책임이 없다고 말할 수 있습니다. 하지만 DDT 개발자든 살충 효과를 발견한 사람이든 자신이 개발한 물질이 위험한 물질인지 아닌지 검토하지 않았다고 할 수 있는지는 의문으로 남습니다.

지문 [나]에 따르면 방제 목적으로 무차별 살포된 DDT는 나뭇잎에 흡착되었고 이를 먹은 지렁이에 축적되었습니다. 울새가 그 지렁이를 먹고 죽었고 지렁이를 가재와 뱀에게 먹였더니 가재와 뱀이 죽었습니다. 따라서 DDT 때문에 울새가 죽었다고 결론내릴 수 있습니다. 울새가 죽은 원인을 찾는 과정을 관찰과 실험으로 보여준 것입니다.

지문 [나]에 제시된 자료를 보면 울새가 DDT 때문에 죽었다는 주장이 강화되고 참일 확률이 높아집니다. 그렇지만 비판적으로 평가해 봐야 합니다. 우선은 울새의 다른 사망 요인은 없는지 생각해봐야 합니다. DDT 때문에 울새가 죽었다는 판단은 울새의 다른 사망 요인을 의도적으로 무시한 결과일 수 있습니다. 이전 거주지에서 섭취한 다른 먹이에 문제는 없었는지 조사해 보면 다른 사망 원인이 밝혀질 수 있습니다. 느릅나무병을 없애는 바람에 생태계에 어떤 영향을 주었고 이 때문에 울새가 죽었을 수도 있습니다. [나]의 결론은 수많은 인과적 경로 중에서 하나만 본 경우입니다. DDT가 축적된 지렁이 섭취 이외에 다른 조건을 통제한 경우를 고려했어야 하는데 그렇지 못했습니다.

지문 [다]에서 제시된 카슨의 주장은 두 가지입니다. 각종 부작용의 원인이 DDT이며 민감성의 개인차 때문에 이를 사용하는 사람마다 증상이 다르게 나타난다는 내용입니다. DDT는 유기 살충제인데 여기서 나온 유기인산제 화학 물질이 신경계를 손상시킨다는 사실은 각종 동물 실험과 인간을 대상으로 한 관찰로 증명되었습니다.

그래도 의문이 생깁니다. DDT가 각종 부작용의 원인이라면 왜 사람마다 증상이 다를까요. 이에 카슨은 알레르기 반응이 사람마다 다르게 나타나는 것처럼 화학 물질 노출에 대한 개인의 민감성이 다르기 때문이라고 말합니다. 카슨은 DDT에 대한 노출 정도에 따라 사람마다 다르게 부작용을 일으킨다고 경고합니다. 하지만 지문 [다]에서 DDT가 꽃가루와 비슷하다는 유비 추론을 하는데 이것이 적절한가에 대한 의심의 여지는 있습니다. 꽃가루 알레르기는 면역 반응으로 인체를 파괴하지 않습니다. 반면 DDT는 신경 계통을 직접적으로 손상시키는 기전을 지닙니다. 그렇다면 DDT와 꽃가루 비교는 잘못된 유비 추론의 오류일 수도 있습니다.

인간이 자연의 자정 능력을 간과한 채 인위적으로 해충이라고 생각한 대상을 방제하기 위해 살포한 살충제는 돌고 돌아 궁극엔 인간의 생명을 앗아가는 해악이 됩니다. 화학 살충제가 식물과 동물 그리고 인간의 세포 속에 축적되어 세포 활동과 유전 구조를 변형시켜서 결국 멸종이나 죽음에 이르게 할 수 있기에 이 문제는 더욱 심각합니다. 치명적인 화학 제품의 개발과 사용은 '부분이 생존하기 위해서는 결국 그 부분이 속한 전체가 건강해야 한다'는 점을 망각한 인간의 오만입니다. 우리는 과학 기술의 사용과 진보에 제동을 걸어야 할 것 같습니다. 과학 기술을 사용해 인간이 자연을 조절할 수 있다는 생각을 바꿔야 합니다.

한편으로는 과학 기술로 발생한 문제 또한 과학 기술이 해결할 수 있으리라는 기대와 희망도 있습니다. '자연의 일부인 인간'과 '자연의 문제를 해결할 수 있는 인간'이라는 두 가지 인간관이 대립하는 것이죠. 이는 인간 중심적인 기계적 자연관과 생태주의적인 유기체적 자연관 사이의 대립으로 정리할 수 있습니다. 각각의 입장은 과학 기술 때문에 파괴된 환경 문제에 대한 대안을 생각해 보는 출발점이 됩니다.

유기체적 자연관에서 자연은 장구한 시간의 흐름에 따라 진화를 거쳐 형성된 복잡한 유기적 시스템과 같습니다. 자연에 존재하는 것은 자율적으로 작동하는 한편, 유기적으로 연관되어 있습니다. 이들은 복잡한 인과연쇄로 얽혀있지만 자연의 요소는 그 과정에서 서로 균형과 조화, 자정 능력을 갖추게 되었습니다. 유기체적 자연관은 자연을 생명체처럼 여깁니다. 인간을 포함한 자연 생태계를 구성하는 요소 하나하나가 생명을 가진 유기체의 기관처럼 통일적이고 조화로운 전체를 이룬다는 시각입니다. 자연의 구성 요소는 마치 생명체의 각 기관처럼 각각 독립적이면서도 긴밀하게 유기적으로 결합되어 있기 때문에 상호 의존적이고 서로 영향을 미칩니다. 한 부분이 오염·손상되면 자연 전체로 확산될 수 있습니다.

인간도 자연의 일부분이기에 손상된 자연으로부터 악영향을 받을 수 있습니다. 그렇기에 인간은 어떤 행위를 할 때 자연의 유기적인 관계나 질서를 흩트리지 않고 보존하도록 노력해야 합니다. 독일 관념론 전통의 철학자 셸링Friedrich Wilhelm Joseph Schelling은 《자연철학의 이념》Ideen zu einer Philosophie der Natur에서 "나 자신이 자연과 동일한 것인 한, 나는 나 자신의 생명을 이해하듯, 생동적인 자연이 무엇인지를 이해한다"고 강조합니다. 자연을 인간에 종속된 대상이 아닌 자율성과 자족성을 가진 생산적인 주체로 봐야 한다는 말입니다.

야생 동물은 자연의 먹이사슬에서 오직 물질적 원리에 따라서 움직입니다. 하지만 인간은 그렇지 않죠. 인간은 필요에 따라서 자연 자체를 바꾸고 완전히 새로운 체계로 개편하기도 합니다. 그런 면에서 인간은 다른 동물과 달리 자연을 '정복'하고 '통제'하는 특별한 주체라는 것 또한 부정할 수 없습니다. 이러한 생각은 서양의 오랜 사상적 배경으로 인간을 자연의 다른 구성원과 근본적으로 다른, 특별한 존재로 여깁니다.

아리스토텔레스는 이 세상의 모든 존재는 고유한 선善을 가지고 있다고 말합니다. 식물의 선은 성장과 재생산에 필요한 영양적 기능을 행하는 것입니다. 동물의 선은 영양적 기능에 더해서 스스로의 욕구를 충족하는 기능입니다. 인간의 선은 이러한 영양적 기능 및 욕구 충족 기능과 더불어 이성적으로 숙고하는 인생을 사는 것입니다. 이성을 잘 발휘하는 것은 인간에게 고유한 기능이며 이런 이성 능력을 잘 발휘하면 행복에 이르게 됩니다. 식물과 동물의 선은 인간을 위해 사용됩니다. 식물은 동물을 위해 존재하고 동물은 인간을 위해 존재합니다. 인간이 최상위에 위치하고 그 아래에 동물과 식물이 위치하기 때문에 인간의 선을 이루기 위해 식물과 동물을 이용하는 것은 정당하다고 주장할 수 있습니다.

아리스토텔레스는 비록 식물과 동물이 인간보다 아래에 놓이지만 그들에게 적어도 어떤 기능이나 자발적 능력이 있다고 인정했습니다. 하지만 근대 철학자인 데카르트는 한 발 더 나아가 식물과 동물을 이성이 결여된 대상으로 여기며 그들은 자발적 능력으로 활동할 수 없다고 생각했습니다. 데카르트에 의해 살아 있는 자연이 생명이 없는 대상으로 바뀐 셈입니다. 이는 기계적 자연관으로 자리 잡게 됩니다. 인간을 제외한 자연, 특히 동물이 기계와 같다는 관점을 잘 보여주는 데카르트의 《방법서설》을 함께 읽어봅시다.

토론해봅시다

내가 여기서 특별히 보여주려고 노력했던 점은 만약 이성을 결여한 원숭이나 어떤 다른 동물의 외양과 기관을 가진 어떤 기계가 있더라도 우리는 그 기계가 동물과 동일한 본성을 완전히 갖고 있는지 알 수 있는 방법이 없다는 점이다. 그러나 설령 우리 신체와 닮았고 실천적 목적을 위해 우리의 행동을 가능한 만큼 모방하는 기계가 있더라도 우리는 그것이 절대 진정한 인간일 수 없다는 것을 알아낼 수 있는 아주 확실한 두 가지 수단이 있다. 첫째, 우리의 생각을 다른 이들에게 나타내기 위해 우리가 하는 것과 꼭 같은 방식으로 기계가 말을 구사하거나 다른 기호들을 조합할 수는 없으리라는 점이 분명하다. 말할 수 있도록 만들어진 기계를 우리는 분명히 생각할 수는 있다. (중략) 그러나 면전에서 들려오는 모든 말에 적절히 의미 있는 대답을 할 정도로 단어들을 다양하게 배열할 수 있는 그런 기계를 생각할 수는 없다. (중략) 둘째, 어떤 일에 대해서는 우리만큼이나 잘 해내거나 심지어 더 잘 해낼 수 있는 기계일지라도, 그 일이 아닌 다른 일은 틀림없이 해내지 못할 것이다. 이는 기계가 이해를 통해서가 아니라 단지 기관 배열에 따라 작동한다는 점을 드러낸다. 이성은 모든 상황에서 사용될 수 있는 보편적인 도구인데 반해, 이러한 기관은 어떤 특정한 행동을 위해 특정한 배열을 필요로 하기 때문이다. (중략)

이 같은 두 가지 수단으로 사람들은 또한 인간과 짐승의 차이를 인식할 수 있다. (중략) 까치와 앵무새는 인간인 우리가 하는 것처럼 말을 내뱉을 수는 있어도 우리처럼 이야기를 나눌 수는 없다. 즉 그것들은 자신들이 무슨 말을 하는지를 생각하고 있다는 사실을 증명할 수 없다. 반면에 태어날 때부터 귀가 들리지 않고 말을 하지 못해서 짐승 못지않게 말하는 기관이 발달하지 못했거나 그보다 더 심한 경우일지라도 인간은 자신의 생각을 전달할 수 있는 나름의 기호를 만드는 것이 보통이다. 이들과 어울리면서 이들이 사용하는 언어를 배운 사람들은 이들의 생각을 이해할 수 있다. 이는 짐승이 인간보다 더 적은 이성을 지닌다는 점뿐만 아니라 이성을 전혀 갖고 있지 않다는 사실을 보여준다. 왜냐하면 아주 약간이라도 이성이 있다면 말을 할 수 있다는 것이 분명하기 때문이다.

René Descartes(1637), 《Discours de la méthode》, in (TRANS) John Cottingham·Robert Stoothoff·Duglad Murdoch, 《The Philosophical Writings of Descartes》 Vol. 1, Cambridge University Press, 1985, pp. 139~140.

데카르트의 논증은 두 부분으로 이루어집니다. 첫 번째로 인간과 기계가 근본적으로 다르다는 주장, 즉 기계에게는 이성이 없지만 인간에게는 이성이 있다는 주장을 뒷받침하기 위해 두 가지 전제를 제시합니다. 두 번째로 데카르트는 기계와 인간의 차이점은 동물과 인간 사이에서도 유사하게 성립한다고 말합니다. 그리고 한 가지 전제를 추가하는데 만약 이성이 아주 조금이라도 있다면 언어를 사용할 수 있다는 것입니다.

하지만 동물은 언어를 사용할 수 없습니다. 따라서 기계와 마찬가지로 동물에게는 이성이 없다는 결론이 도출됩니다. 살아있는 생명인 동물도 결국 태엽이나 톱니바퀴로 된 기계와 차이가 없다는 의미입니다. 이러한 데카르트의 논리는 이후 서양을 지배한 기계론적 세계관, 동·식물을 포함한 모든 자연은 물리 법칙에 따라 작동하는 거대한 기계 장치나 다름없다는 생각의 근간이 됩니다.

현대의 과학 기술이 우리에게 도움을 주는지 피해를 주는지는 아주 오랜 세월이 지난 후에 알 수 있을지도 모릅니다. 하지만 과학 기술이 양날의 검이라는 점은 분명합니다. 우리는 어떠한 태도로 과학 기술을 이용하고, 자연과 생태계를 보존하기 위해 어떤 노력을 해야할지 고민하고 실천해야 합니다. 이와 관련해서 흥미로운 방향을 제안하는 사람이 있습니다. 마이크로소프트사의 창립자이자 CEO인 빌 게이츠Bill Gates는 《빌 게이츠, 기후 재앙을 피하는 법》에서 기후 변화의 심각성을 인식하고 전문가의 조언에 따라 적어도 2050년에는 지구의 온실가스 배출을 0zero으로 만들어야 인류가 생존할 수 있다고 강조합니다. 그는 기후 재앙을 막기 위해서 우리는 변할 수 있으며, 변화에 필요한 기술을 가지고 있다고 낙관합니다. 물론 더 발전해야 할 기술도 있지만 혁신을 일으킬 수 있는 가능성이 많다고 말입니다. 우리는 기후 변화에 관한 새로운 데이터, 컴퓨터 모델링 기법, 화석 연료를 대신할 다양한

10강 지구가 인류를 심판합니다

253

기술 개발, 제로 탄소 제품과 탈 탄소화 정책 등을 시행하고 실천할 수 있습니다.

　　"기후 변화와 같이 거대한 문제 앞에서 개인은 쉽게 무력감을 느낀다. 하지만 그럴 필요가 없다. 정치인이나 자선사업가가 아니어도 각 개인들도 변화를 만들 수 있기 때문이다. 개인은 시민으로서, 소비자로서, 그리고 고용주 또는 직장인으로서 변화를 이끌 수 있다."[4]

1) 고전을 이해하는 토론

1　자연의 부분으로서 인간이 다른 생태계의 생명과 유기적으로 연결되어 있다는 생태주의적인 관점은 환경 문제 해결에 대한 단서가 될까요? 자연 생태계의 다른 생명체와 같은 위상을 지닌다는 관점과 자연 생태계의 다른 생명체보다 더 높은 위치에 있다는 관점 가운데 어떤 관점이 더 환경 문제 해결에 도움이 될까요?

2　인간에게 해를 끼치는 곤충을 없앨 목적으로 살충제를 개발한 과학 기술은 좋은 것일까요? 아니면 나쁜 것일까요? 아니면 가치중립적일까요?

3　카슨은 과학 기술에 대한 맹신을 경계해야 한다고 강조합니다. 반

토론수업

4　빌 게이츠 지음, 김민주·이엽 옮김, 《빌 게이츠: 기후 재앙을 피하는 법》, 김영사, 2021, p. 310.

대로 빌 게이츠는 과학 기술이 기후 재앙을 해결할 수 있다고 합니다. 과학 기술이 정말로 환경 문제의 대안이 될 수 있을까요?

2) 오늘을 위한 토론

1   매년 우리가 배출하는 온실가스의 27%는 전기 생산 과정에서 배출됩니다. 우리나라뿐만 아니라 수많은 나라에서 화석 연료 발전소를 가동하고 있기 때문입니다. 그렇다면 화석 연료 발전 없이 원자력 발전으로 전기를 생산하는 방법은 온실가스 배출을 줄이기 위한 최선의 선택일까요?

2   기후 변화는 현세대를 넘어서 미래 세대까지 심각한 악영향을 미칠 수 있습니다. 그렇다면 현세대는 환경 보호와 관련해 미래 세대에 대한 책임과 의무가 있다고 할 수 있을까요?

더 깊은 토론을 위한 참고자료

★ 레이첼 카슨 지음, 김은령 옮김, 《침묵의 봄》, 에코리브르, 2011

과학 기술에 대한 맹신에 의문을 제기하고 환경에 대한 관심과 사회 운동을 촉발시킨 책입니다. 자연을 지배할 수 있다고 생각한 인간이 해충 방제를 위해 살포한 살충제가 어떤 과정을 거쳐서 식물, 동물 그리고 생태계 피라미드 최상위에 있는 인간까지 농축되는지 극사실적으로 보여줍니다. 카슨은 방대한 자료 수집, 현장 조사, 치밀한 분석과 연구를 토대로 살충제의 영향이 현세대뿐만 아니라 다음 세대까지 이어진다고 이야기합니다.

★ 게리 스나이더 지음, 이상화 옮김, 《지구, 우주의 한 마을》, 창비, 2015

게리 스나이더(Gary Snyder)는 미국의 시인이자 환경 운동가입니다. 그는 우주의 모든 생명과 더불어 살아가는 진정한 삶을 역설하고, 지구가 처한 생태적 위기의 여러 양상을 분석합니다. 그는 대안으로 환경과 생태에 대한 인식의 전환과 일상의 실천을 제안합니다. 이 책에는 자연에서 노동하고 명상하며 평생을 보낸 구도자이자 시인이기도 한 작가의 독특한 시각이 담겨 있습니다.

★ 르네 데카르트 지음, 이현복 옮김, 《방법서설》, 문예출판사, 2016

17세기 프랑스의 사상가 데카르트가 자신의 학문적 생애를 되돌아보며 쓴 자전적 철학 에세이입니다. 데카르트는 이성적 사유에 기초한 '방법적 회의'를 통해 더 이상 의심할 수 없는 확실한 진리에 도달합니다. 그것이 바로 코기토(Cogito) 명제 '나는 사유한다. 그러므로 나는 존재한다'입니다. 데카르트는 이 확실한 진리를 토대로 신앙 중심의 학문적 기반을 모두 헐고 인간의 이성이라는 새로운 토대에서 진리를 탐구해야 한다고 선언합니다.

★ 유발 하라리 지음, 김명주 옮김, 《호모 데우스》, 김영사, 2017

호모 사피엔스의 미래를 예측한 책입니다. 하라리는 공학 기술을 마냥 낙관적으로만 보지 않습니다. 그는 인간이 공학 기술을 통해 거대한 데이터를 구성하는 알고리즘의 일부가 될 것이라고 전망합니다. 또한 생태계의 최상위에서 신의 위치까지 넘보던 인간이 멸종한 다른 종과 비슷한 길을 가게 될 것이라고 담담하게 예측합니다.

과학과 비과학은 구분 가능한가?
: Logik der Forschung

칼 포퍼와 함께 토론하는
과학과 비과학의 경계

오늘의
토론 주제

"여기에는 입증된 과학적 증거가 있습니다" 또는 "그것은 비과학적입니다" 라는 한마디로 논쟁은 종결됩니다. 단지 '과학적' 또는 '비과학적'이라는 표현만으로 진리와 거짓이 구분되는 것처럼 여겨집니다. 사람들은 과학에는 소위 '비과학'에는 없는 특별한 것이 있다고 생각합니다. 그렇기 때문에 기업은 상품을 광고할 때 상품의 효능이 과학적으로 입증되었다고 강조하는가 하면, 과학과는 아무런 관련이 없는 종교조차도 자신들이 믿는 종교가 참인 과학적 증거가 있다고 주장하곤 합니다. 심지어 환경 오염이나 핵폭탄 등과 같이 명백히 과학이 만들어낸 위험성에 직면해서도 그러한 문제들 역시 어쨌든 과학이 그리고 오직 과학만이 해결할 수 있을 것이라고 주장하는 이들이 많습니다. 과학에 대한 이러한 강력한 믿음은 어떤 합리적인 근거가 있는 것일까요 아니면 맹목적인 것일까요?

과학에 대한 이러한 신뢰는 소위 '과학혁명'이라 불리는 17세기 과학의 발전 이후에 나타난 현상이라고 보아야 합니다. 17세기 이후에야 과학은 철학과 신학의 영향력에서 벗어나 가장 객관적인 학문이라는 지위를 얻었습니다. 이와 더불어 과학자의 사회적 지위 또한 높아졌으며 사회적으로 가장 신뢰받는 집단이 되었습니다. 법정에서는 과학적 증거가 절대적인 힘을 발휘하고, 소위 과학 전문가가 광고하는 상품은 안전성과 효능이 검증됐다고 여겨집니다. 과학의 지위가 이렇게 변한 주된 이유는 과학이야말로 객관적인 진리를 추구하는 활동이라는 인식 때문일 것입니다. 사람들은 과학이 가장 합리적이고 이성적인 학문이며, 어떠한 사회적 영향력을 초월하여 순수하게 진리를 추구하는 학문이라고 생각합니다.

과학에 대한 이러한 신뢰는 전문적인 학문의 영역에서 더욱 강하게 나타납니다. 정치, 사회, 경제, 의학 등은 물론이고 소위 "~학"이라고 이름 붙은 모든 학문은 사실상 과학적임을 천명하는 것입니다. 학문의 분과를 막론하고 모든 연구자들은 '과학적'인 방법론을 실천하고 있습니다. 마치 학문의 방법론은 '과학적인 방법' 하나밖에 없는 듯합니다. 도대체 과학적 방법론은 어떤 특별한 성질을 가지고 있길래 다른 종류의 방법 또는 지식과 그렇게 첨예하게 구분되는 것일까요? 과학의 무엇이 그렇게 특별하고, 과학의 방법론은 왜 그렇게 강한 믿음을 주는 것일까요? 이 물음은 지식의 본성에 대한 탐구 뿐만 아니라 과학 그 자체의 본성에 대한 탐구를 위해서 매우 중요한 것입니다.

이제 우리가 물어야 할 질문은 다음과 같습니다. 첫째, 과학적 방법론이 존재한다면 그것은 무엇일까요? 둘째, 그러한 방법론은 과학이라고 말할 수 없는 다른 지식 탐구의 방법들과 분명하게 구분되는 것일까요? 전통적 과학의 방법론적 모델과 변화를 살펴보면서 과학의 본질과 과학적 지식의 특성을 비판적으로 검토해 봅시다.

과학적 지식의 특별함: 상식적 과학관

과학적 지식과 비과학적 지식의 차이는 무엇일까요? 대표적인 구분의 기준은 다음과 같이 정리할 수 있습니다.

첫째, 과학은 사실에 기반하고 비과학은 의견일 뿐이다.

둘째, 과학은 사실에 기반한 경험적인 데이터를 귀납적으로 일반화한 것이다.

셋째, 과학은 제기된 가설을 실험과 관찰을 통해 철저하게 검증한다.

이러한 견해에 따르면, 과학은 사실 즉 '팩트'에 기반한 학문인 것입니다. 과학자는 최대한 편견을 배제하고 물리적 세계에 관한 사실적 지식을 생산하는 일을 합니다. 과학은 개인의 사적인 신념이나 집단의 사조에 의해서 자연을 관찰하거나 실험을 설계하지는 않습니다. 과학은 오직 인식된 사실을 기반으로 일반적인 가설을 귀납적으로 제시하고, 제시된 가설을 객관적이고 재현 가능한 실험과 관찰이라는 방식으로 검증합니다. 한마디로 요약하면 과학은 편견 없는 사실 인식에 의해 형성된 가설을 객관적인 실험을 통해 증명하는 것입니다. 우리가 이미 다루었던 베이컨의 《노붐 오르가눔》Novum Organum은 세계에 대한 관찰을 통해 귀납적으로 일반화 가능한 법칙을 발견하는 것을 과학의 목적이라고 주장하고 있으며, 이러한 귀납적인 방법이 우리가 의존할 수 있는 유일한 것으로 봅니다.

이러한 상식적 과학관은 간단하고 명료한 인상을 주기 때문에 어떤 문제점을 알아차리는 것은 쉽지 않습니다. 우리는 이러한 과학관의 문제점을 인식하기 위해 좀 더 심도 있는 철학적인 사고를 필요로 합니다. 첫째, 우리는 아무런 편견이나 선입견 없이 세계에 대한 사실을 인식할 수 있을까요? 둘째, 감각에 의해 인식된 물리적 세계에 대한 사실이 과학의 이론을 입증할 수 있을까요? 즉 사실로부터 과학 이론이 귀납적으로 증명될 수 있는가의 문제입니다. 다음의 두 논의를 통해 이두 가지 문제를 검토해 보겠습니다.

논리경험주의: 객관적 인식 가능성의 문제

우리는 이렇게 물을 수 있습니다. 우리는 세계에 관한 사실을 아무런 선입견이나 배경지식 없이 인식할 수 있을까요? 논리경험주의에 따르면 우리는 감각을 통해 인식한 세계에 관한 사실을 명제화 하여 논리적으로 분석함으로써 객관적인 지식을 얻을 수 있습니다. 즉 논리경험주의에 따르면 우리의 감각 경험은 아무런 왜곡이나 선입견 없이 세계에 관한 사실을 순수하게 인식할 수 있다는 것입니다. 그러나 이러한 논리경험주의의 인식론은 다음과 같이 비판되었습니다. 소위 '관찰의 이론 의존성 논제'에 따르면 우리가 아무런 지식이나 선입견 없이 세계에 관한 사실을 인식하는 것은 불가능합니다. 대표적으로 우리의 인식 중 가장 중요한 시각적인 인식을 보겠습니다. 핸슨N. R Hanson은 "본다는 것은 안구에 부딪히는 것 이상의 것이다"라고 주장합니다. 즉 관찰자가 어떤 대상이나 장면을 보게 될 때 그들이 갖는 주관적인 경험은 망막에

맺힌 상에 의해서만 결정되지 않고 관찰자의 경험, 지식, 기대에 의존한다는 것입니다. '오리-토끼'의 사례는 사실에 대한 지각이 감각에 의해 직접적으로 주어진다는 주장이 옳지 않음을 시사합니다. 우리가 하나의 개념을 형성할 수 있기 위해서 단지 사실에 대한 직접적인 관찰로는 불충분한 것입니다. '오리' 또는 '토끼'라는 개념을 형성하기 위해서는 교육이 선행되어야 하는데, 교육의 과정에는 많은 이론과 지식이 관여하기 때문입니다. 사실에 대한 진술은 감각적인 자극에 의해 직접적으로 결정되지 않으며, 관찰 진술은 지식을 전제하고 있습니다. 따라서 우리가 먼저 사실을 확립하고 그 사실로부터 지식을 이끌어 내는 것은 아니라고 말할 수 있는 것입니다.

이것을 과학적 지식에 적용해 봅시다. 먼저 실험과 관찰은 순수한 경험적 데이터가 될 수 없습니다. 앞에서 논의한 관찰의 이론 의존성에 따르면 우리의 관찰 자체가 어떤 이론적 배경을 가지고 있습니다. 어떠한 관찰도 그 경험을 해석해 줄 이론이 없으면 아무런 의미가 없는, 그저 감각적인 자료에 불과합니다. 즉 관찰 경험 자체가 이론에 의해서 확보된다는 의미입니다. 그렇다면 과학은 정당화해야 할 것을 이미 전제로 사용하고 있는 셈입니다. 이렇듯 우리의 지각은 어느 정도 앞선 지식에 의존합니다. 따라서 우리가 우선 사실을 확립하고 그 사실에 맞는 과학 이론을 세워야 한다는 것은 어려운 것입니다. 이러한 난점은 순수한 관찰이라는 것이 전적으로 신뢰할 수 있는 그런 것이 아님을 의미합니다.

귀납주의: 경험적인 데이터에서 일반 법칙을 추론하기

혹 그러한 순수한 사실 인식이 가능하다고 해도 문제가 해결되는 것은 아닙니다. 순수한 사실인식으로 형성된 경험적 지각으로부터 만들어진 귀납적인 가설을 어떻게 입증할 수 있는 것일까요? 이것은 자연스럽게 앞에서 다루었던 귀납의 본성에 관한 문제로 우리를 이끌어 갑니다. 전통적인 과학관에 따르면 과학은 실험과 관찰, 즉 경험적인 데이터로부터 자연에 관한 일반 법칙을 귀납적으로 추론하고 그것을 입증하는 학문입니다. 그런데 귀납 논리를 통해 일반적인 법칙으로 도출된 지식은 언제나 거짓일 가능성이 있습니다. 유명한 러셀의 닭 문제나 검은 백조의 문제 등이 대표적입니다. 귀납은 도출된 결론의 참을 필연적으로 보장할 수 없기 때문에 과학 법칙이라 하더라도 언제든 거짓으로 판명될 수 있습니다. 따라서 우리는 과학 법칙을 무조건적으로 신뢰할 수는 없는 것입니다.

칼 포퍼의 《과학적 발견의 논리》

논리 경험주의와 귀납주의의 한계 때문에 관찰과 경험이 이론을 논리적으로 입증할 수 없다는 것은 과학의 본성에 대해 새로운 이해를 요구하고 있습니다. 이제 읽게 될 고전《과학적 발견의 논리》에서 포퍼는 지금까지 논의한 실증주의와 귀납주의의 원리를 비판하고 과학적 지식의 본질을 입증이 아닌 논박 또는 반증에서 찾고자 합니다. 포퍼에 따르면 과학적 지식은 입증이 아닌 반증만이 가능한 것이고, 이러한 반증 가능한 명제만이 과학적 지식이 될 수 있다는 과학과 비과학의 구획기준을 제시합니다. 즉 포퍼는 실험과 관찰을 통한 귀납적 입증이라는 방법론이 과학과 비과학을 구분하는 구획기준이 아니라 오직 실험과 관찰을 통한 반증이라는 방법론이 과학과 비과학을 구분하는 구획기준이라고 보는 것입니다.

[가]

인식론의 중심 문제는 지식의 성장의 문제이다. 그리고 지식의 성장은 과학적 지식의 성장을 연구함으로써 가장 잘 연구될 수 있다. (중략) 필자는 철학의 유일한 방법으로 묘사될 만한 방법이 있다는 것은 기꺼이 인정할 자세가 되어있다. 그것은 모든 합리적 토론의 유일한 방법이며, 그러므로 철학뿐만 아니라 자연과학들의 유일한 방법이기도 하다. 합리적 토론의 유일한 방법은 (중략) 문제를 분명히 진술하고 그에 대해 제출된 다양한 해답들을 비판적으로 검토하는 것이다.

요점은, 어떤 문제에 대한 해결책을 제안할 때마다 해결책을 방어하려 하기 보다는 최선을 다해 그것을 뒤집어엎기 위해 애써야 한다는 데 있다. 과학자는 이론가, 실험가를 막론하고 언명들 또는 언명들의 체계를 제시하고 그것들을 단계적으로 검사한다. 특히 경험과학의 분야에서 그는 가설들 또는 이론들의 체계를 구성하고 관찰과 실험을 통해 그것들을 경험에 비춰 검사한다. 필자는 이러한 절차에 대한 논리적 분석을 제시하는 것, 즉 경험과학의 방법을 분석하는 것이 과학적 발견의 논리 또는 지식의 논리의 과제라고 제창한다.

[나]

귀납논리적 구획의 기준은 경험과학의 모든 언명들은 그 진위 여부가 최종적으로 결정될 수 있어야 한다는 요구와 동치이다. 이것은 그것들의 형식이 그것들을 검증하거나 허위화하는 것 모두 논리적으로 가능한 그러한 것이어야 함을 의미한다. (중략) 그런데 필자의 견해로는 귀납과 같은 것은 아예 존재하지 않는다. 경험에 의해서 검증된 단칭언명들로부터 이론들로의 추리는 논리적으로 허용될 수가 없다. 그러므로, 이론들은 결코 경험적으로 검증가능하지 않다. 어떤 체계가 경험에 의해 검사될 수 있을 때에만 그것을 경험적 또는 과학적인 것으로 인정할 것이다. 이러한 고찰들은 어떤 체계의 검증가능성이 아니라 허위화 가능성이야 말로 구획의 기준으로 취급되어야 한다는 점을 시사한다. 다시 말해서 필자는 과학적 체계에 대해 그것이 적극적 의미에서 단번에 선발될 수 있어야 한다고 요구하지 않을 것이다. 그러나 필자는 그것의 논리적 형식이 경험적 검사들에 의해 그것이 소극적 의미에서 선발 될 수 있게끔 허락하기를 요구할 것이다. 경험적 과학체계는 경험에 의해 논파가 가능해야 한다.

[다]

경험과학들, 그리고 다른 한편으로는 형이상학적 체계들과 아울러 수학과 논리학을 구별할 수 있게 해 줄 기준을 찾는 문제는 구획의 문제이다. 귀납법을 철석같이 믿는 경향을 보이는 주된 이유가 이 방법만이 적당한 구획의 기준을 제공해 줄 수 있다는 믿음에 있는 듯 싶다. 실증주의자들은 경험으로부터 도출된 개념들만을 과학적인 것 또는 정당한 것으로 인정하기를 원했다. 다시 말해서 감각, 인상, 지각, 시각적 또는 청각적 기억 등등과 같이 감각경험의 요소로 논리적으로 환원가능하리라고 그들이 믿는 개념들이 그것이다. 형이상학을 멸절하려 전전긍긍하다가 실증주의자들은 그와 아울러 자연과학까지 멸절해버린 것이다. 왜냐하면 과

학적 법칙들도 또한 경험에 관한 요소 언명들로 논리적으로 환원될 수
없기 때문이다. (중략) 이것은 귀납주의자의 구획 기준이 과학적 체계들
과 형이상학적 체계들 사이에 경계선을 긋는 데 있어 실패하며, 또 왜 그
것이 그것들에게 동등한 지위를 부여해야 하는지를 보여준다.

칼 포퍼 지음, 박우석 옮김, 《과학적 발견의 논리》, 고려원, 1994,

pp. 8~48: [가]~[다].

1) 주제 이해를 돕는 연습

1 지문 [가]에서 포퍼는 오직 합리적 토론을 통해서 지식이 성장할
수 있다고 보는데, 중요한 점은 토론에서 자신의 입장을 정당화
하는 것이 아니라 자신의 지식을 비판적으로 검토하려는 태도
가 중요하다고 말합니다. 즉 자신의 주장을 방어하려고 급급하
기 보다는 스스로 자신의 주장을 반박해 보려는 태도가 중요하
며, 그것이 과학의 방법이고 지식이 성장하는 비결이라고 말합
니다. 지식은 정당화가 아닌 비판적 검토의 대상이 될 때 성장
할 수 있다는 포퍼의 주장에 대해 어떻게 생각하시나요?

2 지문 [나]에서 포퍼는 귀납논리에 의해서 과학의 진리가 최종적
으로 입증되는 것은 불가능하다고 주장합니다. 그리고 논리적

입증이 아닌 논리적 반증이 과학과 비과학을 구분하는 구획기준이 될 수 있다고 주장합니다. 즉 과학은 경험에 의해서 반증 가능하지만 비과학은 반증이 불가능하다는 점을 강조 하는 것입니다. 반증 될 수 없는 것은 과학이 아니라는 포퍼의 주장에 동의할 수 있나요?

3   지문 [다]에서 포퍼는 귀납주의의 한계로 과학과 비과학을 구분하는데 실패하는 점을 강조합니다. 귀납주의는 과학과 비과학을 구분하려는 목적으로 경험에 의한 입증을 구획기준으로 제시하지만 결국 과학마저 비과학적인 것으로 만들고 말았다는 것입니다. 그 이유는 과학의 이론이라는 것이 경험적 관찰이나 실험을 통해 논리적으로 입증되기 어렵기 때문입니다. 경험과 관찰을 통한 과학 이론의 입증은 왜 불가능할까요?

2) 해석해드립니다.

반증주의: 실험과 관찰로 제기된 가설을 연역적으로 반증하기

포퍼는 과학 철학의 중심 문제를 구획demarcation 문제라고 생각합니다. 구획의 문제는 형이상학이나 사이비 과학으로부터 과학 이론을 구별해 낼 수 있는 기준을 찾아내는 것입니다. 포퍼가 실증주의자들의 저작에서 찾아낸 구획 기준은 '입증'의 기준으로, 과학 명제의 뚜렷한 특징은 그 명제들이 경험에 의해 입증될 수 있다고 하는 것입니다. 포퍼는 입증이라는 강한 기준을 받아들이지 않을 뿐만 아니라 귀납 논리를 구성하려는 어떤 노력도 인정하지 않습니다. 포퍼는 객관성과 합리성으로 특징지어지는 현대 과학의 성취는 결코 귀납이라는 방법을 통해서는 이루어질 수 없음을 강조합니다. 일찍이 흄은 개연성만으로는 확실한 진리에 도달할 수 없다고 비판했으며, 3장에서 살펴보았듯이 귀납은 러셀이 지적하는 오류 가능성의 문제를 피하기 어렵습니다. 사례의 수가 얼마나 많은지 상관없이 보편진술 형태의 법칙적 진술을 완벽하게 입증하지는 못합니다. 귀납이 선험적으로 정당화된 논리라는 입장이 먼저 정당화 되지 않으면, 귀납을 통해 진리를 발견하려는 노력은 언제나 순환 논증에 빠지거나 무한 후퇴에 귀착합니다. 따라서 포퍼는 과학적인 명제가 입증될 수 있거나 참일 확률이 높다는 주장을 부정하면서, 연역논리만으로 과학적인 명제를 평가할 수 있는 과학의 논리를 재구성하려고 합니다.

이 과정은 우리가 2장에서 배운 후건부정 논법이라는 타당한 연역적 절차를 통해 이루어집니다. 포퍼가 볼 때, 확증이라는 귀납적 절차가 결코 완결되지 않는 무한한 절차임에 비해서, 반증이라는 절차는 하나의 반증사례를 통해서 일회적으로 이루어집니다. 관찰된 사례에서 보편적인 주장을 이끌어 낼 수는 없지만, 보편적인 주장에서 특수한 명제를 연역해 낼 수는 있습니다. 만일 보편적인 주장에서 이끌어 낸 특수한 명제가 경험에 의해 거짓으로 밝혀진다면, 그 보편적인 주장이 거짓이라는 것을 후건부정논법에 의해 연역적으로 이끌어 낼 수 있습니다. 이러한 논의를 바탕으로 포퍼는 '한 명제는 그것이 경험에 의해 반증될 수 있을 때에만 과학적 명제이다'라는 새로운 구획 기준을 제안하게 됩니다. 연역적으로 반증 가능하다고 하는 이런 논리적 측면이 바로 과학 이론을 다른 이론과 구별 지어 주는 특징인 것입니다.

포퍼에 따르면 반증이 불가능한 것은 과학적 진리가 될 수가 없습니다. 이러한 반증주의에 따르면 무엇보다도 과학은 일반적인 과학 법칙을 실험과 관찰로부터 도출하지 않습니다. 실험과 관찰은 가설을 반증하는 역할을 할 뿐 입증하지 않습니다. 아무리 많은 검은 까마귀를 관찰해도 '모든 까마귀는 검다'라는 일반 법칙을 추론할 수 없지만 검지 않은 까마귀가 한 마리라도 나타나면 '모든 까마귀는 검다'라는 일반 법칙을 반증할 수 있습니다. 이처럼 관찰 데이터에 의한 이론 입증은 불가능하지만 반증은 가능합니다. 즉 반증주의에 따르면 과학은 실험과 관찰에서 일반 법칙을 추론하는 귀납적 방법론이 아니라, 실험과 관찰로부터 제기된 가설을 반증하는 연역적 방법론을 따릅니다. 실험과 관찰에 따른 반증은 귀납 추론과 전혀 다른, 철저하게 연역 논리를 따르는 방법론입니다.

우리가 인정하는 과학 이론은 이러한 반증 과정에서 아직 반증 되지 않고 살아남아 있는 이론입니다. 그렇기 때문에 과학은 이론을 확증하는 활동이 아니라 반증하는 활동입니다. 이러한 반증주의적 과학관에 따르면 과학은 절대적인 진리를 보장하는 활동이 아닙니다. 과학적 진리로 여겨져도 언제든 반증 될 수 있습니다. 또한 반증주의는 과학과 비과학을 구분할 수 있는 기준을 제시합니다. 바로 '허위화 가능성'falsifiability입니다. 과학 이론은 언제나 반증 될 가능성이 있기 때문에 반증을 통해서 발전하지만, 비과학 이론은 반증의 가능성이 없습니다. 예를 들어 대표적으로 점성술 예언이나 사람의 운명에 대한 판단 등은 그것을 반증할 수 있는 경험 데이터가 없기 때문에 반증 가능성에 전혀 노출되지 않습니다.

하나의 이론을 검사하는 참된 방법은 그 이론이 참이라는 것을 보여주려고 노력하는 것이 아니라 그 이론이 거짓이라는 것을 보여주려고 노력하는 것입니다. 하나의 가설이 개진되었을 때, 그 가설로부터 예측들이 도출되어야 하며 그래서 항상 실험적인 검사를 받을 수 있어야 합니다. 만약 그 가설이 반증되면 그것은 포기되지만, 그러나 만약에 반증되지 않는다면 이러한 사실은 보다 더 엄밀한 검사들을 받아야만 하며, 그 가설을 반증하려는 보다 정교한 시도를 해야만 한다는 것을 의미합니다. 과학은 증거의 뒷받침을 받는 가설을 제시하여 과학을 안전하게 보호하려고 하는 과학자의 노력에 의해 진보하는 것이 아닌 것입니다. 도리어 과학의 발전은 과학자가 대담한 추측conjecture을 한 후에 그 이론을 테스트함에 있어 관심은 그 추측을 참으로 증명하려는데 있지 않고 그것을 반박하려는 노력에 있는 것입니다.

반증주의의 난점

실증주와와 귀납주의를 반박하는 반증주의 역시 심각한 문제가 있습니다. 첫째, 확률에 관한 법칙은 반증 될 수 없습니다. 예를 들어 주사위의 각 눈은 6분의 1의 확률로 나타난다는 지식은 어떠한 경우에도 반증 되지 않습니다. 주사위를 10번 던졌는데 모두 1이 나왔다고 해서 '주사위의 각 눈이 나올 확률은 6분의 1'이라는 법칙이 틀렸다고 할 수 없습니다. 둘째, 실제로 과학자는 반증 사례가 나타날 때 간단히 가설을 포기하지 않습니다. 과학자는 반증 사례가 나타난 원인을 찾기 위해 관찰과 실험 과정에서 어떤 잘못이 있었는지 점검할 수도 있고, 반증 사례를 사소한 것으로 무시하거나 묵인하고 연구를 지속할 수도 있습니다. 귀납주의와 마찬가지로 반증주의 역시 실제 과학사에서 과학자가 채택하는 방법은 아닙니다.

토론해봅시다

[가]

과학사학자들은 (중략) 과거의 관찰과 믿음으로부터 나온 "과학적인" 요소들을, "오류"와 "미신"이라고 단정 했던 것들과 구별하는 데에서 점점 어려움을 겪고 있다. 예를 들면, 아리스토텔레스 역학, 플로지스 톤(phlogiston) 열역학을 연구하면, 과학사학자들은 자연에 대해서 당시의 견해들이 전반적으로 오늘날 인정되고 있는 것보다 덜 과학적인 것이 아님을 느끼게 된다. 시대에 뒤떨어지는 그러한 믿음들을 신화라고 한다면, 신화는 현재에도 과학적 지식에 이르는 것과 동일한 방법에 의해서 만들어질 수 있고, 동일한 논리에 의해서 인정될 수 있는 것이 된다. 한편으로 그런 것들을 모두 과학이라고 부르기로 하면, 과학은 현재 우리가 알고 있는 것들과 매우 다르며 부합하지 않는 믿음들의 집합을 포함하게 된다. 만일 둘 중 하나를 선택해야 한다면, 과학사학자는 후자를 선택해야 한다. 시대에 뒤떨어진 이론들이 폐기되었다고 해서 비과학적인 것은 아니기 때문이다.

토머스 S. 쿤 지음, 김명자 홍성욱 옮김, 《과학혁명의 구조》, 까치, 1999, pp. 62~63.

[나]

과학이란 무엇인가? 어떻게 그들의 기준들은 다른 과업에서의 기준들과 다른가? 첫 번째 물음에 대한 나의 대답은 개인들, 학파들, 역사적 시기들, 과학 전체가 갖는 폭넓은 다양성 때문에, 방법에 관한 혹은 사실에 관한 포괄적인 원리들을 발견하는 것이 극히 어렵다는 것이다. '과학'이라는 낱말은 단일한 낱말일 수 있다. 그러나 그 낱말에 대응하는 단일한 실재물은 존재하지 않는다. (중략)

과학은 어떤 점에서 그렇게 위대한가? 어떤 이유들이 우리로 하여금 과학을 다른 삶의 형식이나 지식 획득의 방법보다 선호하도록 강요하는가? 우리가 과학으로부터 배울 수 있는 것들은 여전히 많이 있다. 그러나 우리는 역시 인문학, 종교, 그리고 서구문명의 맹공격에도 살아남은 고대 전통의 잔존물로부터도 배울 수 있다. 어떤 영역도 통일되거나 완벽하지 않으며, 혐오스럽거나 어떤 장점도 전혀 갖지 않은 영역은 거의 없다. 심리학에 여러 양식과 학파가 존재하듯이 의학에도 많은 양식과 학파들이 존재한다. 그러므로 첫째, '서구의학'을 다른 의학적 절차와 비교한다는 생각은 온당하지 않다. 건강과 질병은 문화 의존적인 개념이다. 우리는 개인적 선택을 기반으로 세계관을 세울 수 있고, 따라서 우리 자신을 위해서 그리고 우리 친구들을 위하여 일련의 역사적 사건들에 의해서 분리되었던 것을 통합할 수 있다.

파울 파이어아벤트 지음, 정병훈 옮김,《방법에 반대한다》,

그린비, 2019, pp. 431-454.

1) 고전을 이해하는 토론

1 귀납주의와 반증주의에 따르면 과학은 객관적인 관찰 자료를 통한 논리적인 추론 과정입니다. 그런데 쿤Thomas Kuhn은 과학의 합리성과 객관성에 대해 가장 강력한 의문을 제기한 현대 과학 철학자입니다. 쿤의 과학관에 따르면 과학은 귀납적으로 지식이 축적되는 과정도 아니고 과학 이론이 합리적으로 입증되거나 반증 되는 것도 아닙니다. 과학 이론은 역사적 맥락과 환경의 영향을 받고, 객관적이고 순수하다고 하는 관찰은 그 자체가 이론의 영향을 받기 때문에 더 객관적인 이론을 판별할 수 있는 단일한 기준은 없습니다. 따라서 낡거나 버려진 과학 이론이 비합리적이라거나 미신이라고 말할 수 없습니다. 그는 또한 반증의 방법 역시 실제 과학자들의 활동에서 잘 나타나지 않는다고 주장함으로써 반증주의를 비판합니다. 쿤의 과학관은 패러다임 안에서 진행되는 정상 과학에 심각한 변칙이 나타나고, 변칙이 누적되어 위기가 발생하면서 새로운 패러다임으로 전환하는 혁명이 일어난다는 주장으로 요약됩니다. 과학 이론은 정말 순수하게 합리적으로 선택되는 것일까요?

2 파이어아벤트는 과학적 방법에 대해 거부하며, "남은 것은 심미

적인 판단, 취미에 따른 판단, 형이상학적 편견, 종교적인 원망, 간단히 말해서 우리들의 주관적인 바람들 뿐이다"라고 말합니다. 과학이 순수하게 이성적이고 객관적인 탐구가 아니라면 모든 사물과 사고를 '과학'이란 기준으로 평가하기 어렵습니다. 사람들은 종교, 예술, 윤리 등 인문학적 주제를 모두 과학 문제로 환원하여 비과학적인 것을 비이성적이라거나 비도덕적이라고 판단하려고 합니다. 우리는 과학이 모든 참된 지식의 모범인 것처럼 여기며 '과학적'인 것에 집착하는 경향이 있습니다. 그러나 파이어아벤트에 따르면 과학만이 순수하게 이성적이고 가치중립적인 활동은 아니기 때문에 과학과 과학이 아닌 다른 학문 영역을 구별하고 판단하기 어렵습니다. 과학적 지식만이 진리이고 다른 종류의 지식은 불필요하거나 의미가 없는 것일까요?

2) 오늘을 위한 토론

우리는 종종 다른 사람의 의견을 반박하거나 무시할 때 '비과학적'이라고 말합니다. 과학을 모든 진리의 판단 기준처럼 생각한다는 뜻입니다. 비과학적인 것은 모두 잘못되었다고 거부해야 할까요? 이러한 문제의식을 가지고 다음 주제들에 대해서 토론해 봅시다.

1 과학과 비과학을 구분할 수 있을까요? 그렇다면 어떤 기준이 제시될 수 있을까요? 과학과 비과학을 구분하는 기준들의 목록을 떠올려 보고 비판적으로 토론해 봅시다.

2 과학적 지식이 모든 종류의 지식 중에서 가장 믿을만할까요? 그렇다면 그 근거는 무엇인지 토론해 봅시다.

3 과학적 방법을 통하지 않는 지식은 어떻게 가능할까요? 우리가 가진 지식들 중에서 과학적 방법을 통하지 않는 것들의 사례를 말해보고 그것의 인식론적 특징을 토론해 봅시다.

4 과학과 종교, 과학과 예술 등 고유한 방법론을 가지고 있는 학문과 지식은 과학과 어떻게 조화를 이룰 수 있을지 토론해 봅시다.

더 깊은 토론을 위한 참고자료

★ 토머스 쿤 지음, 김명자·홍성욱 옮김, 《과학혁명의 구조》, 까치, 2013

이 책에서 쿤은 과학사의 수많은 사례를 통해 과학이 점진적·누적적으로 발전한다는 생각을 비판합니다. 과학의 '발전'이라고 여겼던 것이 실제로는 혁명을 통한 패러다임의 '변화'일 뿐이라는 쿤의 주장은 과학적 상대주의를 낳았다는 평가를 받기도 합니다.

★ 데이비드 흄 지음, 이준호 옮김, 《인간 본성에 관한 논고》, 서광사, 1994

흄은 자연주의 오류와 관련한 윤리학, 귀납의 문제와 관련한 과학철학 그리고 관념과 인상에 대한 논의를 통한 인식론에 지대한 영향을 끼친 철학자입니다. 귀납에 대한 흄의 논의에 따르면 관찰한 사실을 통해 관찰되지 않은 일반 법칙을 추론하는 귀납은 항상 거짓이 될 개연성이 있습니다. 이러한 귀납의 문제점을 인정한다면 귀납적 과학 방법은 합리적인 근거가 사라집니다.

★ 칼 포퍼 지음, 박우석 옮김, 《과학적 발견의 논리》, 고려원, 1994

과학과 비과학은 어떻게 구분되는가? 과학은 어떤 방법론을 통해 발전하는가? 과학지식의 한계는 무엇인가? 포퍼는 소위 사이비 과학을 진짜 과학과 구분합니다. 그에 따르면 반증할 수 없는 모든 이론이나 주장은 과학적 주장이 아닙니다. 포퍼의 반증주의는 귀납적 과학관을 대체하는 새로운 방법론입니다. 그는 과학이 귀납을 통해 이론을 확증하지 않고 반례를 통해 반증하는 활동이며 이런 방법으로 과학은 얼마든지 진보할 수 있다고 말합니다.

★ 홍성욱 지음, 《과학은 얼마나》, 서울대학교출판부, 2004

쿤의 《과학혁명의 구조》로 과학의 본성에 관한 논의가 촉발됐습니다. 이 논의는 급기야 1990년대 소위 '과학 전쟁'이라고 불리는 과학의 본질과 속성에 대한 격렬한 논쟁으로 치닫습니다. 이 전쟁은 과학이 진정한 합리적 학문이라고 주장하는 이들과 과학이 전적으로 사회적 활동이기 때문에 과학자의 상상력, 믿음, 정치, 경제, 사회적 이해관계의 산물이라고 주장하는 이들의 격렬한 논쟁이었습니다. 이 책에는 '과학 전쟁'의 주요 인물과 장면이 풍부하고 상세하게 담겨 있습니다.

★ 파울 파이어아벤트 지음, 정병훈 옮김, 《방법에 반대한다》, 그린비, 2019

파이어아벤트는 과학의 발전은 하나의 단일한 방법론에 의해서 일어난다는 생각을 철저하게 비판합니다. 그는 과학은 과학만의 방법론이 아니라 형이상학, 예술, 신화, 심지어 이성과 비이성 등과 함께 작동하고 있음을 보여줍니다. 그는 또한 현대 사회에서 과학의 독점적 지위를 비판하며 자유롭고 다원화된 사회의 필요성을 강조합니다. 다원주의는 어떤 특정한 관점이나 방법만을 강조하지 않고 창의성과 상상력을 동원하여 진보가 일어날 수 있는 모든 가능성을 인정하는 것입니다. 과학을 다른 종류의 지식과 구분할 수 있는 고유한 특성이란 없으며 모든 종류의 지식이 동등하게 취급되는 사회가 민주적인 사회인 것입니다. 그래서 파이어아벤트는 무엇이든 상상하고 시도하라! 동시에, 과학을 의심하라! 라고 말하며 "무엇이라도 좋다"(Anything goes)라는 원리를 주장합니다.

'생각하는 기계'인 인공지능과 인간은 다른가?

: Computing Machinery and Intelligence

앨런 튜링과 함께 토론하는
인공지능 논쟁

오늘의
토론 주제

인공지능 없이 살 수 있을까요? 현대 사회의 많은 영역에서 인간은 인공지능의 도움을 받으며 살고 있습니다. 우리가 들고 다니는 핸드폰도 인공지능 기술이 탑재되어 있고, 우리가 즐겨보는 SNS나 궁금할 때 찾아보는 인터넷도 인공지능을 기반으로 하고 있습니다. 운전할 때 사용하는 실시간 내비게이션이나 온라인 쇼핑도 그렇습니다. 우리가 인터넷에서 관심가는 무엇가에 주목하면, 그와 관련된 사항들을 계속해서 추천해 주는 것도 인공지능 기술 덕분입니다. 그리고 온라인을 통해 물건을 구매하고 배달로 받는 디지털 플랫폼 사회로의 전환도 인공지능 기술 덕분에 가능해진 것입니다. 우리 삶의 많은 영역에 인공지능이 우리가 인지하든 인지하지 못하든 광범위하게 침투해 있습니다.

'인공지능'artificial intelligence이라는 단어가 처음 등장한 것은 컴퓨터 관련 연구자들의 회의였던 1956년 다트머스 회의Dartmouth Conference가 계기였습니다. 다트머스 대학의 존 매카시John McCarthy가 개최하면서

이 분야의 대표적인 연구자들인 마빈 민스키Marvin Minsky, 너대니얼 로체스터Nathaniel Rochester, 클로드 섀넌Claude Shannon 등이 참석하여 한 달 넘게 진행된 회의가 다트머스 회의입니다. 이 회의 이후 연구자들이 집중적으로 진행한 인공지능 과학기술 연구에 대해 사회적인 관심은 높았지만, '인공지능 겨울'AI Winter이라고 불린 두 번의 침체기가 보여주었던 것처럼 그 발전의 한계로 인해 유행과 침체의 부침을 겪었습니다.

이런 인공지능의 발전이 이제는 지속되는 추세입니다. 2011년 인공지능 왓슨이 미국 TV 퀴즈쇼 제퍼디에 출연해 인간 퀴즈 챔피언을 이겼을 때에도 인공지능에 대한 대중의 관심은 높았지만 인공지능이 대중에게 본격적으로 주목받기 시작한 것은 2016년 3월, '알파고'라는 이름의 인공지능이 바둑 세계 챔피언인 이세돌과의 대국에서 4:1로 승리한 사건입니다. 고도의 지적 능력으로 보여 인간만의 고유한 영역으로 신비롭게 보였던 바둑에서 '딥러닝'deep learning이라는 인공신경망 기반의 인공지능이 보여준 고도의 계산능력은 놀라움 그 자체였습니다. 다만, 알파고의 경우는 바둑이라는 특정 영역에서만 한정된 것이었기에 우리의 일상 삶과는 여전히 거리가 있었습니다. 인공지능의 발전이 놀랍기는 했지만, 좁은 인공지능Artificial Narrow Intelligence에 불과했기 때문입니다.

그런데 2022년 11월 30일 오픈AI가 출시한 생성형 AI인 챗GPT의 등장은 알파고 이후의 인공지능에 대한 사회적 관심을 단박에 끌어올린 사건입니다. 기존의 챗봇이 특정 영역에 한정될 뿐만 아니라 대화의 표현이 부자연스러웠다면, 대화형 챗봇인 챗GPT는 일상의 대화뿐만 아니라 지적인 작업까지도 빠른 속도로 자연스럽게 표현하는 데 능숙했습니다. 챗GPT의 업그레이드 버전인 GPT-4가 미국 변호사 자격시험에서 상위 10% 이내의 높은 성적을 보였다거나 일본 의사 시험의 전 영역을 통과했다는 결과는 챗GPT가 일상의 영역부터 고도의 지적 능력을 필요로 하는 영역까지, 다시 말해 인간 삶의 곳곳에서 인간 못지않은 때로는 인간을 능가하는 능력을 발휘하게 되었음을 보여줍니다. 이제 인공 일반 지능Artificial General Intelligence의 시대에 근접하게 되었습니다.

인간을 닮아 인간을 대체할 수 있는 인공지능을 우리는 어떻게 봐야 할까요? 인공지능과 인간은 어떻게 관계 맺으며 공존해야 할까요? 또한, 인공지능 과학기술의 발전을 이끌어가는 인간 개발자들은 어떤 태도와 입장을 갖고 연구하고 개발해야 할까요? 이러한 물음들은 인공지능 시대를 살아가는 우리가 생각해 봐야하는 것들입니다.

토론 수업을 위한
오늘의 고전

앨런 튜링의 〈계산하는 기계와 지능〉

컴퓨터 과학과 인공지능 과학기술의 아버지로 불리는 인물은 앨런 튜링Alan Turing, 1912~1954입니다. 앨런 튜링은 놀라운 수학적 재능을 인정받아 20대 초반인 1935년부터 케임브리지대학의 연구원이 되었는데, 1936년에 발표한 논문부터 지금의 컴퓨터와 인공지능의 모태가 되는 아이디어를 반영한 '튜링 기계'Turing machine라는 생각을 제시하였습니다. 튜링 기계는 복잡하고 어려운 계산이나 자료 처리도 아주 작은 간단한 단위로 쪼개서 분해하면 쉽게 계산하고 처리할 수 있는 장치를 말합니다.

튜링의 논문들 가운데 인공지능의 고전으로 가장 널리 읽히는 논문은 〈계산하는 기계와 지능〉"Computing Machinery and Intelligence", Mind Vol. 49입니다. 튜링은 이 논문에서 현대 인공지능 연구에서 핵심적인 논의로 간주되는 "계산하는 기계" 또는 "생각하는 기계", "튜링 테스트", "기계 학습" 등의 개념을 선도적으로 제시합니다. 인공지능 영역의 기넘비적인 논문의 일부를 한번 읽어봅시다.

[가]

나는 "기계가 생각할 수 있을까?"라는 물음을 고찰해 보자고 제안한다. 이 물음에 대답하기 위해서는 먼저 '기계'와 '생각한다'라는 용어에 대한 정의로부터 시작해야 할 것이다. 용어의 정의는 그것이 일반적으로 사용되는 방식을 가능한 한 많이 반영하게 할 수도 있겠지만, 이런 태도는 위험하다. 만약 이 방식에 따라 '기계'와 '생각한다'라는 단어의 의미를 이것들이 일반적으로 어떻게 사용되고 있는지를 살펴봄으로써 찾고자 한다면, "기계가 생각할 수 있을까?"라는 질문의 의미와 이에 대한 대답은 여론조사 같은 통계적인 방법을 통해 찾아야 한다는 결론을 피하기 어렵기 때문이다. 이렇게 하는 것은 터무니없다. 이런 방식으로 정의를 모색하려는 시도 대신에 나는 이 물음을 원래의 물음과 긴밀히 관련되면서도 비교적 덜 애매한 단어들로 표현된 다른 물음으로 바꿔보고자 한다.

　새로운 형태의 물음은 '모방 게임'imitation game이라고 불리는 게임의 측면에서 기술할 수 있다. 이 게임에는 남자(A), 여자(B), 성별에 관계없는 심문자(C)인 세 사람이 참여한다. 심문자는 다른 두 명과 분리된 방에 있다. 이 게임의 목적은 심문자가 두 사람 중 누가 남자이고 누가 여자인지를 맞추는 것이다. 심문자는 그 둘을 X, Y라고만 알고 있다. 게임의 마지막에 심문자는 'X는 A이고 Y는 B이다,' 또는 'X는 B이고 Y는 A이다'라고 말해야 한다. 심문자는 A와 B에게 다음과 같이 물을 수 있다.

C: X, 당신의 머리카락 길이를 말해주세요.

이제 X가 실제 A라고 가정해 보자. A는 대답을 해야 한다. 이 게임에서 A의 목적은 C로 하여금 맞추지 못하게 하는 것이다. 따라서 A는 다음과 같이 대답할 수도 있다.

A: 내 머리는 싱글 컷한 단발이고, 제일 긴 머리카락은 9인치 정도_{23센티미터}입니다.

목소리에서 느껴지는 분위기나 어조가 게임에 영향을 끼치지 못하게 하기 위해 대답은 글자로 써야 한다. 또는 더 나은 방식인 타이핑된 글로 제시해야 한다. 이상적인 여건은 두 방 사이에 전산 타자기를 설치하는 것이다. 대안적으로는 질문과 대답이 중개인을 통해 계속 전달되게 하는 것이다. B의 목적은 심문자를 돕는 것이다. B에게 가장 좋은 전략은 아마도 진실된 대답을 하는 것일 것이다. 그녀는 대답으로 "내가 여자에요, 그의 말을 듣지 마세요!"라고 이야기 할 수도 있다. 그렇지만 A 역시 그렇게 이야기 할 수 있기 때문에 별 효과가 없을 것이다.

이제 우리는 이렇게 물을 수 있을 것이다. "만약에 이 게임에서 기계가 A의 역할을 한다면 어떻게 될까?" 심문자는 남자와 여자를 대상으로 게임을 했을 때만큼 틀린 답을 이야기하게 될까? 이것이 내가 애초에 제안했던 물음, "기계가 생각할 수 있을까?"를 대체한 물음이다.

[나]

"이 새로운 형태의 물음에 대한 답은 무엇인가?"라고 묻는 것뿐만 아니라, "이 물음이 논의할 가치가 있는 건가?"라고 물을 수도 있을 것이다. 우리는 두 번째 물음을 지체 없이 탐구하여 무한 퇴행을 끝내고자 한다.

이 새로운 물음은 사람의 신체적 능력과 지적 능력을 뚜렷이 분리한다는 장점이 있다. 어떤 공학자나 화학자도 인간 피부와 구분할 수 없는 물질을 만들 수 있다고 주장하지 않는다. 물론 언젠가는 가능해질 수도 있겠지만, 그런 일이 가능하더라도 '생각하는 기계'에 인공 살을 붙여 더 인간처럼 보이게 만드는 것은 핵심이 아니라는 것을 알아야 한다. 우리가 설정한 물음의 형식은 심문자가 다른 참여자들을 보거나, 만지거나, 그들의 목소리를 듣는 것을 못하게 하는 조건 아래 있다는 사실을 반영한다. 제안된 기준의 또다른 장점은 다음의 표본 물음과 대답에 의해 보여질 수 있다.

Q: 포스 다리Forth Bridge를 주제로 소네트 한편을 써주세요.
A: 그런 건 시키지 마세요. 나는 시를 쓸 줄 몰라요.

Q: 34957 과 70764를 더해보세요.
A: 30초 정도 멈췄다가 답을 한다 105621.

Q: 체스 둘 줄 아세요?

A: 예.

Q: 나는 K1 자리에 K가 가고 다른 말은 없어요. 당신은 K6 자리에 K, R1 자리에 R이 있습니다. 당신 차례에요. 어떤 수를 두시겠어요?

A: 15초 후 R을 R8 자리에 두어서 체크 메이트!

이런 물음/대답 방식은 질문 분야와 관계없이 우리가 포함하고 싶어하는 인간 노력의 모든 분야에 적용될 수 있기에 적절해 보인다. 우리는 기계가 미인 경연대회에서 높은 평가를 받지 않았다고 처벌하길 바라지 않으며, 인간이 비행기와의 경주에서 졌다고 처벌하길 바라지 않는다. 이 모방 게임의 조건에서 이런 무능력은 고려할 대상이 아니다. 게임의 참가자는 자신에게 유용하다고 생각한다면 자신의 매력, 강인함, 영웅됨 등에 대해 얼마든지 이야기할 수 있다. 그러나 심문자는 그것에 대한 실질적인 증명을 요구할 순 없다.

모방 게임은 기계가 훨씬 불리하다고 비판받을 수도 있다. 만약에 인간이 기계인 척 하려고 하더라도 그는 분명히 매우 형편없는 상태를 드러낼 것이다. 인간은 계산이 느리고 부정확하기 때문에 즉각적으로 들킬 것이다. 기계가 하는 일은 인간과는 확연히 다르지만, 생각한다고 여겨져야 하는 다른 무언가를 기계가 수행하고 있는 것은 아닐까? 이 문제제기는 매우 강력하다. 그러나 그럼에도 불구하고, 만약에 이 모방 게임을 훌륭히 해내는 기계가 만들어진다면 우리는 이 문제제기로 곧

란을 겪을 필요는 없다.

　모방 게임에서 기계가 취할 수 있는 가장 좋은 전략은 인간의 행동을 모방하는 것과 다른 무언가를 하는 것이라고 이야기할 수도 있을 것이다. 그럴 수도 있다. 그러나 내 생각에는 그게 별로 효과적이지는 않을 것 같다. 어쨌든, 여기서는 이 게임의 이론을 논의하려는 것이 아니다. 그리고 최선의 전략은 인간이 자연스럽게 할 법한 대답을 하려고 노력하는 것이다.

[다]

'기계'라는 단어가 무엇을 의미하는지 상술하지 않으면 앞에서 제시한 물음도 명확하지 않을 것이다. 우리가 만들려는 기계에 모든 종류의 공학 기술이 사용될 수 있길 바라는 것은 자연스럽다. 우리는 공학자나 공학 팀이 작동하는 어떤 기계를 만들었지만 주로 실험적인 방법을 사용했기 때문에 만든 사람들도 그것의 작동 방식을 제대로 기술할 수 없을 가능성을 또한 허용하고자 한다. 마지막으로, 자연적으로 태어난 인간은 기계의 범주에서 제외시키길 바란다. 이 세 가지 조건을 만족시키는 '기계' 정의를 내리는 것은 어렵다. [세 번째 조건에 부합하기 위해, 즉 자연적 탄생의 가능성을 막기 위해] 누군가는 공학 팀을 한 가지 성별로 구성되어야 한다고 주장할 수도 있다. 하지만 인간 피부의 세포 하나로 인간을 복제하는 것이 가능할 수도 있기 때문에 이 주장은 만족스럽지 못하다. 이렇게 하는 것은 칭송받아 마땅한 놀라운 생물학적 성과겠지만, 우리는 이 경우를 '생각하는 기계를 만들었다'라고 하고 싶지 않을 것이다. 이러한 추론으로 인해 모든 기술을 허용해야 한다는 조건을 버려야 한다. '생각하는 기계'에 대한 지금의 관심은 어떤 특정한 종류의 기계, 보통 '전자 컴퓨터' 혹은 '디지털 컴퓨터'라고 불리는 기계에 의해 불러일으켜져 왔다는 사실에서 볼 때, 보다 더 기꺼이 포기한다. 이러한 제안에 따라 디지털 컴퓨터만 모방 게임에 참가할 수 있도록 허락한다.

이러한 제약이 처음에는 극단적인 것으로 보일 수 있겠지만, 나는 실제로는 그렇지 않다는 것을 보여주고자 한다. 이를 위해서는 이러한 컴퓨터들의 본성과 속성에 대해 짧게라도 설명할 필요가 있다. (중략) 디지털 컴퓨터의 배후에 있는 아이디어는 디지털 컴퓨터는 인간 컴퓨터가 수행할 수 있는 작업을 수행하도록 고안된 기계라는 점이다. (중략) 디지털 컴퓨터는 '이산 상태 기계'discrete state machine로 분류되는데, 이것은 갑작스러운 점프jump나 클릭click을 통해 한 상태에서 다른 상태로 전환하는 기계를 일컫는다. (중략) 디지털 컴퓨터는 이산 상태 기계의 일종이지만 취할 수 있는 상태의 개수가 대체로 엄청나게 크다. (중략) 충분히 빨리 수행할 수만 있다면 디지털 컴퓨터는 어떤 이산 상태 기계의 행동도 모방할 수 있다. 그렇다면 해당 기계B 역할와 이를 모방하는 디지털 컴퓨터A 역할가 모방 게임을 할 경우 심문자는 둘을 구분하지 못할 것이다. 물론 디지털 컴퓨터는 동작 속도가 충분히 빨라야 할 뿐만 아니라, 적절한 저장 용량을 가져야 한다. 더욱이 새로운 기계를 모방할 때마다 그에 맞게 새로 프로그래밍 되어야 한다. 디지털 컴퓨터가 모든 이상 상태 기계를 모방할 수 있는 특별한 성질을 가지고 있다는 말은 디지털 컴퓨터가 보편 기계라고 기술된다. (중략) "기계가 생각할 수 있을까?"라는 물음은 "모방 게임을 잘 할 수 있는 상상 가능한 디지털 컴퓨터가 있을까?"로 바꿔야 한다.

Alan Turing, "Computing machinery and Intelligence," Mind:
A Quarterly Review of Psychology and Philosophy Vol.LIX No. 236,
1950, pp. 433~442: [가]~[다]. [　]는 필자.

1) 주제 이해를 돕는 연습

1 지문 [가]에서 저자는 "기계가 생각할 수 있을까?"라는 물음을 탐구하기 위해, 일반적인 사용법을 검토하는 방법이 갖는 한계를 지적하고, 대안으로 '모방 게임' 방법을 제안합니다. 이 한계 지적과 제안에 대해 여러분은 어떻게 평가하십니까?

2 지문 [나]에서 저자는 지문 [가]에서 대안으로 제안한 '모방 게임'이 갖는 장점에 대해 논의합니다. '모방 게임'은 다양한 분야에 적용할 수 있고, 최대한 공정한 평가를 할 수 있다고 저자는 주장합니다. 여러분은 이런 저자의 주장에 대해 어떻게 평가하나요?

3 지문 [다]에서 저자는 '기계'가 무엇을 의미하는지를 정의하고자 조건을 제시합니다. 그리고 이런 조건의 한계를 검토한 후에, 현

재 논의되는 '생각하는 기계'를 '디지털 컴퓨터'로 제한하여 설명합니다. 이러한 조건과 논의 방식이 타당한지 검토해 보기 바랍니다.

2) 해석해드립니다

지문 [가]는 앨런 튜링의 논문 〈계산하는 기계와 지능〉의 첫 부분입니다. 수학자이자 과학자인 튜링은 이 논문을 1950년에 공학 저널이 아닌 철학 저널 Mind에 투고하여 게재합니다. 튜링은 이 논문을 "기계가 생각할 수 있을까?"라는 도발적인 물음으로부터 시작합니다. 튜링은 이에 대해 답을 모색하기 위해서는 먼저 '생각'이 무엇인지, 그리고 '기계'가 무엇인지가 규명되어야 하는데, '생각'과 '기계'에 대한 정의가 분명하지 않고 사람마다 정의가 달라 논란이 많음을 언급합니다. 왜냐하면, '기계'와 '생각'은 본질적이고 존재론적인 논의들이 전제된 개념이기 때문입니다. 그래서 튜링은 난해한 정의가 들어 있는 '생각' 개념을 좀 더 단순하고 분명하게 바꿔 이해하자고 제안합니다. 그것은 행동주의적 방식으로, 겉으로 드러나는 '기능'을 중심으로 이해하고 판단하자는 방식인데, 문자 대화를 원활하게 한다면 생각한다고 이해하고 판단하는 것입니다. 이것은 현재 튜링 테스트라고 불리는 방식, 즉 '모방 게임' 방식입니다. 모방 게임은 문자를 통한 대화에서 상대방을 인간인지 아니면 기계인지 판단할 수 있는지를 따지는 방식입니다. 만약 문자 대화를 통해 기계를 인간이라고 판단하게 된다면, 즉 튜링 테스트를 통과한다면, 기계는 생각한다고 말할 수 있다는 것입니다.

튜링 테스트에 대한 대표적인 비판은 미국의 심리 철학자인 존 설 John Searl이 제기한 '중국어방 논변'입니다. 중국어방 논변은 중국어를 전혀 모르는 사람이 방 안에서 쪽지를 통해 양쪽 사람의 중국어 대화를 전달하는데, 중국어를 모름에도 불구하고 방 안에는 어떤 중국어 글자가 나오면 어떤 중국어 글자를 대답으로 전달하라는 규칙들이 있어서 어려움 없이 양쪽 사람들이 중국어 대화를 하게 하는 사고 실험입니다. 설은 방 안에서 규칙에 따라 중국어 글자를 나르던 사람은 대화를 성공적으로 이끌었다고 하더라도 중국어를 이해하지 못하는 것처럼, 인공 지능이 어떤 대화 기능을 원활하게 한다고 하더라도 단어의 의미를 모르기에 '생각'을 한다고 판단하는 것이 적절하지 않다고 비판합니다. 이 논변은 문자로 대화하는 '기능'이 있다고 해서, 그것을 본질적이며 추상적인 '생각'으로 이해할 수 없다는 반론입니다. 이 반론에 따르면, '생각'에는 '대화 기능'으로 치환할 수 없는 더 본질적인 것, 예를 들어 '의미'나 '이성' 등이 있기 때문입니다. 그렇지만, 이러한 '의미'나 '이성' 등의 본질적인 것이 관찰할 수 있어 이해하고 판단될 수 있는지는 여전히 의문스럽습니다. 더욱이 설의 중국어방 논변은 정신(사유)-육체(물질)의 이원론을 전제하고 있어서, 물질에 속하는 문자 대화와 '생각'을 구분하려고 하는데, 이러한 이원론이 현대 사회에서도 유효하고 적절한지 의문입니다. 왜냐하면, 현대 사회에서는 정신과 물질을 구분하기보다는, 정신 또한 경험될 수 있는 물질로 이해하려는 분위기가 팽배하기 때문입니다.

지문 [나]는 지문 [가]에서 대안으로 제안한 '모방 게임'이 갖는 장점에 대해 논의합니다. 저자는 하드웨어인 신체나 외형 부분을 제외하고 오직 소프트웨어적인 대화 능력만을 통해 기계가 생각한다고 볼 수 있을지를 판단하는 것이 모방 게임이 갖는 물음의 장점이라고 부각합니다. 현재 논의하는 물음은 '생각'에 대한 것인데, '생각' 그 자체가 아닌 다른 것들 때문에 '생각'에 대한 이해와 판단이 흐려질 우려를 '모방 게임'은 덜어주기 때문입니다. 우리는 생각하는 존재로서 인간을 떠올리는 것이 너무 익숙한 나머지, '생각'을 논의할 때 너무 쉽게 '인간'과 연결해 이해하는 경향이 있습니다. 따라서 '생각' 자체를 다루고자 한다면, '생각'의 대표적인 기능인 문자 대화에 집중해야 그 의미를 좀 더 분명하게 밝힐 수 있을 것입니다.

더욱이 이런 대화 방식은 특정 분야에 한정되지 않고 소통이 필요한 대부분의 영역에서 사용될 수 있다는 점에서 보편적이라는 장점 또한 있습니다. 이런 보편적 특성을 갖는 '모방 게임'은 2022년 출시되어 주목받은 생성형 AI인 챗GPT와 유사합니다. 챗GPT는 특정 분야에만 적용되는 것이 아니라 인간의 다양한 삶의 영역, 예를 들어 의학, 법학, 철학, 문학, 스포츠, 게임 등 문자를 통해 소통할 수 있는 대부분 의 영역에 적용 가능하기 때문입니다. 이런 이유로 챗GPT를 인공 일반 지능의 시대가 근접했다는 것을 알리는 인공지능이라고 평가하기도 합니다.

지문 [다]는 논의되는 '기계'가 무엇을 의미하는지를 정의하고자 먼저 조건을 제시합니다. 그런데 세 가지 조건들에 모두 부합하는 '기계'는 현재 '생각하는 기계' 논의에서 다루는 '기계' 개념을 포착하기에 쉽지 않습니다. 그래서 튜링은 '생각하는 기계'와 관련된 '기계'가 '디지털 컴퓨터' 혹은 '전자 컴퓨터'라고 명시합니다. '컴퓨터'라는 말은 계산하는 행위자를 말합니다. 2014년에 개봉한 영화 〈이미테이션 게임〉Imitation Game에서 볼 수 있는 것처럼, 튜링은 2차 세계대전 당시에 독일군의 암호 '에니그마'Enigma를 풀어내기 위해 처음에는 인간 컴퓨터들을 통해 암호 해독을 시작합니다. 복잡한 암호를 간단한 부분으로 쪼개서 아주 단순한 계산을 각각의 인간 컴퓨터들에게 맡긴 후에 이를 단계별로 종합하는 방식입니다. 이 방식은 1936년 논문부터 튜링이 '튜링 머신'Turing machine이라는 개념으로 생각했던 것입니다. 이후에 튜링은 동료들과 함께 인간 컴퓨터를 대신하는 컴퓨터 기계를 개발하기도 합니다.

튜링이 논문에서 언급하는 '계산하는 기계'인 '전자 컴퓨터' 또는 '디지털 컴퓨터'는 그 성능이 우리가 오늘날 경험하는 컴퓨터나 인공지능의 수준과는 비교도 할 수 없을 정도로 낮은 수준이었고 튜링이 논문에서 기대하는 수준도 낮았습니다. 지문 [나]에서 만 단위의 2개 항 덧셈을 하는데 30초 정도가 소요되는 예시는 튜링 시대에 기대하는 디지털 컴퓨터의 성능을 짐작하게 합니다. 2016년 이세돌을 이긴 인공지능 알파고는 1초에 10만 가지의 경우의 수를 계산했다고 하니 인공지능의 발전은 튜링의 기대를 훨씬 뛰어넘습니다. 튜링은 당시에는 실현 불가능했지만, 디지털 컴퓨터가 추후 전개될 발전을 논리적으로 논의한다는 점에서 선각자입니다. 튜링의 시대에는 '인공지능'이라는 단어가 존재하지 않았지만, 이 논문에는 인공지능 구현의 척도로 간주되는 '튜링 테스트'와 '기계 학습'에 해당하는 '학습하는 기계' 개념이 이미 언급되고 있습니다. 이런 의미에서 이 논문은 "현대 인공지능에 시동을 건 업적"으로 평가받을 만합니다.

토론해봅시다

[가]

특별히 나의 관심을 끌었던 현상 중 하나는 인간 골격 구조, 그리고 실제로 생명을 가진 모든 동물의 구조였습니다. 나는 종종 생명의 원칙은 언제부터 진행되었을까를 스스로에게 물었습니다. 그것은 대담한 물음이었고, 전부터 신비로 간주되어 왔던 물음이었습니다. 하지만 비겁함이나 부주의함이 우리의 탐구를 가로막지 않았다면 곧 알게 될 많은 것들이 있습니다. 이런 상황들이 나의 마음속에서 맴돌았고, 이에 따라 생리학과 관련된 자연과학 분야에 보다 더 전념하기로 결심했습니다. 만약 내가 거의 초자연적인 열정에 사로잡히지 않았다면, 이 연구를 진행하는 것은 성가시고 거의 견딜 수 없는 일이었을 것입니다. (중략) 밤낮으로 엄청난 노동과 피로를 겪은 후에, 나는 발생과 생명의 원인을 발견해 냈습니다. 아니, 그뿐만 아니라 무생물에 생명을 부여할 수 있게 되었습니다.

이 발견으로 인해 내가 처음으로 느꼈던 경탄은 곧 기쁨과 환희로 바뀌었습니다. 그렇게도 오랜 시간을 힘들게 수고한 후에 내가 바라던 정상에 마침내 도달한 것은 가장 만족할만한 노력의 결실이었습니다. 그러나 이 발견은 너무 거대하고 압도적이라서 나는 그 과정에서 밟았던 각각의 단계를 망각했고 결과만을 보았습니다. 세상이 창조된 이후로 가장 지혜로운 사람들이 연구하고 소망해 왔던 것이 이제는 나의 수중에 있습니다. (중략)

그렇게도 놀라운 힘이 내 손에 있다는 것을 알았을 때, 나는 그것을 어떻게 써야 하는지에 대해 오랫동안 망설였습니다. 비록 나는 생명을 부여하는 능력을 가졌음에도 불구하고, 그것을 수용할 틀을, 온갖 복잡한 섬유질과 근육, 혈관을 모두 갖춘 상태로 준비하는 일은 상상할 수 없을 만큼 힘들고 수고로웠습니다. 처음에는 나 자신과 같은 존재나 좀 더 단순한 구조의 존재 창조를 시도해야 하는지에 대해 의문을 가졌습니다. 하지만 나의 상상력은 첫 번째 성공으로 너무 고양되어 인간처럼 복잡하고 경이로운 동물에게 생명을 부여할 수 있으리라는 사실을 의심할 수 없었습니다. (중략)

[나]
인생에서 일어나는 다양한 우연들은 인간 본성의 감정처럼 그렇게 변화무쌍하지는 않습니다. 나는 거의 2년 동안 무생물에 생명을 불어넣겠다는 목표만을 위해 열심히 연구했습니다. 이 목표를 위해 나는 휴식과 건강도 포기했습니다. 나는 적정 수준을 훨씬 넘어서는 열의를 가지고 이 목표를 갈망했습니다. 그러나 마침내 목표를 달성하고 보니 그 꿈의 아름다움은 사라져 버리고 숨이 막힐 듯한 공포와 역거움

이 내 가슴을 가득 채웠습니다. 내가 창조한 존재의 모습에 견딜 수 없어 연구실에서 뛰쳐나갔고, 마음을 가라앉히고 잠을 자려고 해도 그럴 수가 없어서 한참 동안 침대 방을 서성였습니다. 한참을 그렇게 보내자, 이제는 건너낸 혼란스러움에 이어 피곤함이 몰려왔습니다. 짧은 시간이라도 모든 것을 잊고자 옷을 입은 채로 침대에 몸을 던졌습니다. 하지만 소용없었습니다. 잠을 자기는 했지만 꿈에서조차 시달렸습니다. (중략) 나는 공포에 질려 잠에서 깨어났습니다. 이마엔 식은땀이 흘렀고 이가 부딪혀 딱딱 소리가 나며 온 사지에 경련이 일어났습니다. 그때 창의 덧문 사이로 들어온 희미하고 노란 달빛에 비친 저주받은 것, 내가 창조한 비참한 괴물을 보았습니다. 그 괴물은 침대 커튼을 들어 올렸고, 만약 그것을 눈이라고 부를 수 있다면 그 눈은 나를 뚫어져라 쳐다보고 있었습니다. 그 괴물의 턱이 움직였고 볼에는 주름이 진 채로 불분명하게 중얼거렸습니다. 그 괴물이 말을 했을지는 모르지만 나는 듣지 않았습니다. 한 손이 나를 잡으려는 듯 뻗었지만, 나는 이를 피해 아래층으로 뛰어 내려갔습니다. 내가 살던 집에 딸려 있는 뜰로 숨었습니다. 거기서 밤새 굉장히 불안한 마음으로 이리저리 서성이고, 소리에 귀를 기울이며, 내가 그토록 비참하게 생명을 불어 넣은 악마 같은 시체가 다가올까봐 두려워하면서 밤을 보냈습니다. (중략)

[다]

"저주받은 창조자여! 나는 왜 생명을 가진 것입니까? 어째서 나는 그때 당신이 그토록 멋대로 부여한 존재의 불꽃을 끄지 않았던가요? 나는 모르겠습니다. 그때까지만 해도 나는 절망에 사로잡히지는 않았습니다. 그때 내가 느낀 것은 분노와 복수심이었습니다. 나는 즐겁게 그 오두막과 그곳 사람들을 파괴할 수 있었을 것이고 그들의 비명 소리와 고통을 즐길 수도 있었을 것입니다.

밤이 오자 나는 도피를 그만두고 숲속을 배회하였습니다. 이제 더 이상 발견될까 하는 두려움에 억눌리지 않고 울부짖음으로 고뇌를 표출했습니다. 난 마치 올가미를 벗어난 한 마리의 야생 짐승과 같았습니다. 나를 방해하던 것들을 파괴하고 가로막는 것들을 부수며 사슴처럼 빠르게 숲속을 헤맸습니다. 아! 얼마나 비참한 밤을 보냈던가! 차가운 별들이 조롱하듯 비쳤고 벌거벗은 나무들은 내 위에서 가지를 흔들었습니다. (중략) 나는 혼자고 비참합니다. (중략) 당신은 나를 위해 나와 공감을 나누며 함께 살 수 있는 여자를 만들어 주어야 합니다. 이것은 당신만이 할 수 있는 일입니다. 나는 당신이 거절하지 말아야 하는 권리의 이름으로 이것을 요구합니다. (중략)

만약 어떤 존재라도 내게 자비의 감정을 갖는다면 나는 그에게 만 배를 갚아 주어야 할 것입니다. 그 한 존재를 위해 나는 인류 전체와 평화롭게 지낼 것입니다. 그러나 나는 지금 실현될 수 없는 행복의 꿈에 빠져 있는 것입니다. 내가 당신에게 요청한 것은 합당하고 적절합니다. 나는 나처럼 끔찍한 모습을 한 여성 존재자를 요구합니다. 이것이 주는 만족은 작지만, 이것이 내가 받을 수 있는 전부이고, 나는 이에 만족할 것입니다. 우리는 괴물이기에 세상으로부터 고립하여 살 것입니다. 그래서 우리는 서로에게 더욱 가까워질 것입니다. 우리의 삶은 행복하지는 않겠지만, 무해하며 지금 내가 느끼는 비참함도 없을 것입니다. 오, 나의 창조자여, 나를 행복하게 해 주시오. 이것으로 인해 당신에게 고마움을 느끼게 하십시오! 내가 존재하는 무엇인가에 공감을 일으키는 것을 보게 해주시오! 이 요청을 거절하지 마시오!"

Mary Wollstonecraft Shelley, 《Frankenstein》, 1818,
Chapter Ⅲ, Ⅳ, Ⅶ, Ⅷ, Ⅸ 부분 발췌: [가]~[다].

1) 고전을 이해하는 토론

1 과학자와 공학자는 어떤 태도와 입장을 갖고 과학기술을 연구하고 개발해야 할까요? 자신의 입장을 정하고 이러한 입장을 어떻게 정당화할 수 있을지를 제시문 뿐만 아니라 다양한 근거를 통해 제시해 보기 바랍니다.

2 과학자와 공학자들의 연구, 특히 인공지능 연구나 인공지능 로봇 연구 등은 인간을 닮은, 또는 인간 수준의 존재자를 만들어내는 연구입니다. 인간과 비슷하거나, 인간을 능가하는 지적 능력을 갖춘 인공지능 존재자에 대해 우리는 어떤 입장을 가져야 할까요? 제시문에 대한 비판적 분석을 통해 자신의 입장을 정당화하기 위한 근거를 제시해 보기 바랍니다.

3 인간과 비인간을 구분해야 할까요? 만약 서로 다른 지위를 부여하고자 한다면 그 기준은 무엇일까요? 사유와 언어가 중요할까요? 특히 사유와 언어 능력을 갖췄다고 인식되는 인공지능 존재

자에 대해 어떤 지위를 부여할 수 있을까요? 제시문에 대한 비판적 분석을 통해 자신의 입장을 정당화 정당화해 보시기 바랍니다.

2) 오늘을 위한 토론

1 인공지능 개발자들조차 인공지능의 발전 속도와 수준을 예측할 수 없다고 말하기도 합니다. 이런 입장에서 인공지능이 가져올 미래에 대한 장밋빛 유토피아를 전망하기도 하고 암울한 디스토피아를 우려하기도 합니다. 과학기술과 공학 발전은 가치중립적이어야 할까요? 다시 말해, 과학기술과 공학 발전은 그것이 초래하는 위험이나 문제와는 별도로, 그 자체로 존중되고 옹호되어야 한다는 입장이 가치중립적 입장입니다. 아니면, 과학기술과 공학 발전은 사회나 인간과의 관계 속에서 발전의 속도나 대상이 특정 가치를 통해 조정되어야 할까요? 근거를 통해 이러한 물음에 대한 자신의 입장을 제시해 보기 바랍니다.

2 과학기술 발전 과정에서 인공지능이 인간과 같은 수준으로 발전하여 인간과의 상호 작용이 활발해진다면 이렇게 된 인공지능 존재자에 대해 우리는 어떤 입장을 가지고 어떻게 대우해야 할까요? 어떤 대우가 도덕적이고 윤리적인 대우일까요? 어떤 사람들은 인공지능을 단순한 기계 덩어리로 취급하며 이를 도구 이상의 존재로 인정하려는 사람들의 태도에 대해 의인화의 착각에 불과하다고 비판하기도 합니다. 이와 달리 어떤 사람들은 인공지

능이 인간과 맺는 관계가 도구 이상이라는 판단에서 인공지능에게 도구 이상의 지위를 부여해야 한다고 말하기도 합니다. 다시 말해 도덕적 지위를 부여하고 인간과 같은 수준으로 또는 인간과 같은 수준은 아니더라도 적절한 수준에서 대우해야 한다고 주장하기도 합니다. 이런 다양한 주장들 사이에서 자신의 입장을 정하고 이에 대한 근거를 제시해 정당화해 보기 바랍니다.

3　인공지능을 발전 과정에서 제기되는 윤리적 문제가 적지 않습니다. 인공지능을 훈련하는 과정에서 많은 데이터가 있어야 하는데, 이러한 데이터 수집 과정에서 개인의 프라이버시를 침해한다는 우려가 제기되기도 합니다. 왜냐하면, 데이터가 수집되고 활용되는 과정에서 데이터 제공자인 시민들이 공개하고 싶지 않은 개인 삶이 공개될 여지가 있기 때문입니다. 또한 인공지능 개발 과정에서 엄청난 에너지를 사용하여 기후 위기를 초래한다는 환경 윤리적 우려도 있습니다. 또한 인공지능이 인간의 일자리를 대체하여 인간들이 삶의 토대를 상실할 것이라는 암울한 전망도 있습니다. 이외에도 인공지능과 관련된 윤리적 문제는 적지 않습니다. 이러한 윤리적 문제에 대해 어떻게 대응할 수 있을까요? 특정 윤리 문제를 정하고, 이에 대응 방안을 모색하여 제시해 보시기 바랍니다.

더 깊은 토론을 위한 참고자료

★ 스튜어트 러셀·피터 노빅 지음, 류광 옮김, 《인공지능: 현대적 접근방식》 제4판, 제이펍, 2021

이 책은 전 세계 1,500개 이상의 대학에서 교재로 사용하는 인공지능 교과서입니다. 2010년대 인공지능의 최신 발전성과를 반영한 제4판은 기존의 인공지능 논의뿐만 아니라 기계학습, 인공신경망 심층학습, 자연어 처리 기법뿐만 아니라 인공지능의 사회적 영향력이나 문제들 또한 다루고 있어, 인공지능에 대한 공학적이며 사회적인 논의를 조망하기에 유익한 저서입니다.

★ 앨런 튜링 지음, 노승영 옮김, 곽재식 해제, 《앨런 튜링 지능에 관하여》, 에이치비프레스, 2019

이 책은 앨런 튜링의 주요 논문 다섯 편을 번역하여 수록한 저서입니다. 이 책에는 최초의 인공지능 선언문에 해당하는 논문 "지능을 가진 기계"(1948), 튜링 테스트로 유명한 논문 "계산 기계와 지능"(1950) 등을 수록하고 있습니다.

★ 이중원 외 지음, 《인공지능의 윤리학》, 한울, 2019

이 책은 인공지능 시대에 제기되는 다양한 윤리적 문제들을 철학적으로 다루는 책입니다. 1부는 자율 주행 자동차, 섹스 로봇, 군사 로봇을 중심으로 인공지능과 관련한 윤리적 문제를 다루고, 2부는 윤리적 인공지능 로봇과 관련된 논의를 전개합니다. 3부는 어떻게 하면 인공지능과 공존을 도모할 수 있을지를 검토합니다. 인공지능과 관련된 윤리적 문제에 대해 전반적인 논의를 검토하는 데 효과적인 저서입니다.

인공지능 예술가?
: Das Kunstwerk im Zeitalter seiner technischen Reproduzierbarkeit

발터 벤야민과 함께 토론하는
예술과 기술의 관계

오늘의
토론 주제

[그림 1] 제이슨 M. 앨런(Jason Michael Allen)이 생성형 인공지능인 미드저니
(Midjourney)로 그린 〈스페이스 오페라 극장(Théâtre D'opéra Spatial)〉

지난 2022년 8월, 미국 '콜로라도 주립 박람회 미술대회'의 디지털
아트 부문에서 인공지능으로 그린 그림이 1위를 차지했습니다. 바로

〈스페이스 오페라 극장〉입니다그림 1. 그림을 그리기 위해 제이슨 M. 앨런이 사용한 미드저니는 프롬프트에 입력된 문장 형식의 명령어를 단 몇 초 만에 이미지로 변환해주는 생성형 인공지능입니다. 앨런은 미드저니에 명령어를 입력하고 수정하기를 최소 624번 반복한 끝에 생성된 이미지에 포토샵 작업을 거쳐서 그림을 완성했다고 합니다. 관련 기사에 따르면, 앨런은 "미드저니를 시험해 보다가 AI가 생성한 사실적인 이미지에 매료"되었고, "사람들에게 이 예술이 얼마나 대단한지를 보여주고 싶어서" 대회에 참여했다고 합니다. 인공지능 그림이 미술대회에서 1위를 차지한 사건은 인공지능이 만들어 낸 작품을 예술작품이라고 볼 수 있는지에 대한 논쟁을 일으켰습니다. 어떤 이들은 인공지능이 만들어 낸 결과물도 충분히 예술적 가치를 지닐 수 있다고 주장했고, 또 어떤 이들은 창작자가 한 번의 붓질도 하지 않은 결과물이 어떻게 예술작품이 될 수 있는지 반박했습니다.

그림을 그려주는 인공지능뿐만 아니라 음악을 만들어주는 인공지능, 시나 소설을 써주는 인공지능도 있습니다. 이제 사람들은 스스로 붓질을 하지 않아도, 악기를 다루지 못해도, 화성학을 모르더라도, 문학적 재능이 부족하더라도, 인공지능을 이용하여 충분히 멋진 작품을 만들 수 있게 되었습니다. 이런 작품들은 모두 예술에 포함될 수 있을까요? 인공지능은 예술작품 창작을 위한 적합한 도구일까요?

회화의 영역에 국한했을 때, 붓질 한번 제대로 하지 않은 작품이 예술작품일 수 있는지에 대한 논쟁은 인공지능의 등장 이전에도 있었습니다. 바로 사진 기술이 등장했을 때였죠. 사진의 등장으로 예술계에 제기되었던 논쟁을 통해 인공지능이 가져온 논쟁을 이해해 볼 수 있지 않을까요?

토론 수업을 위한
오늘의 고전

발터 벤야민의 《기술복제 시대의 예술작품》

　예술을 뜻하는 '아트'art의 어원은 라틴어 '아르스'ars입니다. 고대 그리스어로는 '테크네'tékhnē, τέχνη라고 합니다. 그런데 '아르스'나 '테크네'에는 '기술'이라는 의미도 들어있습니다. 목공예, 시, 구두제작, 조각 등 '수공예'라고 여기는 많은 활동이 아르스 또는 테크네에 포함됩니다. 어원상으로 따져보았을 때, 예술은 기술과 구별되지 않는 활동이었던 셈이지요. 수공업에 종사하는 '장인'과 순수 '예술가'의 구분은 18세기를 거쳐 일어난 일이라고 합니다. 현대의 '예술' 개념이 자리 잡은 건 적어도 18세기 이후라는 얘기지요. 그런데 사진의 등장은 예술 개념에 큰 혼란을 가져옵니다. 벤야민은 《기술복제 시대의 예술작품》에서, 사진이 가져온 혼란과 그 영향을 이야기합니다. 《기술복제 시대의 예술작품》을 함께 읽어봅시다.

 예술작품은 원칙적으로는 항상 복제 가능했다. 인간이 제작한 것은 끊임없이 다른 인간에 의해 모방될 수 있었다. 이러한 모작 행위를 문하생들은 기예를 숙련시키기 위해, 명장들은 작품을 유포시키기 위해, 또한 상인들은 그것으로 이익을 얻기 위해 수행해왔다. 이러한 유형의 모작 행위에 비하면, 예술작품의 기술적 복제는 무언가 새로운 것이다. 이것은 역사 속에서 간헐적으로, 그것도 오랜 간격을 두고서, 그러나 점차 강력히 이루어지고 있다. 고대 그리스인이 알고 있었던 예술작품의 기술적 복제의 방법은 두 가지뿐이었다. 그것은 주조와 각인이다. 그리스인들에 의해 대량생산될 수 있었던 예술작품은 브론즈상, 테라코타, 동전주화가 전부이다. 그 외의 것들은 모두 일회적인 것이자, 기술적으로도 복제될 수 없었다. 그 후 목판인쇄의 출현과 더불어 최초로 그래픽이 기술적으로 복제 가능하게 되었다. 인쇄기술에 의해 문자 또한 복제가능하게 되기까지는 오랜 시간을 필요로 했다. 이 인쇄에 의한 문자의 기술적 복제가능성이 문학에 얼마나 엄청난 변화를 불러일으켰는가는 잘 알려져 있다. 하지만 세계사적인 척도 하에서 보자면, 그러한 변화는 확실히 중요한 현상이었지만 단지 하나의 특수한 사례에 지나지 않는다. 중세기 사이에는 목판에 동판과 부식동판이, 19세기 초에는 석판이 가세한다.

 석판인쇄와 더불어 복제기술은 근본적으로 새로운 단계에 도달한다. 그려낸 것을 석판 위에 전사시키는 작업은 나무판 위에 새기거나 동판을 부식시키는 것보다 훨씬 간편한 방법이기 때문에, 이 작업에 의해 비로소 그래픽은 그 생산물을 대량으로 시장에 내놓는 것뿐만 아니라 이는 이전에도 그래했다, 그것을 날마다 새로운 형태로 시장에 제공할 수 있게 되었다. 이들 다양한 시각적 이미지는 석판화에 힘입어 일상의 사건을 회화화 하는 능력을 갖게 되었고, 활판인쇄와 보조를 맞추기 시작했다. 하지만 시각적 이미지의 이 같은 복제기술은 그렇게 시작된 지 오래지 않아, 즉 석판인쇄가 발명된 지 수십 년도 지나지 않아 사진에 의해 추월되었다. 사진은 이미지를 복제하는 과정에서 사상 최초로 예술가가 수행하는 역할들 중 다름 아닌 손을 해방시켰다. 그리고 이제 그 역할들은 오로지 대물렌즈를 통해서 바라보는 눈에 맡겨지게 되었다. 눈은 손이 그리는 것보다 더 신속히 사물을 파악하므로, 이미지를 복제하는 과정은 현저하게 빨라져서 말하는 것과 보조를 맞추는 게 가능해졌다. 촬영장에서 영화 촬영기사는 배우가 말하는 것과 동일한 속도로 영상을 담아낸다. 석판인쇄술 속에는 화보신문의 가능성이 간직되어 있었다면, 사진술에는 유성영화의 가능성이 간직되어 있었던 셈이다.

[나]

아무리 정교하게 제작된 복제품의 경우라 하더라도 거기에는 결여되어 있는 것이 하나 있다. 그것은 바로, 예술작품이 갖는 '지금-여기'라는 특성, 즉 예술작품은 그것이 존재해 있는 곳에 유일무이하게 현존해 있다는 특성이다. 더구나 다른 무엇이 아닌 바로 이 유일무이한 현존성에 의해 예술작품은 그 역사를 갖는 것이며, 또한 그것이 존속하는 동안 이 역사의 지배하에 있었던 셈이다. (중략)

원작이 갖는 '지금-여기'라는 특성은 그것의 진본성 개념을 형성한다. (중략) **진본성이 관계되는 영역 전체는 원리적으로는 기술적 복제가 능성을—물론 기술적 측면만이 아니라 복제 가능성 자체를—배제한다.** 하지만 진본성은 통상 위조품으로 낙인찍혀온 수공적인 복제에 대해서는 자신의 권위를 완전히 유지하는 데 비해, 기술적 복제에 대해서는 그렇지 않다. 그 이유는 두 가지이다. 첫째로, 기술적 복제는 원작에 대해, 수공적 복제보다 훨씬 높은 자립성을 지니고 있다. 예를 들어 사진에 의한 기술적 복제는 원작의 특정 부분들을 강조할 수 있는데, 이는 인간의 육안에는 잡히지 않지만 렌즈를 조절하거나 렌즈의 위치를 자유로이 선택함으로써 가능하다. 혹은 확대나 고속도 촬영 같은 특수한 기법을 사용하여 보통의 눈으로는 결코 잡을 수 없는 영상들을 담아낼 수도 있다. 이것이 첫 번째 이유이다. 이에 덧붙여 기술적 복제는 둘째로, 원작의 모상을 원작 자체로서는 도달될 수 없는 상황 속으로 옮겨갈 수 있다. 특히 기술적 복제에 의해 원작은 수용자 쪽으로 좀 더 다가갈 수 있게 된다—사진이라는 형태로든 또는 음반이라는 형태로든. (중략)

예술작품이 기술적으로 복제 가능하게 된 시대에 힘을 잃어가는 것은 예술작품의 아우라이다. 이 과정은 징후적이다. 다시 말해, 이 과정이 지닌 의미는 예술의 영역을 훨씬 넘어간다. 복제기술은—일반적으로 이렇게 정식화될 수 있을 것이다—복제된 것을 전통의 영역으로부터 분리시켜 버린다. **복제기술은 복제품을 많이 만들어냄으로써, 복제의 대상이 되는 것을 단 한 번 출현시키는 것이 아니라 대량으로 출현시킨다. 그리고 수용자가 그때그때의 자신의 상황에서 복제품과 대면하는 것을 가능**

케 함으로써, 복제기술은 그 복제품을 현실화한다. 전승되어온 작품은 이 두 과정을 통해 그 기반이 극심하게 뒤흔들린다. 동시에 이러한 전통의 동요는 인류가 처한 현재의 위기 및 혁신과 표리 관계를 이루고 있다.

|다|

19세기에 회화와 사진의 두 진영 사이에서 이들 두 산물의 예술 가치를 두고 벌어졌던 논쟁은 오늘날의 시각에서 보자면 다소 정도를 벗어나 있고 혼란스럽다는 인상을 준다. 그러나 그렇다고 해서 이 논쟁에 의의가 없다는 것은 아니다. 오히려 그 의의는 강조되어도 좋을 것이다. 사실 이 논쟁은 세계사적인 변혁—이 양 진영의 어느 쪽도 이러한 변혁을 의식하지는 못했지만—의 표현이었던 것이다. (중략)

사진이 예술인가 아닌가라는 문제를 매듭짓기 위해 지금까지 많은 사람들이 지혜를 기울여왔지만, 확실한 성과는 얻어지지 않았다. 이보다 마땅히 앞서 고려되어야 했던 문제, 즉 사진의 발명에 의해 예술이라는 것의 성격 전체가 변화한 것은 아닌가라는 선결문제를 등한시하고 있었던 것이다.

발터 벤야민 지음, 심철민 옮김,《기술적 복제시대의 예술작품》,

도서출판 b, 2017,

1절: [가], 2절: [나], 7절: [다].

1) 주제 이해를 돕는 연습

1 예술작품과 예술작품이 아닌 것을 구분할 수 있을까요? 어떤 기준이 예술작품과 예술작품 아닌 것을 구분하게 해줄까요? 벤야민의 생각을 추론해보고 자신의 생각과 비교해 봅시다.

2 벤야민은 "예술작품이 기술적으로 복제 가능하게 된 시대에 힘을 잃어가는 것은 예술작품의 아우라"라고 말합니다. 특정한 조건에서 예술작품은 아우라를 가질 수 있는데, 기술적 복제의 가능성은 예술작품이 아우라를 가질 수 있는 조건을 무너뜨린다는 의미입니다. 벤야민이 제시하는 '아우라를 가질 수 있는 조건'이 무엇인지, 제시문을 통해 생각해봅시다.

3 사진은 예술작품일까요? 특정한 조건 하에서만 사진은 예술작품이 될 수 있는 것일까요? 벤야민의 생각을 추론해보고 자신의 생각과 비교해 봅시다.

2) 해석해드립니다.

지문 [가]에서 벤야민은 예술작품뿐만 아니라 사람의 손으로 만든 인공물은 모두 다른 작품을 모방한 복제품이라고 주장합니다. 사람의 손으로 작품을 만들 때에는 모방을 하더라도 어딘가 다른 복제품이 만들어집니다. 판화나 인쇄술의 등장으로 동일한 이미지를 '복제'하는 것이

가능해졌습니다. 하지만 판화나 인쇄를 위한 '원판'은 여전히 사람의 손으로 작업해야 하죠. 사진 기술의 등장은 원판 작업을 할 필요 없이 복제를 가능하게 합니다. 사람이 만들어낸 인공물이 모두 본질적으로 모방을 통한 복제품이라면, 모방 여부를 예술작품인가 아닌가를 판단하는 기준으로 제시하는 건 의미가 없어 보입니다.

지문 [나]에서 벤야민은 예술작품과 예술작품이 아닌 것을 구분할 수 있게 해주는 객관적인 기준에 대해 이야기 합니다. 어떤 것을 예술작품이라고 말할 수 있는 이유는 그것이 유일무이하기 때문입니다. 모방품이 재현할 수 없는 원본의 가치, 진품으로서의 가치가 예술작품에 있습니다. 그런데 사진 기술은 원본과 모방품의 구분을 무색하게 합니다. 똑같은 사진을 몇 번이고 만들어낼 수 있다는 점에서 사진은 '원본의 가치'를 하락시킵니다. 그렇다면 사진에 의해 원본과 모방품을 구분할 수 없게 됨으로써 예술작품은 종말을 맞이하게 되는 것은 아닐까요? 사진을 예술작품의 범주에 넣지 않으면 문제를 해결할 수 있을까요?

지문 [다]에서 벤야민은 사진이 예술작품인가 아닌가 논쟁하기보다, 사진이라는 기술이 예술의 성격에 미친 영향 자체에 주목하자고 제안합니다. 사람들이 예술작품을 즐기는 방식이나 예술작품이 사회에 미치는 영향이 사진의 등장으로 어떻게 달라졌는지를 살펴보고 그 의미를 이해할 필요가 있다는 것입니다.

《기술복제 시대의 예술작품》에서 벤야민이 한 주장의 요지를 이해하려면, 벤야민이 예술을 어떤 관점에서 바라보는지를 먼저 이해할 필요가 있습니다. 벤야민은 인간이 만들어내는 모든 것들은 모방기술 또는 복제기술의 산물이라고 주장합니다. 눈으로 모방하고 손으로 복제하는 방식으로 예술작품이나 공예품이 만들어집니다. 기술이 발전하면 어떤 장치를 고안해서 복제를 할 수 있게 됩니다. 예술작품이든 공예품이든, 그 안에는 인간이 사물을 지각하는 방식이나 경험이 녹아있다고 볼 수 있습니다. 자연을 관찰하거나 사람들의 삶을 들여다보고 체험한 결과가 작품으로 표현되는 것입니다. 벤야민은 예술이 사회의 물질적·기술적 조건의 영향을 받으며 사람들이 사물을 어떻게 지각하는지와도 연관된다고 생각했습니다. 예술작품은 사람들이 사물을 어떻게 지각하는지를 표현한 결과입니다. 동시에 사람들은 예술작품에 표현된 것을 보고 사물의 의미를 이해하기도 합니다. 이처럼 예술작품과 사람들의 지각 경험은 상호 연관됩니다.

벤야민은 예술과 지각 경험의 관계에 기술의 발전이 미친 영향에도 주목합니다. 특히 사진이 가져온 변화에 주목합니다. 사진 기술은 카메라 렌즈를 통해 인간의 시각이 인지하지 못하는 미세한 부분도 볼 수 있게 합니다. 움직이는 물체의 찰나를 포착할 수도 있습니다. 이런 방식으로 사진은 인간의 지각 경험에 영향을 미치고, 새로운 경험을 예술을 통해 표현할 수 있게 합니다. 사진 자체가 예술작품이 되기도 합니다.

문제는 사진이 예술에 대한 기존의 관념에 혼란을 야기한다는 점입니다. 무엇인가를 예술작품이라고 말할 수 있는 이유는 그것이 유일무이한 원본으로서의 가치를 지닌다는 점에 있었습니다. 하지만 사진은 원본과 복제품의 구분이 무의미하고, 똑같은 사진을 여러 장 뽑을 수도 있다는 점에서 유일무이하지도 않습니다. 예술작품의 '아우라'가 사진에는 없는 셈입니다. '아우라'Aura는 어떤 대상이 지니고 있는 특유의 독특하고 신비스러운 분위기를 뜻합니다. 예술작품, 예를 들어 고흐의 해바라기 그림은 고흐 특유의 화풍을 담은 원본이기 때문에 가치를 지닙니다. 고흐 특유의 화풍이 고흐만 구사할 수 있는 것이 아니라 누구나 구사할 수 있는 것이라면 우리는 고흐의 그림에서 아우라를 느낄 수 없을 것입니다.

18세기 이전까지의 작품들에서 아우라를 느낄 수 있는 이유는, 예술작품에 접근할 수 있는 사람들이 많지 않았다는 사실과도 관련됩니다. 이탈리아의 메디치 가문은 수많은 예술가들을 후원하면서 르네상스 시대를 이끈 가문으로 잘 알려져 있습니다. 신분 질서가 있었던 사회에서 예술은 귀족들이 자신의 부와 권력을 과시하기 위한 수단이 되기도 했습니다. 하층 계급의 소시민들은 특별한 날, 특별한 곳에서만 예술작품을 볼 수 있었다고 합니다. 평범한 사람은 쉽게 접근하기 힘들었다는 점이 예술작품을 특별하게 만들었습니다.

사진 기술의 발전은 예술작품의 아우라를 파괴합니다. 화가가 없어도 사진기만 있으면 초상화와 풍경화를 만들 수 있습니다. 쉽게 보기 힘들었던 예술작품도 사진을 통해서 감상할 수 있습니다. 작품의 실물을 눈으로 볼 때보다 사진으로 볼 때 더 세밀하게 볼 수도 있습니다. 작품이 전시되어 있는 장소까지 가지 않아도 사진만 있으면 언제 어디서든 작품을 볼 수 있습니다. 예술작품을 감상하는 일이 특별한 일이 아니게 됩니다. 벤야민이 말하는 아우라의 파괴는 바로 이러한 현상을 말합니다. 벤야민이라면 사진 기술의 등장으로 회화에서 일어났던 아우라의 파괴가 인공지능의 등장으로 이제 예술의 전 분야에서 일어나고 있다고 말할 것 같습니다. 인공지능은 우리의 지각 경험과 예술을 어떤 방향으로 변화시키고 있는 걸까요? 그 변화를 우리는 어떻게 판단해야 할까요?

토론해봅시다

[가]

이 나라에서는, 타고난 화가는 타고난 시인과 마찬가지로 거의 괴물로 취급됩니다. 정확성에 대한 과도한 취향(적절한 목표로 제한된다면 아주 고상한 취향인)이 아름다움에 대한 취향을 억압하고 질식시킵니다. 아름다움만을 찾아야 할 곳에서—아름다운 그림을 예로 들 수 있겠는데, 내가 무엇을 말하고 있는지는 쉽게 알 수 있을 것입니다—우리 프랑스인들은 정확한 것만을 찾습니다. (중략) 오늘날 프랑스의 대중들은 하나같이 천박한 영혼에 지배되어 있어서, 기쁨을 느낄 능력이 없고 꿈이나 동경의 능력 역시 없습니다. 대중은 예술과는 무관한 수단을 동원하여 놀라움의 전율을 느끼고 싶어하고, 거기에 순종적인 예술가들은 그런 대중의 취향에 허리를 굽힙니다. 그들은 진정한 예술로부터 황홀감을 끌어내는 능력이 대중에게 결핍되어 있음을 알기 때문에, 말도 안 되는 전략을 써서 대중의 주목을 끌려 하고 대중의 놀람을 불러일으키려 하며 대중을 바보로 만듭니다.

이런 통탄할 시기에 하나의 새로운 공업제품이 등장했으니, 이것은 프랑스 대중의 바보스러움을 확인하면서, 프랑스인의 마음속에 거우 남아 있던 신성한 흔적마저 지워 버리고 있습니다. 이 맹목적인 대중들이 자신들의 성정에 맞고 그것 자체로 가치 있는 어떤 이상적인 것을 요구한 것은 당연했습니다. 오늘날 프랑스의 회화와 조각의 영역에서, 세태에 맞게 현명한 사람들의 신조는 이러합니다(이런 신조에 대한 반대를 관철할 사람이 있으리라곤 생각지 않습니다). "나는 자연을 믿는다. 오직 자연만을 믿는다." (물론 이런 믿음에는 정당한 이유가 있습니다.) "예술이란 이 자연을 정확히 복제하는 것일 뿐 다른 것은 아니다." (어느 멍청하고 덜 떨어진 유파 하나는 침실 변기나 해골같이 원래 혐오감을 주는 것은 자연에서 제외시킬 것을 요구합니다.) "따라서 공업제품이 자연과 꼭 같은 결과물을 제공할 수 있다면 그것 역시 완전무결한 예술이 될 것이다." 복수의 신이 이 대중들의 기도를 들었습니다. 신이 내려보낸 메시가아 다게르입니다. 그리고 그들은 서로에게 말했습니다. "바라는 바 모든 정확성에 대한 보증을 자신이 제공해 주니(오! 정신 나간 사람들, 그들은 이렇게 믿고 있습니다), 예술은 바로 사진이다." 그 순간 이래, 역겹기 짝이 없는 우리 사회의 구성원들은 자신들의 별볼일없는 이미지를 금속판에 비쳐 보기 위해 몰려들었습니다. (중략)

사진산업이 게을러서 작업을 완성할 수 없는 화가나 재주 없는 화가들의 피난처가 되면서, 이 짧은 기간 동안에 달아오른 열광은 맹목적이고 어리석은 심취의 양상을 띨 뿐 아니라 복수의 측면도 갖게 되었습니다. 나는 다른 모든 경우에서와 마찬가지로 사악한 사람과 속기 쉬운 사람이 등장하는 그런 아둔한 음모가 결국 성공하리라곤 믿지 않습니다. 아니 적어도 나 스스로를 믿게 할 수가 없습니다. 오히려 나는 사진의 나쁜 방향으로의 진전이 모든 순수히 물질적인 진보와 마찬가지로, 그나마 희소하기 짝이 없는 프랑스의 예술적 천재성을 황폐하게 하는 데 큰 기여를 해 왔음을 믿어 의심치 않습니다. 현대의 이 어리석은 짓거리가 심장에 든 피를 향해 돌진해 들어가, 볼록한 뱃속에 든 모든 가스들을 트림으로 내뱉게 하며, 최근의 철학에 의해 게걸스런 식도 아래로 쑤셔 넣어진 온갖 소화 안 된 궤변을 토하게할지도 모릅니다. 하지만 산업이 예술의 영역으로 뛰어들게 되면 산업은 예술의 치명적인 적이 되고, 그 결과로 초래된 역할 혼돈 속에서아무것도 제대로 수행되지 못한다는 사실은 상식에 속합니다. 시詩와산업 발전은 본능적인 증오로 서로 반목하는 두 개의 야망입니다. 같은 길에서 만나게 되면 둘 중 하나가 양보하지 않으면 안 됩니다. 예술적 행위의 어떤 부문에서 사진으로 하여금 예술을 대신하게 하면,사진은 자신의 동맹군이라 할 어리석은 대중의 힘을 빌어서 오래지않아 예술의 자리를 대신 차지하고 예술을 망칠 것입니다. 그러므로사진은 마땅히 자신의 원래의 역할로 돌아가야 합니다. 예술과 과학의 시녀로서의 일로, 언감생심 문학을 대신한다거나 문학을 만들어낸다고 떠들어대지 못할 도장塗裝이나 속기와 같은, 아주 겸손한 시녀로서의 일로 돌아가야 합니다. 사진으로 하여금 여행자의 앨범을 풍부하게 만드는 데 도움을 주게 합시다. 눈으로 보게 하여 기억력의 부족한 정확성을 보충하게 합시다. 박물학자의 서재를 장식하게 하고 미생물을 확대해서 보여주게 하며 천문학자의 가설을 보강하도록 합시다. 요컨대 사진으로 하여금 물질적 정확성이 요구되는 어떤 전문적인 일에서라도 비서의 역할과 기록자의 역할을 하게 합시다. 이렇게

만 된다면 만족할 만할 것입니다. 우리 기억의 아카이브에 자리를 차지하기를 열망하는 시간의 희생물들, 사멸해 갈 수밖에 없는 모든 소중한 것들, 망각 속으로 부서져 가는 모든 폐허들, 책들, 판각들, 원고들을 사진으로 하여금 보존케 합시다. 우리는 그런 사진을 상찬하고 감사할 것입니다. 하지만 사진으로 하여금, 추상과 상상의 영역으로 침범하는 것이 용인되고, 인간의 영혼으로부터 나온 것에 의해 그 가치가 정해지는 영역으로 침범하는 것이 용인된다면, 그 순간 우리에게 재앙이 내리기를 바랍니다!

샤를 보들레르 지음, 〈근대 대중과 사진〉(1859): 김우룡 엮음,
《사진과 텍스트》, 눈빛, 2011.

[나]

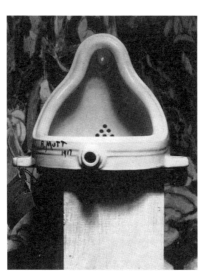

[그림 2] 마르셀 뒤샹(Henri Robert Marcel Duchamp), 〈샘〉(Fountain), 1917, 알프레드 스티글리츠(Alfred Stieglitz) 촬영

[다]

[그림 3] 데미안 허스트(Damien Hirst), 〈살아있는 자의 마음속에 있는 죽음의 물리적 불가능성〉(The Physical Impossibility of Death in the Mind of Someone Living), 1991

1) 고전을 이해하는 토론

1 보들레르는 사진은 예술작품이 되어서는 안 되며, 사진 본연의 역할을 해야 한다고 주장합니다. 보들레르가 생각하는 사진 본연의 역할은 '기록'입니다. 육안으로 확인하기 어려운 부분을 카메라의 렌즈를 통해 볼 수 있게 하고, 시간이 지나면 흐릿해지는 기억을 또렷하게 보관하는 것. 이것이 보들레르가 생각하는 사진의 역할입니다. 보들레르의 주장처럼 사진은 기록하는 역할만

담당해야 할까요?

2 보들레르가 사진은 예술이 될 수 없다고 주장할 때 그 이유는 무엇인가요? 보들레르가 제시한 근거는 사진은 예술이 아니라는 주장을 충분히 뒷받침할 수 있을까요? 보들레르의 논리를 인공지능에도 적용할 수 있을까요? 사진을 예술에서 제외한 바로 그 이유로 인공지능도 예술에서 제외하는 것이 정당한지 생각해봅시다.

2) 오늘을 위한 토론

1 만일 '제작자가 손으로 직접 제작한 것만 예술작품이 될 수 있다'고 생각한다면 공장에서 생산한 '레디 메이드' 제품을 이용한 뒤샹의 〈샘〉이나 죽은 상어를 포름알데히드 용액으로 채운 수조 안에 박제한 허스트의 〈살아있는 자의 마음속에 있는 죽음의 물리적 불가능성〉은 예술작품이 될 수 없을 것입니다. 실제로 이 작품들은 처음 전시되었을 때 예술작품으로 볼 수 있는지 논란을 일으키기도 했습니다. 이 작품들을 예술작품이라고 볼 수 있다면 그 이유는 무엇인가요? 같은 논리를 인공지능이 만든 작품에 적용하면, 인공지능으로 만든 작품도 예술작품이 될 수 있을까요?

2 사진이 처음 등장했을 때에는 예술작품이 아니라고 여겨졌지만, 오늘날에는 사진 예술 분야가 있을 정도로 사진에 대한 견해가

바뀌었습니다. 그렇다면 인공지능 예술 분야도 충분히 만들어질 수 있지 않을까요? 사진을 예술작품이라고 여기게 한 것과 같은 논리로 인공지능으로 만든 작품도 예술작품이라고 평가할 수 있을지 생각해봅시다.

3 ＿ 사진 기술이 예술작품의 아우라를 파괴했다면, 인공지능 기술은 예술가의 아우라를 파괴하고 있는 것인지도 모르겠습니다. 예술작품을 만드는 일이 예술가들만이 할 수 있는 일은 아니라고 한다면, 예술의 의미는 어떻게 달라질까요? 우리는 어떤 활동을 '예술'이라고 지칭하게 될까요? 예술의 본질이 무엇일지 고민해보면서 물음에 답해봅시다.

더 깊은 토론을 위한 참고자료

★ 김우룡 엮음, 《사진과 텍스트: 사진의 발명에서 디지털 사진까지》, 눈빛, 2011
사진과 관련한 주요 에세이들을 엮은 책입니다. 고전 텍스트로 소개한 벤야민의 <기술복제 시대의 예술작품>, 보들레르의 <근대 대중과 사진>도 이 책에 실려 있습니다. 사진을 둘러싸고 어떤 주장들이 제기되어왔는지를 확인할 수 있습니다.

★ 나이젤 워버턴 지음, 박준영 옮김, 《그래서 예술인가요?》, 미진사, 2020
예술에 대한 정의를 둘러싼 논쟁을 이해하기 쉽게 소개하는 책입니다. 저자인 나이젤 워버턴은 예술작품을 정의하려는 주요 시도들이 갖는 한계를 구체적인 예술작품을 통해 보여줍니다. 나이젤 워버턴의 설명을 따라가다보면, 예술사에서 나타난 다양한 사조들은 예술이란 무엇인가를 정의하려는 시도와, 예술에 대한 정의에 대한 반발 사이에서 등장했다는 것을 알 수 있게 됩니다. 오늘날의 예술 분야에는 어떤 긴장이 있을까요? 그 긴장은 예술을 어떻게 변화시키게 될까요?

★ 유현주 엮음, 《인공지능시대의 예술》, 도서출판b, 2019
철학자, 미학자, 미디어아티스트로 활동하고 있는 저자들이 인공지능과 예술의 관계를 논합니다. 인공지능 기술은 창작 활동이 과거와는 전혀 다른 새로운 방식으로 이루어질 수 있게 만들었습니다. 이 책에 실린 글은 이 새로운 방식이 예술을 어떻게 변화시킬 것인지, 달라진 예술은 인간에게 어떤 물음을 제기하는지, 그 물음들은 인간 스스로를 어떤 존재로 이해하게 만드는지를 생각해 볼 수 있게 합니다.

"보이지 않는 손"은 누구를 위한 손인가?
: The Wealth of Nations

애덤 스미스와 함께 토론하는
자유로운 경제 활동의 범위

오늘의
토론 주제

우리는 어떤 방식으로든 경제 활동을 하고 살아간다고 합니다. 그런데 우리가 잘 알고 있다고 생각하는 경제란 무엇인가요? 첫 번째 사전적 정의는 어떤 것을 만들고, 그 만든 것을 판매하고 그것을 구매하는 활동입니다. 그리고 두 번째 사전적 정의가 있는데, 그러한 활동들을 통하여 이루어지는 사회적 관계를 말합니다. 경제 활동으로 맺어지는 관계는 경제가 규모가 확장됨에 따라 복잡해지는 경향이 있는데, 이것은 자본주의가 발달하기 시작할 때쯤에 쓰여진 셰익스피어의 《베니스의 상인》(1596)에서 이미 다뤄지고 있기도 합니다. 내용을 잠시 살펴보면 이렇습니다.

베니스의 상인, 안토니오는 친구 밧사리오가 유대인 고리대금업자 샤일록에게 돈을 빌릴 때 보증인이 되어줍니다. 계약의 조건은 밧사리오가 돈을 갚지 못할 경우, 채무자 안토니오의 심장 가까이에 있는 살 1 파운드를 샤일록에게 베어주는 것이었습니다. 그러나 결국 돈을 갚지 못하게 되어, 안토니오는 계약의 조건을 이행해야만 하는 상황이 되었는데, 바로 그 재판 장면입니다.

재판관은 샤일록에게 채무자 안토니오를 살려주는 자비를 베풀라고 권유하고, 그러한 자비를 베풀어야, 추후 다른 사람의 자비도 받을 수 있다고 말합니다. 샤일록은 재판관의 말에 자신은 정해진 법에 따라 행동하고 살고 있기 때문에, 잘못한 것이 없으며, 따라서 심판에 대한 두려움이 없으니 빨리 재판을 진행해달라고 말합니다. 그리고는 당시 노예를 많이 사서 부리는 베니스의 자유민들을 향해 이렇게 예시를 들어 말합니다. 노예는 자유민들이 돈을 지불하고 샀는데, 혹시 이들을 자유롭게 해주거나, 자유민들의 자녀와 결혼시키는 것이나, 잠자리나 먹는 것도 자유민들의 것과 비슷한 수준으로 처우해주라고 누군가가 말한다면, 아마 자유민들은 그에게 "내가 돈을 주고 산 노예들은 나의 것"이기 때문에 "그들을 당나귀나 노새처럼 부리는 것이 정당화된다"라고 하며 반박할 것이라고 말합니다. 그러니 샤일록 자신도 안토니오의 살 1파운드를 비싼 돈 주고 산 것이고 따라서 마음대로 하는 것이 정당화된다고 논변합니다. 그리고 이 계약과 계약의 이행을 거부하면 베니스의 법은 모두 효력을 잃게 될 것이라고 말합니다.

이러한 샤일록의 주장에서 다양한 질문들을 생각해 볼 수 있습니다. 재판관은 샤일록과 안토니오가 함께 쓴 계약서, 즉 개인들 사이에서 쓴 계약서를 이행시켜야 할까요? 샤일록이 경제 활동을 통해 얻을 이득은 정당한 것일까요? 그리고 이런 개인들의 선택이 모여 공공의 이익에 이를 수 있을까요? 계약서의 내용에 대하여 생각해 본다면, 국가는 어디까지를 경계로 해서 그 내용을 보호해야 할까요?

이러한 고민은 오늘 우리가 읽어볼 고전의 저자, 애덤 스미스가 살았던 18세기 영국에서도 계속되고 있었던 것 같습니다. 먼저 그의 사상적 배경을 살펴보자면, 당시 영국은 기독교성공회가 지배하고 있었습니다. 그렇기 때문에 기독교 공동체적 경제 윤리에 따라 경제도 운영되었지요. 기독교적 명령을 따르는 상공업자라면, 물건을 생산하고 판매하는 데에 이익을 많이 취하거나, 돈을 빌려주고 이자를 많이 받는 행위는 악행이라 생각하여 지양할 수 밖에 없었습니다. 그러나 자본주의 시장 규모가 커져감에 따라 신흥 상공업자들 사이에서는 이러한 기독교적 윤리관으로는 너무 많은 제약을 받아 온전한 경제 활동을 어렵게 한다는 불만을 터져 나왔습니다. 그래서 이를 옹호해 주는 이론들이 나왔는데, 신학 이론으로는 유럽 대륙의 세속화된 칼뱅주의가 하느님이 주신 직업에 충실한 것은 기독교 윤리관에도 부합하는 것이라고 주장하였습니다. 그리고 경제 이론으로는 애덤 스미스가 지금 우리가 다룰 《국부론》이라는 저서를 통해 신흥 상공업자들의 이익을 옹호하는 이야기를 하고 있습니다. 이제 우리는 《국부론》의 일부를 읽어보면서 그가 주장하는 바가 합리적인 경제를 이루는데 설득력이 있는지 살펴보겠습니다.

토론 수업을 위한
오늘의 고전

애덤 스미스의 《국부론》

자본주의 시장경제의 운영과 관련하여 살펴볼 고전은 영국의 정치경제학자이자 자유방임주의 경제학자로 알려져 있는 애덤 스미스의 《국부론》(1776)입니다. 먼저 《국부론》의 원제를 살펴볼 필요가 있는데, 그것은 《국부의 성질과 원인에 관한 연구》An Inquiry into the Nature and Causes of the Wealth of Nations에 해당합니다. 그가 《국부론》을 저술한 시기는 18세기 영국의 산업혁명 시기와 일치합니다. 당시 영국은 높은 생산성을 바탕으로 하여 자유시장경제를 토대로 자유무역정책을 펼쳐가고 있었습니다. 애덤 스미스는 이러한 영국 경제의 흐름을 살펴보고, 나라를 부강하게 하기 위하여 자본주의 경제의 성질과 원리를 통찰하고자 합니다.

우리가 저녁식사를 기대할 수 있는 것은 정육점 주인, 양조장 주인, 빵집 주인의 자비심 때문이 아니라, 그들이 자신의 이익을 중시하기 때문이다. 우리는 그들의 인류애가 아니라 자기애self-love에 호소하고, 그들에게 우리의 필요가 아닌, 그들의 이익에 호소하는 것이다. 거지 외에는 아무도 동료 시민의 자비심에만 의존하지 않는다. 심지어 거지조차도 전적으로는 (그러한 자비심에) 의존하지 않는다. 실제로는, 호의를 가진 사람들의 자선은 거지에게 생계 자금 전액이 기부되기도 한다. 하지만 이에 따라 궁극적으로 그에게 필요한 생활필수품을 모두 제공할지라도, 그가 필요로 하는 대로 그에게 제공할 수는 없다.

[나]

각 개인은 그가 소유할 수 있는 자본에 대해 가장 유리하게 사용될 수 있는 방법을 찾으려고 끊임없이 노력한다. 사실 그가 염두에 두고 있는 것은 사회의 이익이 아니라, 자기 자신의 이익이다. 그러나 자기 자신의 이익을 추구하는 것이 자연스럽게, 혹은 오히려 필연적으로 그로 하여금 사회에 가장 유익하게 사용되는 것을 선호하도록 한다.

첫째, 각 개인은 자신의 자본을 가능한 한 자기 집에서 가까운 곳에서 사용하려고 하며, 따라서 가능한 한 국내 산업을 지원하는데 많은 자본을 투자하려고 한다. 단, 이를 통해 자본의 보통 수준의 수익 또는 보통 수준의 수익보다 크게 낮지 않은 수익을 얻을 수는 있다는 전제하에 그렇다. (중략)

둘째, 국내 산업 유지에 자기 자본을 사용하는 각 개인은 필연적으로 그 생산물이 가능한 한 최대의 가치를 갖도록 노동을 이끌려고 애쓴다. 노동생산물은 (생산)대상과 사용된 재료에 노동이 더해진 것이다. 이 생산물의 가치가 크거나 작음에 따라 고용주의 이윤도 비례할 것이다. 그러나 어떤 사람이 자본을 사용해서 노동을 지원하는 것은 오직 이윤을 얻기 위해서일 뿐이다. 따라서 그는 항상 생산물이 가장 큰 가치를 가질 가능성 있거나, 가장 많은 양의 화폐나 다른 재화와 교환될 수 있게 하는 노동에, 자기의 자본을 사용하려고 애쓸 것이다. 그러나 각 사회의 연간 수입revenue은 그 노동에서 나오는 연간 생산물의 교환가치와 정확히 같거나, 오히려 노동의 교환가치와 정확히 동일한 것이다. 따라서 각 개인이 국내 노동을 지원하는 데 자기 자본을 사용하고, 그 노동생산물이 최대의 가치를 갖도록 노동을 이끌기 위해 최선을 다한다. 이는 각 개인이 필연적으로 사회의 연간 수입을 가능한 한 최대의 가치를 갖도록 노력하는 것이 된다. 사실 그는, 일반적으로 말해서 공공의 이익public interest을 증진할 의도가 없으며, 자신이 얼마나 공공의 이익을 증진하고 있는지도 모른다. 국외 산업보다 국내 산업의 지원을 선호하는 것은 오직 자기 자신의 안전security을 위해서이다. 그리고 노동생산물이 최대의 가치를 가질 수 있는 방식으로 노동을 이끈 것은 오직 자기 자신의 이익만을 의도한 것이다. 또 그는 이 경우와 다른 많은 경우에서와 마찬가지로 보이지 않는 손an invisible hand에 이끌려서 자신의 의도와는 전혀 다른 목적을 달성하게 된다. 그의 의도가 사회의 부분이 아니라는 것이 반드시 사회에 해로운 것은 아니다. 그가 자신의

이익을 추구하는 것이 실제로 그가 사회의 이익을 증진시키려고 할 때
보다 사회의 이익을 더 효과적으로 증진시키는 경우가 많다. 나는 공공
의 이익을 위해 사업을 하는 척하는 사람들이 했다고 하는 선행을 본 적
이 거의 없다. 사실, 그것은 상인들 사이에서도 흔하지 않은 허풍이며,
그런 허풍을 그만하게 하는 데는 몇 마디 말이면 충분하다.

그의 자본이 사용될 수 있는 국내 산업의 분야는 무엇이며, 그리고
그 생산물이 가장 큰 가치를 가질 수 있는 산업 분야는 무엇인지에 대
해, 각 개인이 자신의 지역 상황에서 어떠한 정치가나 입법자가 그를
위해 할 수 있는 것보다 훨씬 더 잘 판단할 수 있다는 것은 분명하다.
민간인들에게 그들의 자본을 어떻게 사용해야 하는지 지시하려는 정
치가는 불필요한 수고를 스스로에게 할 뿐만 아니라, 어떤 한 개인뿐
만 아니라 어떤 의회나 상원에도 안전하게 위임할 수 없는 권력을 떠
맡게 된다. 또한 자신이 그 권력을 행사할 자격이 있다고 생각할 만큼
어리석고 오만한 사람의 수중에 권력이 있는 것보다 더 위험해지는 곳
은 없을 것이다.

특정 수공업에서든 제조업에서든 국내 산업의 생산물에 국내시장의
독점권을 주는 것은 각 개인이 그들의 자본을 어떻게 사용해야 하는지
를 지시하는 것이므로, 거의 모든 경우에 쓸모없거나 해로운 규제일 것
이다.

[다]

사람이 아무리 이기적selfish이라고 생각하더라도, 그의 본성에는 타인

의 복지에 관심을 갖게 하고, 그들의 행복을 자신에게 필요하게 만드는 일부 원리들이 있다는 것이 분명하다. 비록 그가 타인들의 행복을 지켜보는 즐거움을 외에는 아무것도 얻지 못할지라도. 연민이나 동정심이 바로 이러한 종류의 원리이다. 그것은 타인의 불행을 직접 보거나 생생한 방식으로 느끼게 될 때 우리가 느끼는 감정이다. 타인의 슬픔은 종종 우리를 슬프게 만드는데, 이것은 예를 들어 입증할 필요도 없는 아주 명백한 사실이다. 왜냐하면 이러한 감정은 인간 본성의 다른 모든 기본적인 열정과 마찬가지로, 덕이 있고 인도적인 사람이 더 민감하게 느낀다고 할지라도, 결코 그들에게만 국한되지 않기 때문이다. 가장 강력한 무법자, 가장 강력한 범죄자조차도 이런 감정이 전혀 없지는 않다.

Adam Smith, 《An Inquiry into the Nature and Causes of the Wealth of Nations》, 1776, I-2: [가], IV-2: [나].

Adam Smith, 《The Theory of Moral Sentiments》, 1759, I-1: [다].

1) 주제 이해를 돕는 연습

1 애덤 스미스는 "보이지 않는 손"에 이끌려 개인이 전혀 의도하지 않았던 사회적 목적을 달성하게 된다고 말합니다. 여기서 말하는 "보이지 않는 손"은 무엇을 의미하는 걸까요?

2 애덤 스미스는 개인이 그의 자본을 유리하게 사용될 수 있는 방법을 모색할 때 그가 고려하는 것은 자신의 이익이지 사회의 이익은 아니라고 합니다. 그런데 그는 또 그러한 개인적 이익을 위한 선택이 "필연적으로" 사회에 가장 유익한 방법을 선택하도록 한다고 말합니다. 이에 해당하는 예는 무엇일까요?

3 애덤 스미스는 사회적 이익을 증진시킨다는 문제에 있어서, 개인이 자기의 이익을 추구하여 이루어내는 경제 상황이 직접적으로 누군가가 의도하여 사회의 이익을 계획하는 것보다 효과적이라고 봅니다. 이러한 생각에 대해 평가해봅니다.

2) 해석해드립니다.

지문 [가]에서는 정육점 주인이 신선한 고기를 판매하는 것, 양조장 주인이 술을 최선을 다해 빚는 것, 빵집의 주인이 빵을 열심히 만드는 이유는 공공의 필요를 위해서가 아니라 자신의 이익을 중시하기 때문이라고 말하고 있습니다. 거지조차도 이것을 알고 자신의 필요를 자비심에만 의존하지 않는다고 합니다. 즉 정육점, 양조장, 빵집 주인은 모두 자신의 이익에 목적이 있습니다. 만약 이들이 시설에 투자하고 장사에 유리한 장소에 업체를 설치한다면, 효율적으로 자신의 이익을 증진하기 위함입니다. 그래서 당시 기독교 신앙이 지배하던 시절에 상공업자들이 이익을 추구했을 때, 사회를 향한 이타심이 없고, 오직 스스로의 이익에만 관심 있는 자들이라고 비난받았던 것입니다.

그런데 애덤 스미스의 생각은 달랐습니다. 신선하고 맛있는 정육점의 고기 때문에 저녁 식탁에 오를 양조장의 술과 향기로운 빵도 필요하게 됩니다. 잘 팔리는 고기 덕분에, 이웃하고 있는 점포들의 식자재들도 덩달아 잘 팔리게 됩니다. 정육점의 주인은 의도하지 않았지만, 이웃을, 즉 양조장 주인과 빵집 주인을 돕게 된 것입니다. 그러나 정작 정육점의 주인은 이웃의 이익, 나아가 공공의 이익을 추구하지 않았고, 그렇기 때문에 자신의 이러한 경제 활동이 공공의 이익에 얼마나 도움을 주는지 알지 못합니다.

지문 [나]를 보면, 애덤 스미스의 "보이지 않는 손"이 바로 여기에 등장합니다. 《국부론》이라는 1000 페이지에 달하는 두꺼운 책에서 "보이지 않는 손"은 여기 단 한 번만 등장하는 개념입니다. 그것도 국내 기업이 생산할 수 있는 상품을 수입하는 것을 제한하는 문제에 대해 다루는 논증의 중간에 등장합니다. 그러한 맥락을 알기 위해, 지문 [나]를 다음과 같이 구성해볼 수 있습니다. 첫 번째 전제는 각 개인이 자신의 안전과 편리함 때문에 가능하면 자신의 거주지에서 가까운 곳에 자본을 사용하려고 한다는 것입니다. 두 번째 전제는 각 개인은 자신의 자본이 최대의 가치를 가질 수 있도록 노동력을 사용하려고 애쓴다는 것입니다. 이 두 가지 조건을 바탕으로 각 개인은 자본이 최대 가치를 낼 수 있도록 가능하면 자신의 거주지에서 가까운 곳에서, 가장 유리한 방식으로 자본과 노동력을 사용할 것이라고 예측할 수 있습니다. 더 나아가서 개인이 스스로에게 유리한 방식으로 자본을 사용한다는 것은 한 개인의 이익 추구에 그치는 것이 아니라, 결과적으로 그런 개인들이 모인 집단 전체의 이익, 즉 공공의 이익을 효과적으로 증진시키는 것이라고 생각할 수 있습니다. 이러한 맥락에서 애덤 스미스는 수입과 수출에 대한 문제도 개인들에게 맡겨둬야 할 것이지, 정부에서 제한을 걸고 관세를 부과할 필요가 없다고 말하고 있습니다.

그렇다면 이제 한 개인의 이익 추구가 공공의 이익으로 확장되는 상황을 떠올릴 수 있을까요? 이 문제에 있어서 애덤 스미스는 마치 정육점, 양조장, 빵집 주인처럼 개인들이 자신의 이익을 위하여 움직이도록, 국가가 최대한 개입하지 않고 경제 상황을 개인들에게 맡겨 두어야 한다고 주장하고 있습니다. 그리고 그는 각 개인들이 스스로의 이익을 위하여 자신의 상황에 근거해 어떤 정치가나 입법자보다 훨씬 더 잘 판단할 수 있다고 말합니다. 이것이 잘 확장된다면, 국부에 이를 수 있고, 그 나라에 속한 국민노동자까지도 풍부한 수입이나 생활자료를 얻을 수 있게 될 것입니다. 결국 애덤 스미스는 자유방임주의 정치경제학을 따른다면, 이러한 개인의 활동들이 모여 '경제'가 되고, 그것이 사회 이익 추구에도 가장 효과적으로 되어, 국민과 국가 모두가 부유하게 된다고 주장하는 것입니다.

이처럼 애덤 스미스는 《국부론》에서 개인이 이익을 얻고자 '이기심'에 따라 경제 활동한다면, 결국 그것은 "보이지 않는 손"에 의해서 안정적인 시장경제, 자본주의를 더욱 합리적이고 능률적으로 가동시키는 원동력이 된다고 전망합니다. 따라서 경제가 이러한 방식에 따라 작동하고 있는데, 국가가 개입한다는 것은 그 효과에 제동을 거는 것입니다. 애덤 스미스는 개별 주체에 의하여 계획된 사회 이익을 위한 노력, 다시 말해서, 정부에서 기업주에게 자본의 사용을 지시하는 것이나, 시장경제 운영을 정부에 속한 한 개인이나 기구에 위임하는 것은 전체 시장경제를 '위험하게' 할 수 있는 선택이라고 봅니다. 따라서 그는 국내 기업을 위한 어떠한 보호장치나 특혜도 유해한 규제라고 주장하고 있습니다. 현재 여러 나라의 정부에서 시행하고 있는 기업에 대한 정부의 경제적 제재보호무역, 소득 재분배 등나 노동환경 개선노동시간 제한, 최저임금 제도, 고용보험법 등을 위한 노력은 그렇게 애덤 스미스가 유해한 규제라고 생각했던 예에 해당합니다.

그렇다면 "보이지 않는 손"이란 철저한 개인의 이익 추구에 대한 본성, 즉 이기심만을 원동력으로 하고 있는 것일까요? 이는 《국부론》의 모태가 된 《도덕감정론》의 초입을 인용한 지문 [다]를 통해 이해해 볼 수 있습니다. 오늘날 많은 사람들이 애덤 스미스를 경제학자, 그것도 자유주의 경제학의 시초라는 의미에서 '근대 경제학의 아버지'로만 이해하는 경향이 있습니다. 그런데 애덤 스미스는 당대 유명한 도덕 철학자이기도 했습니다. 그의 저서 《도덕감정론》이 이를 잘 보여줍니다. 당시에는 경제학과 도덕 철학인 윤리학이 구분될 수 없다는 학문적 분위기에서 양자를 같이 연구하는 풍토였습니다. 대표적인 사례가 우리가 4강에서 공부했던 데이비드 흄이며, 실제로 데이비드 흄과 애덤 스미스는 경제학과 도덕 철학을 두고 학문적으로 교류하며 우정을 쌓았습니다.

《국부론》은 애덤 스미스가 당시 신흥 상공업자들을 염두에 두고 쓴 책입니다. 따라서 《국부론》에서 개인이라고 일컬어지는 사람은 신흥 상공업자들입니다. 그리고 애덤 스미스의 생각에는 그들도 당연히 《도덕감정론》에서 다루고 있는 사람의 본성을 갖고 있습니다. 인용문에서 말하는 다른 사람의 고통을 보고 느끼는 연민이나 동정심은 개인의 이익 추구라는 이기심과는 다른 인간의 본성입니다. 사회를 이루는 다양한 구성원들, 즉 덕이 높거나 인간애가 풍부한 사람부터 무법자나 극악무도한 범죄자까지도 개인은 이기적 본성에 따라 크고 작은 이익을 추구합니다. 그러나 이익 추구를 위한 경쟁 가운데서도 다른 사람의 불행에 대면하는 우리는 정도의 차이는 있지만 연민과 동정심을 느낍니다. 그렇기 때문에 다양한 구성원들 사이의 물질적 이익 추구와 냉정한 경제적 관계에서도 우리는 완전히 나의 '이기심'만 충족하는 판단을 내리지 않을 수도 있습니다. 애덤 스미스는 타인에게서 경제적으로 뚜렷한 이익을 얻지 못할지라도, 타인의 행복을 자신에게 "필요하게 만드는" 원리들이 있다고 말합니다. 이 인용문에 따르면, 자유방임주의적 치열한 경쟁 구도가 그럼에도 불구하고, 타인에 대한 자연스러운 양보와 배려하는 마음으로 이루어진 인격적 관계를 전제하고 있다고 볼 수 있는 건 아닐까요?

토론해봅시다

그러므로 인간의 본성에서 우리는 싸움의 세 가지 주요 원인을 발견하게 된다. 첫 번째는 경쟁, 두 번째는 자신감의 결핍, 세 번째는 명예이다.

첫 번째는 이득을 위해, 두 번째는 안전을 위해, 세 번째는 명성을 위해 사람을 공격하게 만든다. 첫 번째, 경쟁은 폭력을 사용하여 스스로가 타인의 인격, 아내, 자녀, 고양이의 주인이 되게 만든다. 두 번째, 자신감의 결핍은 자신을 보호하게 만든다. 세 번째, 명예는 어떤 말, 한 번의 미소, 차이나는 의견, 그 밖의 모든 과소평가의 표시와 같은 사소한 것들 때문에, 폭력을 사용하게 만든다. 이는 직접적으로는 그들의 인격에 대한 것이거나 간접적인 그들의 친족, 친구, 국가, 직업, 가문의 이름 등에 대한 것에 불문하여 그렇다.

이로써 모든 사람을 제압할 수 있는 공공의 권력 없이 사는 동안, 그들은 이른바 전쟁(Warre) 상태에 있다는 것이 명백하다. 그리고 이 전쟁은 "만인에 대한 만인의 전쟁"(bellum ominum contra omnes) 상태이다.

전쟁이란 단지 전투(Battell)나 싸움의 행위에 있는 것이 아니라, 전투에 의해서 싸우려는 '의지'가 충분하게 보이는 기간에 있는 것이다. 따라서 '시간'이라는 개념은 전쟁의 본질로 고려되어야 한다. 이것은 날씨의 본질과 마찬가지인데, 악천후의 본질은 한두 번의 비에 있는 것이 아니고 연일 계속되는 비, 그러한 경향의 것을 말한다. 그와 마찬가지로 전쟁의 본질은 실제 싸움에만 있지 않고, 싸움에 대한 지향에 있는 것이며, 게다가 그 시간 동안은 항상 (싸움의) 반대 방향으로 향하는 어떤 보장도 없다는 것이다. (그리고) 그 밖의 시간만이 '평화'인 것이다.

Thomas Hobbes, 《Leviathan》, 1651, 1-XIII.

제시문은 토마스 홉스가 쓴 《리바이어던》 13장에서 "만인에 대한 만인의 전쟁"에 대한 언급이 있는 부분입니다. 여기서 그는 한 개인이 자기 보존이라는 목적을 이루는데 필요한 능력이 있다고 믿고 있을 때, 타인이라는 존재가 등장하면서 그 믿음에 도전을 받게 될 때의 상황을 상정합니다. 타인의 등장으로 갈등과 대립이 생기고, 이런 싸움의 결과는 자신의 재산이나 생명, 자유를 잃게 하여, 자기 보존을 어렵게 합니다. 그래서 개인은 힘을 더욱 증대시켜야 하고, 이로 인하여 계속적인 전쟁이 유발된다는 것이 그의 생각입니다.

홉스에 따르면, 이러한 전쟁의 이유는 사람 안에 전쟁을 유발하는 세 가지 본성이 존재하기 때문입니다. 인간은 이득을 지키기 위해 경쟁하고, 자신감이 결핍되어 있기 때문에 자신의 안전을 확보하며, 명예를 지킨다는 이유로 사소한 문제들에 폭력을 사용합니다. 이러한 싸움을 하고 있는 인간은 자연 상태의 동물과 다르지 않은 상태입니다. 곧, 자연 상태는 전쟁 상태이고, 자연 상태에서 인간은 자신의 '이기심'에 따라서만 행동합니다. 경제적인 예를 든다면, 앞서 언급했던 정육점, 양조장, 빵집 주인은 모두 자신의 이익에만 목적이 있습니다. 정육점 주인은 빵집 주인의 이익에 관심이 없기 때문에, 먹거리 판매라는 큰 범주 안에서 빵집 주인을 경쟁 관계로만 생각하고 분쟁까지 일으킬 수 있습니다. 홉스는 만일 개인들을 공공의 권력, 즉 국가라는 두려운 존재 안에 두고 이들을 조절하지 않는다면, 자연 상태의 인간은 "만인에 대한 만인의 전쟁" 상태가 될 것이라고 주장하고 있습니다. 그리고 그가 말하는 전쟁의 상태란 한두 번 싸움이나 싸움의 행위로 그치는 것이 아니라, 싸우려는 의지를 가진 기간, 전쟁으로의 지향이 있는 시간을 모두 포괄하는 상태입니다. 이러한 생각에 따르면 "만인에 대한 만인의 전쟁" 상태에서 평화의 시간은 존재할 수 있을지 의문입니다.

1) 고전을 이해하기 위한 토론

1 제시문에서 자연 상태의 인간은 자신의 이득, 안전, 명예를 지키기 위하여 싸울 수 있다고 말합니다. 여기서 고려되는 것은 자기 자신입니다. 자연 상태의 개인들은 자발적으로 타인이나 사회를 전혀 고려할 수는 없을까요?

2 개인들을 국가라는 공공의 권력 하에 둔다면, 국가가 싸움을 조절할 수 있다고 홉스는 말합니다. 국가는 개인들의 싸움을 잘 조절할 수 있을까요?

3   국가가 "만인에 대한 만인의 전쟁" 상태를 평화의 상태로 조절한
    다면, 그 상태는 만족스러운 상태일까요?

2) 오늘을 위한 토론

1   앞서 살펴봤지만, 경제 활동을 하는 개인들은 자유로운 경제 활
    동이 정의롭다고 생각합니다. 다른 한편으로는 경제의 형평을
    추구하는 것을 정의롭다고 생각하는 이들은 경제 활동의 범위에
    제약을 둬야 한다고 생각합니다. 개인들의 경제 활동으로 사회
    경제가 정의에 이를 수 있을까요?

2   경제적 문제에 있어서, 애덤 스미스는 개인의 자유로운 경제 활
    동이 결국에는 사회의 이익이 되는 것이므로, 공공의 권력이 개
    입하는 것은 비효율적인 것 "유해한 규제"이라고 주장하는 반면, 토
    마스 홉스는 개인의 자유로운 경제 활동은 결국 사회에 전쟁 상
    태를 불러오게 될 것이므로, 공공의 권력이 개입해야 한다고 주
    장합니다. 개인의 경제 활동의 범위는 어디까지여야 할까요? 인
    간에게 공공의 권력은 필요한 것일까요?

3   현재 한국 사회는 양극화의 문제, 노동문제, 청년 실업의 문제 등
    여러 경제 문제에 직면해 있다고 합니다. 이러한 문제에 대하여
    제시문을 바탕으로 자신의 입장을 정하고 근거를 제시해봅시다.

더 깊은 토론을 위한 참고자료

★ **애덤 스미스 지음, 김수행 옮김, 《국부론》, 비봉출판사, 2019**

지문은 애덤 스미스의 《An Inquiry into the Nature and Causes of the Wealth of Nations》(1776)의 일부를 직접 번역한 글입니다. 《국부론》은 애덤 스미스가 10년에 걸쳐 완성한 저서로 그의 이전 저서인 《도덕감정론》(1759)의 경제학 부분을 발전시켜 완성한 것입니다. 그는 국부의 원천은 노동이고, 국부의 증진을 위해서는 노동생산력의 개선과 분업, 기계의 사용을 위한 자본의 축적이 필요하며, 자본의 축적을 위해서는 자유 시장 경쟁이 필수적이라고 주장합니다. 이 책은 이전의 경제학 저서들과 달리, 자유시장경제에 대한 명확한 관점으로 경제학을 체계적으로 제시하고 있다고 평가됩니다.

★ **토마스 홉스 지음, 신재일 옮김, 《리바이어던》, 서해문집, 2007**

이 책은 토마스 홉스의 1651년 작품으로, 중세 스콜라 철학을 부정하고 근대의 새로운 사회에 대한 생각을 제시한 사회계약론의 고전입니다. 자연권, 개인주의적 관점을 근본으로 하여 국가의 성립에 계약을 도입하면서 현재까지 정치사상에 큰 영향을 미쳤습니다. 제목의 '리바이어던'은 성서의 욥기 41장에 등장하는 바다 괴물로, 홉스는 리바이어던을 국가로 비유하고 있습니다. 이 책은 4부로 구성되어 있는데, 1부는 '인간론'에 대하여 설명하고 있고, 2부는 '국가론'으로 국가의 성립에 관하여, 3부는 '그리스도교 국가'란 어떤 것인가, 4부는 '어둠의 왕국론'이라는 제목과 함께 당시 로마교회를 비판하는 내용으로 구성되어 있습니다.

★ 칼 마르크스 지음, 김수행 옮김, 《자본론》, 비봉출판사, 2008

칼 마르크스의 《자본론》은 출판과 관련하여 여러 역사를 거치는데, 특히 제1권은 마르크스가 손수 집필한 책입니다. 마르크스는 자본주의 사회의 내재적 모순을 드러내는 것을 목적으로 하고, 특히 상품, 생산양식, 노동 착취, 노동 소외 등을 체계적으로 기술하고 있습니다. 《자본론》에 의지하고 있던 1990년대 사회주의가 붕괴되었다고 하여 이 책이 의미가 없어진 것은 아닙니다. 《자본론》은 경제학을 비롯한 철학, 사회, 문학, 역사, 예술 등 수많은 분야에 거대한 토대를 놓았다는 점에서 여전히 유효한 저서입니다.

정치가 자격시험을 보겠습니다
: Politeia

플라톤과 함께 토론하는
정치가의 자격과 이상적 정치

오늘의
토론 주제

정치는 삶의 여러 영역에서 큰 영향을 끼칩니다. 대부분 정치를 '권력'과 연결해서 이해하기 때문에 '국가에서 누가 영향력이 있는가' 하는 문제로만 생각하기 쉽습니다. 하지만 정치의 어원을 따져보면 더 복잡한 논의가 필요합니다.

정치의 영어 단어인 'politics'는 그리스어 '폴리스'polis에서 나왔습니다. 폴리스는 고대 그리스인이 살았던 도시 국가입니다. '도시'라고 해도 지금의 서울 같은 현대 도시와 달랐습니다. 서울 동대문구보다 인구가 적었던 각각의 폴리스는 독립 국가로서 정치 체제를 갖추고 자치와 자립을 지향했습니다. 현대 도시보다 훨씬 작은 규모의 생활 공동체였지만 시민의 유대감은 훨씬 깊었지요. 이런 유대감은 사적인 관계뿐 아니라 공적인 정치 체제에서도 생겨나고 유지되었습니다.

그리스인은 폴리스를 구성하고 운영하는 방법을 '폴리티케'politikē라고 불렀습니다. 폴리스에서 시민이 함께 살아가도록 하는 기술이 폴리티케, 다시 말해 '정치술'이었지요. 국가가 구성되는 방식이나 운영과 관련이 있는 기술입니다.

정치는 한 국가에서 함께 살아가는 사람들의 관계와 역할 등을 규정합니다. 여기에서 우리가 쉽게 떠올리는 권력과 정치가 연결됩니다. 국가 구성원의 이익과 손해, 역할과 지위 등이 정치에 따라 정해지기 때문에 정치의 힘은 굉장히 큽니다. 그래서 누가 강한 힘을 발휘할 것인가, 다시 말해 '누가 정치인이 될 수 있는가'가 중요합니다.

정치인이 모든 국민에게 전폭적인 지지를 받기란 쉽지 않습니다. 우리나라 대통령은 보통 집권 초기의 지지율이 높은 편입니다. 한국 갤럽의 조사에 따르면 역대 대통령의 취임 후 첫 직무 수행 긍정률은 보통 50~80% 중반입니다. 새로 취임한 대통령에 대한 기대가 커서 그렇겠지요. 새로운 대통령이 불러올 변화에 대한 기대가 지지율로 나타나고, 이후 대통령이 수행한 직무에 대한 불만족이나 다양한 논란과 잡음으로 지지율이 떨어지는 패턴이 반복되곤 합니다.

하지만 직무 수행 긍정률 결과를 뒤집어서 생각해 보면 기대가 높은 임기 초반에도 적게는 15%, 많게는 50%에 가까운 국민이 새로 선출된 대통령을 지지하지 않는다는 뜻이기도 합니다. 새로운 대통령에 대한 기대가 큰 시기에도 국민 전체의 지지를 받기란 불가능하고, 대통령이 업무를 제대로 수행하지 못하거나 실수하면 국민의 지지는 더욱 떨어진다는 의미죠. 왜 모두가 대통령 등 정치인을 한마음으로 지지하지 않을까요?

대통령이 되고 싶은 후보는 대통령직을 잘 수행하겠다고 약속합니다. 유권자는 후보의 약속에 비추어 그의 역량을 다양한 방법으로 평가한 다음, 한 표를 행사합니다. 따라서 정치가로서의 역량은 국민의 뜻을 따라 정치하는 정치인이 유권자의 지지를 받기 위해 갖추어야 할 매우 중요한 자질입니다.

그러나 대통령을 포함해 정치인이 권력을 가졌다고 해서 그들이 '국가를 구성하고 운영하는 기술'을 완벽하게 사용할 수 있다는 의미는 아닙니다. 여기엔 다양한 이유가 있는데 그중 하나는 그들이 정치가로서 자격이나 능력을 충분히 갖추지 못했기 때문입니다. 많은 유권자는 후보의 정치적 역량을 기준으로 투표하니까요. 이런 점을 미루어보면 정치인이 자신의 직무를 제대로 수행하기 위해서는 매우 뛰어난 사람이어야 할 것 같습니다. 만약 공직에 선출된 사람이 역량 부족으로 업무를 잘 수행하지 못하거나 실수를 저지르면 국민은 '저 정도는 나도 할 수 있지 않을까?'라고 생각하게 됩니다.

대한민국 헌법

[시행 1988. 2. 25.] [헌법 제10호, 1987. 10. 29., 전부개정]

제1조 　① 대한민국은 민주공화국이다.

　　　　② 대한민국의 주권은 국민에게 있고, 모든 권력은 국민으로부터 나온다.

대한민국 헌법의 제1조 1항을 보면 우리나라는 민주공화국이라고 명시되어 있습니다. '민주'는 국민이 주인이라는 뜻입니다. 고대 그리스의 정치 체제 중 하나인 '데모크라티아'dēmokratia에서 나온 말로 '데모스'dēmos의 통치를 의미합니다. 데모스는 주로 '민중'이라고 번역되고 크라티아는 그리스어 '크라토스'kratos의 변화형으로 '힘'이라는 뜻입니다. 따라서 데모크라티아는 민중에게 권력이 있는 정치 체제라는 의미입니다. '민주공화국'에서 '공화'는 여러 의미를 갖지만 일단 군주가 없는 정치 체제라는 점이 중요합니다. 헌법 제1조 1항의 '대한민국은 민주공화국'이라는 규정은 대한민국은 민중 혹은 국민에게 힘이 있고 특정 군주에게 힘이 있지 않다는 선언입니다. 그리고 2항에 근거해서 정치 권력은 정당성을 얻습니다.

국민에게 힘이 있다는 것은 무슨 의미일까요? 단지 선거일에 한 표를 던질 힘이 있다는 말은 아닙니다. 모든 권력은 국민에게 있습니다. 우리나라의 국가 체제는 국민 누구든 권력을 가질 수 있는 민주공화국이지요. 누구든 권력을 가질 수 있고 실제로 그래야 합니다.

그런데 헌법 1조는 정치인이 직무를 수행하고 국민이 평가하는 현실과 충돌합니다. 권력은 국가의 여러 관계와 역할 등을 규정하는 정치인에게 있는 것처럼 보입니다. 우리는 정치 권력을 갖게 될 사람이라면 특정한 조건을 만족해야 한다는 전제로 지지 혹은 반대합니다. 정치인이라면 투표권을 행사하는 유권자보다 더 뛰어나고 탁월한 능력을 갖추어야 한다고 생각하기 때문에 정치인에게 그 위치에 걸맞은 자격을 지녔기를 기대합니다. 어느 정당에서는 정치인으로서 역량을 갖춘 사람만 공천해야 한다면서 후보자가 그만한 역량을 갖추고 있는지 알아보는 '기초 자격 평가' 시험을 치르기도 합니다. 특히 대통령이라면 특정한 역량을 가져야 한다고 전제합니다. 그렇지 않다면 '대통령이 될 능력도 없는 사람이 왜 출마했지?' 하는 의문을 갖게 됩니다.

모든 사람이 권력을 가질 수 있는, 즉 모든 사람이 정치인이 될 수 있는 민주 정치 체제의 이념과 특정한 역량을 갖춘 사람이 정치 권력을 가져야 한다는 필요와 기대는 서로 충돌합니다. 둘 중 어느 쪽이 맞을까요? 누구든 대통령이 될 수 있어야 할까요?

고대 그리스의 아테네 사람들도 같은 문제를 놓고 논쟁을 벌였습니다.[1] 민중에게 권력이 주어진다면 누구든지 권력을 가질 수 있습니다. 그리스 민주 정치 체제의 가장 중요한 특징은 특정 가문왕정이나 귀족정이나 재산금권정 등을 기준으로 정치 권력을 가질 수 있는 조건을 구분하지 않았다는 겁니다. 아테네의 시민이라면 누구나 투표할 수 있는 권한을 가졌습니다. 뿐만 아니라 입법, 행정, 사법 등 공직에 참여했으며 정치인으로 활동할 수 있었습니다. 아테네의 걸출한 지도자인 페리클레스는 펠로폰네소스 전쟁 중 사망한 아테네 용사를 추모하는 국가 장례식의 연설에서 다음처럼 말했습니다.

> 우리는 집안일 뿐 아니라 도시의 일에 대해서도 신경을 씁니다. 자신의 일에 매어 있는 자들도 도시와 관련된 일들을 부족함 없이 알고 있습니다. 공적인 일에 참여하지 않는 자들을 초연한 자가 아니라 쓸모없는 자로 여기고 있는 것도 우리 아테네인뿐입니다. 그러면서도 우리는 사안들을 판단하거나 제대로 논의하며, 말이 행동에 해가 된다고 여기지 않고 행동으로 가기 전에 먼저 말을 통해 배우지 않는 것이야말로 해가 된다고 여깁니다.
>
> 투키디데스, 《펠로폰네소스 전쟁사》 2권 40장 2절.

---

1 민주 정치 체제는 현대 민주주의와 달리 대의제가 아닌 직접 참여 정치가 특징입니다. 이 글에서는 민주주의와 민주 정치 체제를 구분해서 사용했습니다. 민주주의는 근대적인 이념이며 민주 정치 체제는 고대 아테네 등에서 실제로 구현되었던 정치 체제입니다. 따라서 '고대 아테네의 정치 체제는 민주주의 이념을 기반으로 했다'는 명제는 옳지 않습니다. 물론 민주주의와 민주 정치 체제가 개념상으로 서로 연결되어 있기는 하지만요.

투키디데스 지음, 김헌·장시은·김기훈 옮김, 《그리스의 위대한 연설》, 민음사, 2015. p. 45.

공적인 일은 한 표를 행사하는 것만을 의미하지 않습니다. 아테네 시민이 적극적으로 정치 권력을 행사하는 것을 의미합니다. 그 권력을 행사하지 않는 사람은 아테네에서 쓸모없다고 여겨졌습니다. 시민 모두가 정치인이 되는 체제는 민주 정치 체제의 가장 근본적인 형태이지요. 시민들은 공적인 활동을 하기 위해서 잘 배우고, 토론하고, 자신의 생각을 설득력 있게 제시할 수 있어야 한다고 생각했습니다. 이를 바탕으로 모든 시민은 정치적인 행동을 해야 합니다.

그런데 누구나 공적인 활동에 참여한다면 더 큰 문제가 발생할 수 있습니다. 페리클레스는 정치에 참여하지 않는 자가 쓸모없다고 했지만, 국가 이익의 관점에서 보면 정치 역량을 갖추지 못한 사람이 오히려 쓸모없을 수도 있습니다. 법리 판단 능력을 충분히 갖추지 못한 사람이 재판관이 되어 판결을 내린다고 생각해 보세요. 피고가 실제로 아무런 잘못을 저지르지 않았는데 고소를 당한 경우, 법리 판단 능력을 갖추지 못한 재판관은 피고에 대한 고소 내용을 정확히 이해하지 못하고 고소인의 화려한 수사에 현혹될지도 모릅니다. 결과적으로 잘못된 사법 판단을 내려 사형을 선고할 수도 있지요. 국가에서 예산을 집중적으로 투자할 분야를 결정하기 위해서는 전체를 볼 수 있는 시야가 필요합니다. 그런 시각과 역량이 없는 사람이 국가의 막대한 예산을 집행하는 권력을 가진다면 국가에 큰 경제적 손해를 끼칠 수도 있습니다. 또한 정의가 무엇인지 잘 알지 못하는 사람이 법을 만든다면 국가가 부정의해지고 혼란에 빠질 수 있습니다.

모든 사람에게 권력을 부여할 때 발생할 수 있는 위험을 비판한 철학자가 있었습니다. 그는 특정한 역량을 갖춘 사람만 정치를 해야 한다고 생각했습니다. 바로 철학과 통치 권력이 일치되어야 한다고 주장한 플라톤입니다. 그러나 그의 주장은 특정 조건을 갖춘 사람에게만 정치 권력을 부여한다는 점에서 민주적이지 않습니다. 어떤 사람이 정치하는 것이 옳을까요? 정치인이 되기 위한 특정한 역량이나 정치 기술이 따로 있고 이를 갖춘 사람만 정치인이 되어야 할까요? 아니면 민주주의 이상에 충실하여 누구든 정치를 할 수 있도록 해야 할까요?

토론 수업을 위한
오늘의 고전

플라톤의 《국가》

특정 자격을 가진 사람이 국가를 통치해야 한다는 플라톤의 글을 읽어보도록 하겠습니다. 다음 인용한 지문 세 개는 플라톤이 쓴 《국가》의 일부입니다. 소크라테스와 제자인 글라우콘의 대화로 구성됐습니다.

[가]

"우리가 찾아서 보여 주도록 할 것은 오늘날 나라들에 있어서 잘못되고 있는 것이 도대체 무엇인지, 무엇 때문에 이들 나라들이 그런 식으로 다스려지지 못하고 있는지, 그리고 최소의 것으로 무엇이 변혁을 봄으로써 한 나라가 이런 형태의 정체政體로 옮겨 갈 수 있을 것인지 하는 것일 것 같으이. 이 경우의 변혁으로는 한 가지 것이면 제일 좋겠으나, 그렇지 못하면 두 가지 것이나, 이로써도 안 된다면, 가능한 한,

수에 있어서도 적고 규모에 있어서도 작은 변혁들이면 좋겠네만."

"그야 전적으로 그렇습니다." 그[글라우콘]가 말했네.

"한데, 내 생각으론 한 가지 변혁을 통해서도 나라가 바뀌는 것을 우리가 보여 줄 수 있을 것 같으이. 그렇더라도 그건 작은 것도 쉬운 것도 아니나, 가능은 한 것일세." 내[소크라테스]가 말했네.

"무슨 변혁인가요?" 그가 물었네.

"이제 나는 우리가 가장 큰 파도에 비유했던 바로 그 문제에 이르렀네. 하지만 비록 그것이, 영락없는 파도처럼, 내가 웃음거리가 되어 폭소를 터뜨리게 하며 나쁜 평판을 흠뻑 뒤집어쓰게 하는 일이 있을지라도, 말하게 될 걸세. 그러면 내가 말하려는 것을 생각해 보게." 내가 말했네.

"말씀하세요." 그가 말했네.

"철학자지혜를 사랑하는 이: ho philosophos들이 나라들에 있어서 군왕들로서 다스리거나, 아니면 현재 이른바 군왕basileus 또는 '최고 권력자'dynastēs들로 불리는 이들이 '진실로 그리고 충분히 철학을 하게'지혜를 사랑하게 되지 않는 한, 그리하여 이게 즉 '정치 권력'dynamis politikē과 철학지혜에 대한 사랑: philosophia이 한데 합쳐지는 한편으로, 다양한 성향들이 지금처럼 그 둘 중의 어느 한쪽으로 따로따로 향해 가는 상태가 강제적으로나마 저지되지 않는 한, 여보게나 글라우콘, 나라들에 있어서, 아니 내 생각으로는, 인류에게 있어서도 '나쁜 것들의 종식'kakōn paula은 없다네. 그렇게 되기 전에는, 지금껏 우리가 논의를 통해서 자세히 말해 온 그 정체가 결코 가능한 한도까지 성장하여 햇빛을 보게 되는 일은 결코 없을 걸세. 실은 이게 벌써부터 나로 하여금 발설하기를 망설이게 한 바로 그것일세. 그건 굉장히 역설적인 언급이 될 것이라는 걸 내가 알고 있었기 때문일세. 다른 방식으로는, 사적으로건 또는 공적으로건, 어떤 나라政體가 [진정으로] 번영하지는 못할 것이라는 걸 깨닫기란 힘든 일이니까." 내가 말했네.

[나]

"내 비유를 들어보게. (중략) 가령 여러 선박에서든 또는 한 선박에서든 이런 사태가 벌어진다고 생각해 보게나. 선주船主가 덩치나 힘에 있어서는 그 배에 탄 모든 사람보다 우월하지만, 약간 귀가 멀고 눈도 마찬가지로 근시인데다 항해와 관련된 다른 것들에 대해 아는 것도 그만하이. 한데, 선원들은 키의 조종과 관련해서 서로 다투고 있네. 저마다 자기가 키를 조종해야만 한다고 생각해서지. 아무도 일찍이 그 기술을 배운 적도 없고, 자신의 선생을 내세우지도 못하며, 자신이 그걸 습득한 시기도 제시하지 못하면서 말일세. 게다가 이들은 그 기술이 가르칠 수도 없는 것이라고 주장하며, 누군가가 그걸 가르칠 수 있는 것이라고 말하기라도 하면, 그를 박살낼 태세가 되어 있다네. 그러면서도 이들은 언제나 이 선주를 에워싸고서는 자신들에게 키를 맡겨 주도록 요구하며 온갖 짓을 다 하네. 그리고 때로 자신들은 설득에 실패하고 오히려 다른 사람들이 설득에 성공하게라도 되면, 그들을 죽여 버리거나 배 밖으로 던져 버리거나 하네. 그리고선 점잖은 선주를 최면제나 술 취함 또는 그 밖의 다른 것으로써 옴짝달싹 못하게 한 다음, 배 안에 있는 것들을 이용해서 배를 지휘하네. 또한 술을 마시며 잔치를 벌이면서 으레 그런 사람들이 할 법한 식으로 항해를 하네. 게다가 이들은 자신들이 선주를 설득해서든 강제해서든 지휘할 수 있도록 도와주는 데 능란한 사람을 항해술에 능하며 조타술에 능한 사람 그리고 배와 관련된 것을 아는 사람으로 부르며 칭찬하지만, 그렇지 못한 사람은 쓸모없는 사람으로 비난하네. 이들은 참된 키잡이와 관련해서 이런 사실을 알지도 못하네. 즉 그가 참으로 배를 지휘하기에 적절한 사람이 되려면, 한 해年와 계절들, 하늘과 별들, 바람들, 그리고 그 기술에 합당한 온갖 것에 대해 마음을 쓰는 게 그에게 있어서 필연적인 것이라는 걸 말일세. 그래서, 남들이 원하건 원하지 않건 간에, 키를 어떻게 조종할 것인지에 대한 기술적 지식을 가질 수 있다거나 수업을 받음과 함께 조타술을 습득케 될 수 있다는 생각을 이들은 하지 못하네. 이런 일들이 배에서 일어나고 있다면, 정작 조타술에 능한 사람은 이런 상태에 있는 배를 탄 선원들한테서 영락없는 천체 관측자나 쓸데없는 이야기나 늘어놓는 자로, 그리고 자신들에게는 쓸모없는 사람으로 불릴 것이라 자네는 생각지 않는가?"

[다]

"그러니까, 첫째로, 이들은 자유로우며, 이 나라는 자유eleutheria와 언론 자유parrhēsia로 가득 차 있어서, 이 나라에는 자기가 하고자 하는 바를 '멋대로 할 수 있는 자유'exousia가 있지 않겠는가?"

"어쨌든 그렇게들 말하고 있죠." 그가 말했네.

"한데, 적어도 '멋대로 할 수 있는 자유'가 있는 나라에서는 각자가 어떤 형태로든 제 마음에 드는 자신의 삶의 개인적인 대책을 마련할 게 명백하이."

"그건 명백합니다."

"이렇게 되면, 이 정체에서는 무엇보다도 온갖 부류의 인간들이 생겨날 것이라 나는 생각하네."

"어찌 그렇지 않겠습니까?"

그래서 내가 말했네. "아마도 정체들 중에서는 이게 가장 아름다운 _{훌륭한} 것임직하이. 마치 온갖 꽃의 수를 놓은 다채로운 외투처럼, 이처럼 이 정체도 온갖 성격으로 장식되어 있어서 가장 아름다워 보일걸세." 그리고서 또 내가 말했네. "그뿐더러 아마도 많은 사람 또한, 마치 다채로운 것들을 보고 있는 아녀자들처럼, 이 정체를 가장 아름다운 것이라 판단할 걸세."

"그러고말고요." 그가 말했네. (중략)

"이 나라에서는, 비록 자네가 능히 통치를 할 수 있다고 할지라도, 꼭 통치해야 된다는 아무런 강요도 없다네. 또한 자네가 원하지 않는데도 통치를 받아야 한다는 그 어떤 강요도 없으며, 다른 사람들이 전쟁을 하고 있다고 해서 자네가 전쟁을 해야 한다는 강요도, 다른 사람들이 평화롭게 지낸다고 해서 자네가 원하지 않는데도 평화롭게 지내야 된다는 강요도 전혀 없다네. 반면에 비록 어떤 법조문이 자네로 하여금 관직을 맡거나 배심원 노릇을 하는 걸 못하게 할지라도, 만약에 자네 자신으로서는 그래야겠다는 생각이 든다면, 그럴 경우에 관직을 맡거나 배심원 노릇을 하는 걸 하지 못하게 하는 강제적 제약 또한 없다네. 이와 같이 지낸다는 것이 당장에는 놀랍고 신나는 일이 아니겠는가?"

"아마도 당장에야 그럴 것입니다." 그가 말했네.

"그리고 어떤가? 유죄 선고를 받은 몇몇 사람들의 느긋함은 묘하지 않은가? 이와 같은 정체에서는 사람들이 사형이나 추방형의 선고를 받고서도, 그대로 머물러 있으면서 공공연히 나돌아다니는 걸, 그래서 마치 영웅의 혼령처럼, 아무도 마음쓰지도 눈여겨 보지도 않는 가운데 돌아다니는 걸 혹시 자네는 목격하지 못했는가?"

"그야 많이 목격했죠." 그가 말했네.

"우리가 나라를 수립하면서 엄숙히 말한 것들에 대한, 즉 월등한 성향을 지니고 있지 않는 한, 그래서 바로 아이일 적부터 훌륭한 놀이를 하며 이와 같은 모든 것에 종사하지 않는 한, 결코 훌륭한 사람이 될 수 없다고 한 것에 대한 이 나라의 관대함과 어떤 형태의 좀스러움커녕 전적인 경시는 이 모든 걸 얼마나 당당하게 짓밟아 버리며, 어떤 사람이 어떤 종류의 일들에 종사하다가 정치 활동을 하려는지에 대해서는 전혀 개의하지 않으면서, 그가 대중 군중: plēthos에 대해서 호의를 갖고 있다고 말하기만 하면, 이를 얼마나 높이 사는가?"

"이 정체는 어쨌든 아주 특출하지요." 그가 말했네.

"그러니까 민주 정체는 이런 점들을 그리고 그 밖에도 이것들과 유사한 점들을 갖고 있겠으며, 또한 즐겁고 무정부 상태의 長이 없는: anarchos 다채로운 정체이며, 평등한 사람들에게도 평등하지 않은 사람들에게도 똑같이 일종의 평등 isotēs을 배분해 주는 정체인 걸로 보이네." 내가 말했네.

플라톤, 《국가》 5권 473b~473e: [가], 6권 487e~489a:

[나], 8권 557b~558c: [다].

플라톤 지음, 박종현 옮김, 《플라톤의 국가·정체》, 서광사, 2021, pp. 364~365,

pp. 393~394, pp. 536~538.

1) 주제 이해를 돕는 연습

1 지문 [가]의 관점에서 보면 정치 권력이 지향해야 할 목표는 무엇인가요? 여러분은 이에 대해 어떻게 평가하나요?

2 지문 [나]의 화자는 최다 득표자가 공직에 오르는 현대 민주주의 선거 제도를 어떻게 평가할까요?

3 지문 [다]에 따르면 모순처럼 보이는 자유와 평등이 어떻게 양립할 수 있을까요?

2) 해석해드립니다

플라톤의 《국가》는 소크라테스를 주인공으로 쓴 일종의 드라마입니다. 펠로폰네소스 전쟁기원전 431년~404년에서 스파르타에게 패배한 아테네의 민주 정치 체제는 일시적으로 붕괴됐고 참주 30인이 통치했습니다. 하지만 민주 세력은 곧 다시 권력을 차지했고 아테네는 민주 정치 체제를 회복했습니다. 참주 정치 체제에 소크라테스의 제자가 다수 참여했기 때문에 일종의 정치범으로 몰린 소크라테스는 민주 정치 체제 하에서 사형당합니다.

소크라테스의 제자인 플라톤은《국가》에서 이 비극적인 사건이 민주 정치 체제의 한계라고 비판합니다. 책을 쓴 사람은 플라톤이지만 소크라테스를 화자로 하여 다른 제자와 논의하는 방식으로 내용이 진행되기 때문에 민주 정치 체제에 대한 비판이 소크라테스의 입장인지 아니면 플라톤이 자신의 생각을 소크라테스를 통해 말하고 있는 것인지 불분명합니다. 우선 플라톤이 민주정을 비판했다고 전제하고 논의해 보겠습니다.

지문 [가]에서 플라톤은 철학자라는 특정한 역량을 갖춘 사람이 국가를 통치해야 이상 국가를 실현할 수 있다고 말합니다. 플라톤은 나쁜 것을 종식시켜야 번영을 이루고 이상 국가가 실현된다고 말합니다. 이를 위해 플라톤의 이상 국가 시민은 모두 자신의 역할을 담당합니다. 각자가 전문가로 일하는 분업 시스템이 효율적으로 작동하는 국가입니다. 지위의 차이는 없지만 역할의 차이가 있고 이에 따라서 계급이 세 개로 구분됩니다. 세 계급이 서로 협력한다면 국가 전체가 잘 작동하게 됩니다. 이상 국가는 좋은 결과를 최대한 산출하도록 국가를 작동시키는 시스템입니다. 이 시스템을 유지하는 것이 통치자의 역할입니다.

글라우콘은 소크라테스에게 이상 국가가 실제로 구현되기 위한 조건이 무엇인지 묻습니다. 플라톤은 지문 [가]에서 철학자가 통치하거나,

통치자는 철학자가 되어야 한다고 말합니다. 철학자라는 직업보다 지혜를 사랑하는 철학자의 특징이 국가 권력과 결합되어야 한다는 주장입니다.

플라톤은 정치를 잘 하기 위해서는 특별한 기술이 필요하다고 전제합니다. 철학은 정치술, 즉 정치와 관련된 지식과 연결됩니다. 아무나 통치해서는 안 됩니다. 국가 전체를 돌보고 갈등을 조정할 수 있는 기술을 가진 사람이 통치해야 한다는 말이지요. 플라톤은 정치 권력을 가진 사람은 특정한 역량을 갖추어야 한다고 주장합니다. 현대 대의 민주주의의 특징적 절차인 선거에서 후보자에 대한 역량 평가는 중요한 조건입니다. 그러나 현실적으로 투표 과정에서 유권자의 판단은 다른 요인에 의존하는 경우도 있습니다.

지문 [나]에서 플라톤은 정치 지식을 갖고 있는 사람과 그렇지 않은 대중을 구분하는 비유를 제시합니다. 국가를 경영하는 일이 배를 운항하는 일과 같다는 비유입니다. 항해할 때 조타술을 아는 사람이 배를 조종합니다. 그런 기술을 갖지 못한 선원이 키를 맡아선 안 됩니다. 일반 선원이 배를 조종해보고 싶다는 욕구 때문에 키를 잡으면 배에 탄 사람의 생명이 위험에 처할 수 있습니다. 말 그대로 '배가 산으로' 갈 수 있지요. 플라톤은 국가 또한 이를 잘 운영할 수 있는 기술을 가진 사람이 이끌어가야 한다고 주장합니다.

그런 기술을 가진 사람이라도 대중에게 항상 좋은 평가를 받진 않습니다. 조타술을 가진 사람은 배에 한두 명 있겠지만 선원은 여럿입니다. 선원 다수가 조타수 한 명을 '쓸모없는 사람'이라고 평할 수 있습니다. 왜냐하면 항해 과정에서 다른 선원은 힘들게 노동하는데 조타수는 별로 힘도 쓰지 않고 하늘만 바라보면서 말로만 '이리로 가야 한다'거나

'저리로 가야 하니 힘을 더 쓰라'고 떠들고 있으니까요. 그러나 조타술이 결국 배를 인도하기 때문에 배를 운항하는 데 있어 조타수가 중요하다는 사실을 제대로 아는 사람은 그의 기술과 역할을 인정할 것입니다.

정치술을 가진 철학자는 다른 사람에게 좋은 평가를 받지 못할 수 있습니다. 그러나 플라톤은 정치 지식이 없는 다수의 판단보다는 기술과 지식을 갖춘 지도자가 국가를 이끌어가야 한다고 주장합니다. 여기서 플라톤이 초점을 맞추는 핵심은 다수와 소수가 아니라 지식의 유무입니다. 지식인이 다수라면 그들의 판단은 문제없습니다. 따라서 다수의 지배 자체를 비판하는 것이 아닙니다. 정치 역량을 갖추지 못한 사람에게 권력이 부여되는 것이 문제입니다.

그런데 모든 사람이 어떤 공직이라도 맡을 수 있는 민주 정치 체제에서 누가 더 많이 아는지 여부는 중요하지 않습니다. 지문 [다]에서 알 수 있듯이 민주 정치 체제의 가장 중요한 특징은 '개인의 자유'입니다. 모든 사람의 자유는 보장되어야 합니다. 더 알거나 모른다는 이유로 차별해서는 안 됩니다. 모든 사람은 자신의 의지대로 말하고 생각할 자유가 있습니다. 이들은 다양한 사건에 대해 각자 다른 의견을 가질 수 있습니다. 누구도 그 자유를 빼앗아갈 수 없습니다. 모두 자유를 가지고 있기 때문에 평등합니다.

이 사회는 다양한 사람들이 모여 있기에 다채롭고 아름답습니다. 그러나 플라톤은 모두가 권력을 가지고 있고 누구의 자유도 제한하지 않는 정치 체제는 일종의 무정부 상태와 같다고 비판합니다. 그는 모두 원하는 대로 행하다 보면 국가의 질서가 무너지며 이것이 민주 정치 체제의 한계라고 주장합니다.

토론해봅시다

대한민국 헌법

[시행 1988. 2. 25.] [헌법 제10호, 1987. 10. 29., 전부개정]

제67조 ①대통령은 국민의 보통·평등·직접·비밀선거에 의하여 선출한다.

② 제1항의 선거에 있어서 최고득표자가 2인 이상인 때에는 국회의 재적의원 과반수가 출석한 공개회의에서 다수표를 얻은 자를 당선자로 한다.

③ 대통령후보자가 1인일 때에는 그 득표수가 선거권자 총수의 3분의 1 이상이 아니면 대통령으로 당선될 수 없다.

④ 대통령으로 선거될 수 있는 자는 국회의원의 피선거권이 있고 선거일 현재 40세에 달하여야 한다.

⑤ 대통령의 선거에 관한 사항은 법률로 정한다.

우리나라는 민주공화국입니다. 모든 대한민국 국민에게 권력이 주어졌다는 의미입니다. 민주 국가의 권력에는 대표자를 뽑을 수 있는 투표권뿐 아니라, 대표자가 될 수 있는 피선거권도 포함됩니다. 그런데 우리나라의 정치 제도에 따르면 피선거권은 대통령은 40세 이상, 국회의원은 18세 이상에게 주어집니다「공직선거법」제16조 제1항. 우리나라는 민주주의 체제이지만 피선거권의 자격을 제한하기 때문에 특정한 자격을 갖춘 사람이 정치를 해야 한다는 플라톤의 주장을 일부 받아들인 것 같기도 합니다. 그렇다면 대한민국 헌법은 민주 정치 체제의 근본이념을 충실히 구현하지 못한 것 같습니다.

1) 고전을 이해하는 토론

1 국민 모두에게 권력이 있다는 민주주의 이념과 피선거권의 제한은 모순 같습니다. 어느 쪽이 옳을까요? 혹은 양쪽을 모두 포괄할 수 있는 방법이 있을까요?

2 플라톤은 정치술이라는 특정 지식을 가졌는지 여부에 따라서 정치할 수 있는 자격을 부여했습니다. 하지만 우리나라의 헌법과 법률은 나이로 피선거권과 정치 권력을 가질 자유를 제한합니다. 나이는 정치적 역량을 판단하는 정당한 기준일까요?

3 정치인이 되기 위한 조건을 어떻게 확인할 수 있을까요? 만약 정치인이 되기 위해 기초 자격 평가 시험을 치러야 한다면 이 시험은

무엇을 측정해야 할까요? 이런 시험은 피선거권이라는 개인의 권리와 자유를 제한하는 기준이 될 수 있을까요? 시험 성적으로 권리와 자유를 제한한다면 정치인의 역량을 평가하는 데 어떤 장점과 단점이 있을까요?

4 우리나라를 비롯한 현대 민주주의 국가는 선거권 또한 나이와 범죄 경력 등에 따라 제한을 두기도 합니다. 선거권의 제한은 민주 정치 제도에서 정당화될 수 있을까요? 혹은 정당화될 수 없을까요?

2) 오늘을 위한 토론

1 플라톤은 지문 [가]에서 국가의 목표를 최대 이익 산출이라고 생각합니다. 그에 따르면 국가는 효율적이어야 합니다. 그러나 근대 이후 국가의 가장 근본적인 역할이자 존재 이유는 국민의 생명 보호라고 생각합니다. 어떤 주장이 더 정당할까요?

2 플라톤은 지문 [나]에서 정치, 즉 국가 운영이 배 운항과 같다고 전제합니다. 이 비유는 정당한가요?

3 플라톤은 지문 [다]에서 자유를 '멋대로 할 수 있는 권리'라고 정의합니다. 대한민국과 같은 민주주의 이념을 구현하는 국가는 이런 자유를 국민에게 보장해야 할까요? 만약 자유를 제한할 수

있다면 근거는 무엇일까요? 어떤 방식으로든 자유가 제한된다면
이는 민주적일까요?

더 깊은 토론을 위한 참고자료

★ 플라톤 지음, 박종현 옮김, 《플라톤의 국가·정체》, 서광사, 2021

플라톤의 《국가》는 많은 번역본이 있습니다. 《국가》를 공부하고 싶다면 그리스어를
직접 번역하고 원문을 가장 정확하게 우리말로 옮긴 이 번역서를 추천합니다.

★ 투키디데스 지음, 김헌·장시은·김기훈 옮김, 《그리스의 위대한 연설》, 민음사, 2015

페리클레스의 연설은 원래 투키디데스가 쓴 《펠로폰네소스 전쟁사》 2권에 기록되
어 있습니다. 하지만 인용문은 고대 그리스 수사학의 거장 4인인 페리클레스, 뤼시
아스, 이소크라테스, 데모스테네스의 연설만 따로 모아 번역한 이 책에서 가지고 왔
습니다. 고대 그리스에 연설집이 따로 있진 않았지만 이 책은 여러 사료에서 네 사
람의 연설을 발췌해서 번역했습니다. 고대 그리스에서 공동체의 회복을 위해 시민
을 설득하는 말이 어떤 힘을 가졌는지 직접 맛보고 싶은 분에게 권합니다.

★ 유재원 지음, 《데모크라티아》, 한겨레출판, 2017

그리스의 민주 정치 제도에 대한 포괄적인 이해에 큰 도움이 되는 훌륭한 입문서이
자 연구서입니다. 저자는 '데모크라티아'를 민주주의로 번역해서는 안 된다고 강조합
니다. 고대 그리스의 '데모크라티아'가 근대의 정치 이념에 따른 민주주의라고 오해
할 수 있기 때문입니다. 저자는 역사 사료를 통해 그리스인의 '데모크라티아'는 민중
에게 권력이 주어지는 구체적인 정치 체제라고 설명합니다. 또한 고대 그리스의 역
사에서 정치 권력이 어떻게 민중으로 이동했는지 상술합니다.

★ 이종환 지음, 《플라톤 국가 강의》, 김영사, 2019

플라톤의 《국가》를 포괄적으로 이해할 수 있도록 도와주는 해설서입니다. 난해하고
긴 《국가》를 독자가 스스로 읽어갈 수 있게 길잡이 역할을 합니다. 《국가》에 대한 다
양하고 심도 있는 이해를 원하는 분에게 추천합니다.

잔인한 현실,
우리는 답할 수 있을까

대학입시 │ 부동산 │ 갑질과 자존감
여성주의와 가족 │ 기후위기 │ 불평등

2022년도 대한민국학술원 선정
교육부 우수학술도서

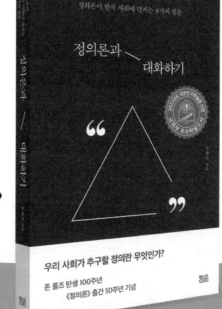

정의론이 한국 사회에 던지는 8가지 질문

정의론과 ⎯ 대화하기

우리 사회가 추구할 정의란 무엇인가?

존 롤즈 탄생 100주년
《정의론》 출간 50주년 기념

지금, 정의로운 사회를 열망하다
〈정의론과 대화하기〉 목광수 지음 │ 384쪽 │ 20,000원